Versailles und die Folgen

Deutsche Geschichte im 20. Jahrhundert

Herausgegeben von

Manfred Görtemaker
Frank-Lothar Kroll
Sönke Neitzel

Band 4

Hans-Christof Kraus

VERSAILLES UND DIE FOLGEN

Außenpolitik zwischen Revisionismus und Verständigung 1919–1933

be.bra verlag

Dem Andenken an
Rudolf Vierhaus (1922–2011) und Helmut Quaritsch (1930–2011)

Abbildungsnachweis
Bundesarchiv 7 (Bild 183-R34280), 15 (Bild 183-R01213), 34 (Bild 183-R14433), 53 (Bild 183-R09876), 65 (Bild 183-R03618), 86 (Bild 102-02413, Foto: Georg Pahl), 102 (Bild 102-03141, Foto: Georg Pahl), 119 (Bild 102-00924, Foto: Georg Pahl), 133 (Bild 183-T0706-503)

Sonderausgabe
Dieses Buch stellt keine Meinungsäußerung der Landeszentrale für politische Bildung dar. Für den Inhalt ist der Autor verantwortlich. Diese Ausgabe ist nicht zum Verkauf bestimmt.

Bibliografische Information der Deutschen Bibliothek
Die Deutsche Bibliothek verzeichnet diese Publikation in der Deutschen Nationalbibliografie; detaillierte bibliografische Daten sind im Internet über http://dnb.d-nb.de abrufbar.

KulturBrauerei Haus 2
Schönhauser Allee 37, 10435 Berlin
post@bebraverlag.de
Lektorat: Robert Zagolla, Berlin
Umschlag und Gesamtgestaltung: hawemannundmosch, Berlin
Satz: typegerecht, Berlin
Schrift: Swift 10/13,9 pt
Druck und Bindung: GGP Media GmbH, Pößneck
ISBN 978-3-89809-404-7

www.bebraverlag.de

Inhaltsverzeichnis

1 Einleitung

Nach dem Waffenstillstand kehrten die Fronttruppen in die Heimat zurück. Hier Gardeschützen vor dem Brandenburger Tor in Berlin im Dezember 1918.

Die Geschichte der deutschen Außenpolitik zur Zeit der Weimarer Republik ist lange Zeit ein zentrales Thema der nationalen wie der internationalen Geschichtsschreibung nach 1945 gewesen, und gerade der westdeutschen Zeitgeschichte konnte und musste es seit den 1950er Jahren darum gehen, die Legitimität der neu entstandenen Bundesrepublik Deutschland in Abgrenzung von den wirklichen oder auch nur vermeintlichen Fehlleistungen der ersten deutschen Republik mit zu begründen – ›Bonn‹ sollte eben nicht ›Weimar‹ sein. Das Interesse der Zeithistoriker an der deutschen Geschichte jener vierzehn Jahre zwischen dem Spätherbst 1918 und dem Winter 1932/33 war zu wesentlichen Teilen hiervon bestimmt. Daraus resultierte das Problem einer spezifischen ›Nachkriegsoptik‹, zeitweilig auch einer gewissen ›Kalter Krieg‹-Perspektive, von der sich die deutsche zeithistorische Forschung lange Zeit nicht hat frei machen können. Das betraf etwa zentrale Fragen der Deutung wichtiger Aspekte der deutschen auswärtigen Politik der Weimarer Zeit: War Stresemann tatsächlich in erster Linie ein bedenklicher Revisionist und damit, wenn auch natürlich nur indirekt, ein Wegbereiter der Hitlerschen Expansionspolitik? Oder war er nicht doch ein positiv zu wertender Vorläufer der späteren Westbindungs- und Aussöhnungspolitik Adenauers? Markierte ›Rapallo‹ nicht den (auch vor 1990 von vielen als gefährlich angesehenen) Weg einer – vermeintlich typisch deutschen – ›Schaukelpolitik‹ zwischen Ost und West? Oder stellte jener Vertrag zwischen dem Reich und der Sowjetunion von 1922 nicht doch so etwas wie ein Stück außenpolitischer Handlungsfreiheit der seinerzeit stark bedrängten deutschen Republik wieder her?

Klischeebilder und damit auch stark zeitgebundene Fragestellungen jener Art gehören tatsächlich der zweiten Nachkriegszeit an; von ihnen sollte sich eine zeitgemäße Geschichtsschreibung, die aus der Perspektive eines neuen Jahrhunderts auf die uns inzwischen ferner gerückte Ära nach dem Ersten Weltkrieg zurückblicken kann, in jedem Fall frei machen.[1] Erledigt sein sollten heute eigentlich auch alle ›vom Ende her‹ argumentierenden, teleologisch orientierten Deutungen der Weimarer Epoche, die in der 1919 begründeten deutschen Demokratie lediglich eine in möglichst düsteren Farben gemalte »doomed republic«, eine »antechamber of the Third Reich« erkennen zu können meinen.[2]

Es gilt vielmehr, sich auf jene Epoche auf eine neue Weise und – soweit möglich – auch unvoreingenommen einzulassen. Egal, ob man die Jahre zwischen 1918/19 und 1932/33 nun, wofür einiges spricht, als Teil eines neuen dreißigjährigen europäischen Krieges begreift oder auch nicht[3] – klar dürfte jedenfalls sein, dass die 1920er Jahre, so Jürgen Osterhammel, zu einem »Jahrzehnt weltweiter Neuorientierung, zu einer Scharnierperiode zwischen den Jahrhunderten, jedenfalls in politischer Hinsicht«, geworden sind, und dies nicht zuletzt auch deswegen, weil »zwischen 1918 und 1945 ... weltweit ungewöhnlich wenige konstruktive und dauerhafte Problemlösungen gefunden« wurden.[4] *Warum* aber war dies so? Hierin wird man wohl *die* zentrale Frage zu sehen haben, ohne deren Beantwortung die Geschichte der ersten Hälfte des 20. Jahrhunderts kaum zu verstehen ist.

Zuerst einmal kann man mit Peter Krüger von einem »Unvermögen, die europäische Staatenordnung neu zu fundieren«, sprechen: Das ist sicherlich in erster Linie auf die inneren Verhältnisse der damaligen Staaten Europas zurückzuführen, also auf die »Krisenerscheinungen«, auf die allgemeine »Not und Unsicherheit«, unter denen sie alle nach der Katastrophe des Großen Krieges zu leiden hatten und die es den leitenden Politikern und Diplomaten jener Zeit letztlich – trotz aller Anstrengungen – nicht möglich machte, »eine allen Beteiligten annähernd akzeptabel erscheinende europäische Neuordnung ... zu verwirklichen«.[5] Und dies wiederum hing, worauf Klaus Hildebrand aufmerksam gemacht hat, aufs Engste mit einem nach dem Ersten Weltkrieg entstandenen allgemeinen Bedürfnis zusammen, »anstelle der nüchternen Suche nach vernünftigen Lösungen für die vielfältigen Probleme die umfassende Lösung von allen Übeln dieser Welt finden zu wollen. Die scheinbar rettende Flucht in die vermeintliche Geborgenheit der totalen Weltanschauung, in die Utopie des Endgültigen führte mit fataler Gleichzeitigkeit zu Überreaktion und Wirklichkeitsverlust.«[6]

Man darf in diesem Zusammenhang die – eigentlich selbstverständliche – Tatsache nicht unberücksichtigt lassen, dass für alle damals lebenden Zeitgenossen die Zukunft offen und unbekannt war, dass ihre Denk- und Erwartungshorizonte zugleich von Erfahrungen extremer Art geprägt waren, die es so niemals vorher gegeben hatte. Die individuellen und kollektiven Erfahrungen der bis dahin historisch einmaligen, säkularen Katastrophe des Weltkriegs wirkten tief in das allgemeine Bewusstsein hinein und bestimmten die politische Orientierung derjenigen, die den Krieg überlebt hatten.[7] Der Erste Weltkrieg hatte knapp neun Millionen Opfer gekostet; noch deutlich höher lag die Zahl der Verwundeten und der dauerhaft Kriegsinvaliden. Viele Millionen

Menschen hatten ihre Väter, Ehemänner, Verlobten, Söhne verloren – und damit auch eigene Erwartungen, Hoffnungen, Lebensperspektiven. Europa ging verarmt aus dem Krieg hervor; Vermögenswerte, die von mehreren Generationen in harter Arbeit erwirtschaftet worden waren, existierten nicht mehr. Das galt für alle Europäer, deren Länder am Krieg beteiligt gewesen waren.

Für die Deutschen, für die Österreicher sowie für die Angehörigen der anderen ›Verliererstaaten‹ sah es am Ende jedoch noch düsterer aus: Konnten die Franzosen, Briten und Italiener sich wenigstens als Sieger über einen Gegner fühlen, den sie mehr als vier lange Jahre lang mit einem immensen materiellen und personellen Aufwand, aber am Ende doch erfolgreich bekämpft hatten, so lastete auf den anderen die Schmach der Niederlage. Vor allem die Deutschen mussten sich als Ausgestoßene, als ›Pariavolk‹ im Nachkriegseuropa begreifen, denn der verhasste, ihnen aufgezwungene Friedensvertrag von Versailles schob ihnen nicht nur die Alleinschuld am Krieg zu – behaftete sie also mit einem schweren moralischen Makel –, sondern nahm ihnen auch alle Kolonien und dazu weitere, darunter rein deutsch besiedelte Territorien, gerade auch wirtschaftlich besonders ertragreiche Regionen wie Oberschlesien und das Saargebiet. Zuerst die horrenden Kriegskosten und anschließend die unmäßigen und kaum zu leistenden Reparationszahlungen, die das darniederliegende Land zu erbringen hatte, ruinierten innerhalb kurzer Zeit die Währung und führten dazu, dass Millionen von Deutschen auch noch die wenigen Ersparnisse verloren, die sie über den Krieg hatten retten können.

Es ist notwendig, dies alles zu erwähnen, um zu begreifen, in welch starkem Maße der grauenhafte Krieg und die überaus bittere Niederlage sowie deren Folgen ein »überwältigend großes Erlebnis- und Erfahrungsfeld für die meisten Deutschen«[8] gewesen ist, die noch kurz zuvor auf ihre Leistungen, Errungenschaften und Erfolge während des 19. Jahrhunderts so stolz gewesen waren. Das alles schien nun vorerst und vielleicht sogar endgültig vorbei zu sein; die Deutschland von den Siegermächten abgepressten riesigen Reparationssummen – so mussten es jedenfalls die damals Lebenden wahrnehmen – würden zur Folge haben, dass auch noch die nächsten beiden Generationen von Deutschen in kümmerlichster Armut zu leben hätten. Man hatte den Menschen nach eigener Empfindung also nicht nur die Vergangenheit und die Gegenwart, sondern dazu auch noch die Zukunft genommen.

Die daraus resultierende Verzweiflung, dazu das »Gefühl des Ausgestoßenseins und Bedrohtseins«[9], musste bei vielen, wenn auch nicht allen Deutschen fast zwangsläufig zu Überreaktionen, also zu Hass und Unversöhnlichkeit, zu Revanchegedanken und endlich auch zu politischer Radikalisierung führen. Und genau hiermit hängt es in erster Linie zusammen, dass alle ehrlichen Versuche einer wirklichen Ausgleichs- und beginnenden Aussöhnungspolitik zwischen den einstigen Hauptgegnern Deutschland und Frankreich, für die vor allem die Namen von Aristide Briand und Gustav Stresemann stehen, letzten Endes gescheitert sind[10], denn auch diesen beiden Politikern ist es – allen immensen Anstrengungen zum Trotz – nicht gelungen, aus dem langen Schatten von Versailles herauszutreten.

Die Gründe hierfür lagen sicher zuerst in der Natur des Versailler Friedensvertrags von 1919, der auch aus der Sicht heutiger, nationalistischer Engstirnigkeit wahrlich unverdächtiger Historiker »sicher mehr ein Diktat der Sieger als ein wirklicher Vertrag«[11] gewesen ist. Erstmals in der neuzeitlichen Geschichte wurden den Besiegten nicht nur ehrliche Friedensverhandlungen verweigert, sondern dazu auch noch Bedingungen diktiert, die kaum eine Perspektive für ein einigermaßen gedeihliches und friedliches Zusammenleben nach dem Krieg zu bieten schienen, sondern bei den Betroffenen nur Verzweiflung, Hass, Widerstand und den festen Willen zur möglichst baldigen Revision, wenn nicht zur Revanche hervorriefen. Schlechter konnten die internationalen Ausgangsbedingungen für die Nachkriegszeit damit kaum sein. Das alles aber war noch nicht einmal das Schlimmste. ›Versailles‹ wurde schon seit 1919 zum permanent gebrauchten Argument Adolf Hitlers und des aufsteigenden Nationalsozialismus. Schon Ende 1930, nach dem ersten großen Reichstagswahlerfolg der NSDAP, stellte der Historiker Friedrich Meinecke fest, dass der Versailler Friede als »die letzte und stärkste Ursache des Nationalsozialismus«[12] anzusehen sei. Und Hitler selbst hat – durchaus in bewusster Verschleierung der eigentlich von ihm verfolgten politischen Fernziele[13] – in öffentlichen Kundgebungen seine politische Legitimation stets zuerst und vor allem aus dem bedingungslosen Kampf gegen ›Versailles‹ ziehen wollen: Öfter habe, so bemerkte er etwa in einer Rede am 30. Januar 1941, »kein Mensch erklärt und kein Mensch niedergeschrieben, was er will, als ich es getan habe, und ich schrieb immer wieder: *Beseitigung von Versailles.* Nicht darum, weil ich mir das in den Kopf gesetzt habe, sondern weil Versailles das größte Unrecht und die niederträchtigste Mißhandlung eines großen Volkes war, die die Geschichte überhaupt kennt, und weil ohne Beseitigung dieses Zwangsinstruments der deutschen Vernichtung jede künftige Lebenserhaltung unseres Volkes unmöglich gewesen wäre.«[14]

Der vielleicht entscheidende Schlüssel zum Verständnis der enormen Stimmengewinne der NSDAP Anfang der 1930er Jahre und der ›Machtergreifung‹ Hitlers liegt wohl nicht zuletzt in dessen geschickter und erfolgreicher Selbststilisierung zum konsequentesten und radikalsten Kämpfer gegen das ›Versailler Diktat‹. Dass mit ›Versailles‹ der Weg hin zum Zweiten Weltkrieg wenigstens mit ermöglicht wurde, kann heute als sicher gelten. So betonte etwa der ehemalige US-Außenminister Henry Kissinger anlässlich des 90. Jahrestags dieses Friedensschlusses: »Die Hauptverantwortung für den Krieg liegt bei Hitler. Aber das System von Versailles hat seinen Plan begünstigt. Jedes internationale System, das funktionieren soll, fußt auf zwei entscheidenden Elementen. Zum einen bedarf es eines Gleichgewichts der Kräfte, einer Art Equilibrium, welches es schwermacht, das System einfach aus den Angeln zu heben. Und es braucht ein Gefühl von Legitimität. Die Mehrzahl der beteiligten Staaten muss überzeugt sein, dass die Ordnung, der sie sich verpflichtet fühlen sollen, im Prinzip gerecht ist. Versailles war in beiden Punkten ein Missgriff.«[15]

Mit einigem Glück und gutem Willen hätte es dazu nicht kommen müssen; die geschichtliche Entwicklung unterliegt keiner Zwangsläufigkeit, sondern enthält immer Möglichkeiten alternativen Handelns, die als solche allerdings erkannt und wahrgenommen werden müssen. Nur wurde nach dem Ersten Weltkrieg die Außenpolitik in den meisten Staaten nicht mehr, wie noch im 19. Jahrhundert, am sprichwörtlichen ›grünen Tisch‹ von einem kleinen Häuflein Außenpolitiker und Diplomaten entschieden, sondern als neuer bedeutender und prägender Faktor waren die – sich nicht zuletzt in Wahlergebnissen niederschlagenden – Stimmungen innerhalb der einzelnen Bevölkerungen hinzu gekommen. In der Öffentlichkeit musste fortan für außenpolitische Entscheidungen geworben, in den Parlamenten um die Zustimmung zu wichtigen Verträgen gerungen werden. Dieser Formwechsel der Außenpolitik machte die Durchführung bestimmter Entscheidungen erheblich schwieriger als früher, gerade wenn sie aus taktischen Gründen erfolgten und wenigstens kurzfristig einmal nicht zum sofort erkennbaren Nutzen des eigenen Landes auszufallen schienen.

Das alles waren gravierende Vorbelastungen für die deutsche und auch die internationale Geschichte der ersten Nachkriegszeit des 20. Jahrhunderts, die sich schon bald nach 1918/19 hemmend bemerkbar machten. Ohne sie ist die Entwicklung Deutschlands nach dem Ersten Weltkrieg im Allgemeinen und die Geschichte der deutschen Außenpolitik zwischen 1918 und 1933 im Besonderen nicht zu verstehen – und insofern gehören auch sie zum Thema »Versailles und die Folgen«.

Eine knappe Gesamtdarstellung der Außenpolitik der ersten deutschen Republik, wie sie hier vorgelegt wird, kann kaum noch etwas wirklich Neues bringen. Sie vermag bestenfalls einige Akzente neu zu setzen, ausgetretene Pfade hier und dort zu verlassen und gelegentlich der Interpretation bekannter Tatsachen eine neue Richtung zu geben; grundsätzlich ist sie um möglichst große Quellennähe bemüht. Und natürlich muss sie von einem speziellen ›Mut zur Lücke‹ bestimmt sein, denn begrenzter Raum zwingt zur Beschränkung auf das Wesentliche und Wichtige.

Ebenfalls weiß sie sich einer großen Schar von Forschern aus mittlerweise drei Generationen verpflichtet; auch nur die wichtigsten von ihnen hier aufzuzählen wäre vermessen. Stellvertretend seien hier nur die Namen von Andreas Hillgruber, Klaus Hildebrand, Gottfried Niedhart und Peter Krüger († 16. 9. 2011) genannt. Sie alle haben durch ihre grundlegenden Arbeiten und Interpretationen einer zeitgemäßen Deutung der Weimarer Außenpolitik unverzichtbare Anregungen gegeben.

Und ein weiterer Dank muss auch an die vielen fleißigen Editoren der ›Akten zur deutschen auswärtigen Politik‹ (ADAP) gehen, die in den vergangenen Jahrzehnten eine außerordentliche Fülle bis heute erst partiell ausgewerteten Materials ans Licht befördert haben – eine Leistung, die von der bisherigen Geschichtsschreibung nicht immer angemessen gewürdigt worden ist. Das vorliegende Buch jedenfalls weiß sich dieser großen Edition in mehr als einer Hinsicht dankbar verpflichtet.

2 Misslungener Frieden (1918/19)

Die deutsche Delegation für die Friedensverhandlungen in Versailles. Von links nach rechts: Walther Schücking, Johannes Giesberts, Otto Landsberg, Ulrich von Brockdorff-Rantzau, Robert Leinert und Karl Melchior.

Vom Krieg zum Frieden

Zu Anfang des Jahres 1918 schien sich die militärische Lage für die Mittelmächte, also das Deutsche Reich und seine Verbündeten, noch einmal zu verbessern. Am 3. März schloss Deutschland mit dem inzwischen bereits bolschewistisch beherrschten Russland den Separatfrieden von Brest-Litovsk. Die Bedingungen waren überaus hart: Polen, der größte Teil des Baltikums, Finnland und die Ukraine schieden fortan aus dem russischen Machtbereich aus, während die deutschen Besatzungstruppen im größten Teil dieser Gebiete vorerst verbleiben sollten. Am 7. Mai 1918 folgte im Vertrag von Bukarest auch der Friedensschluss der Mittelmächte mit Rumänien[1].

Im Innern Deutschlands und der mit ihm verbündeten Staaten sah es freilich zur gleichen Zeit weniger gut aus. Ende Januar und Anfang Februar des Jahres war es vor allem in Deutschland und in Österreich in den großen kriegswichtigen Industrierevieren zu Massenstreiks gekommen, die nur mit großer Mühe hatten beigelegt werden können. Dennoch machte sich die deutsche politische und militärische Führung im Frühjahr, nachdem in militärischer Hinsicht im Osten der Rücken frei geworden war, noch einmal Hoffnung, durch massiven Einsatz aller verfügbaren Kräfte an der Westfront zu einem für Deutschland insgesamt noch günstigen Frieden gelangen zu können – nicht zuletzt, da die Amerikaner noch längst nicht alle ihre Einsatzkräfte und erst einen kleinen Teil ihres Kriegsmaterials nach Europa hatten bringen können.[2]

Doch die Ende März 1918 begonnenen letzten großen Offensiven des deutschen Heeres blieben, trotz nicht unerheblicher Anfangserfolge, schließlich stecken. Die Beweglichkeit der deutschen Truppen war mangels entsprechender Ausrüstung eingeschränkt und die Erschöpfung der zum Teil seit vier Jahren kämpfenden Soldaten war letztlich doch größer als von den Heerführern angenommen. Schon im April gelang es den vereinigten französischen und britischen Truppen, die Frontlücken erneut zu schließen, und im Juli und August kam es zu derart herben Rückschlägen für die Deutschen, dass nun ein Ende des Krieges unmittelbar bevorzustehen schien; seit dem 20. August war das deutsche Heer im Westen zum langsamen Rückzug gezwungen. Einen Monat später schieden als erste die Österreicher aus der Kampffront der Mittelmächte aus: Sie boten den alliierten Mächten am 14. September Friedensverhandlungen an; das Gleiche taten wenig später die Bulgaren und die Türken.

Doch erst am 28. September 1918 gelangten die beiden an der Spitze der Obersten Heeresleitung stehenden militärischen Führer, Generalfeldmarschall Paul von Hindenburg und der Erste Generalquartiermeister Erich Ludendorff, zu der Einsicht, dass der Krieg nun unwiderruflich verloren sei[3] und dass Deutschland an die Alliierten möglichst umgehend ein Angebot zum Waffenstillstand richten müsse.[4] Am 4. Oktober 1918 sandte die Reichsregierung eine diplomatische Note an den US-Präsidenten Woodrow Wilson mit der offiziellen Bitte, »die Herstellung des Friedens in die Hand zu nehmen, alle kriegführenden Staaten von diesem Ersuchen in Kenntnis zu setzen und sie zur Entsendung von Bevollmächtigten zwecks Anbahnung von Verhandlungen einzuladen«. Ebenfalls bat die deutsche Regierung, »um weiteres Blutvergießen zu vermeiden, ... den sofortigen Abschluß eines Waffenstillstandes zu Lande, zu Wasser und in der Luft herbeizuführen«.[5] Dass sich die deutsche Regierung dabei ausdrücklich auf das Friedensprogramm des politisch und militärisch stärksten Gegners bezog, machte zugleich unmissverständlich deutlich, dass man in Berlin den Krieg nun für endgültig verloren hielt.

Dieses Programm bestand aus den ›Vierzehn Punkten‹, die Woodrow Wilson erstmals am 8. Januar 1918 in einer Rede vor dem amerikanischen Kongress verkündet hatte[6] und die Deutschland nun als Grundlage eines künftigen Friedens zu akzeptieren bereit war: 1. Offene Friedensverträge und Abschied von traditioneller Geheimdiplomatie, 2. Freiheit der Schifffahrt auf den Weltmeeren, 3. gleiche und freie Handelsbeziehungen aller Nationen, 4. internationale Abrüstung auf ein Mindestmaß, 5. einvernehmliche Regelung aller kolonialen Streitfragen, 6. vollständige militärische Räumung Russlands, 7. Räumung und politische Wiederherstellung Belgiens, 8. Räumung Frankreichs und Rückgabe Elsaß-Lothringens, 9. Berichtigung der Grenzen Italiens nach dem Gesichtspunkt der Nationalität, 10. autonome politische Entwicklung der Völker Österreich-Ungarns, 11. Räumung und politische Wiederherstellung Rumäniens, Serbiens und Montenegros sowie Schaffung eines Zugangs zum Meer für Serbien, 12. autonome politische Entwicklung der Völker des Osmanischen Reiches, internationale Kontrolle der Dardanellen, 13. Neuerrichtung eines unabhängigen polnischen Staates mit freiem Zugang zum Meer, 14. Begründung einer internationalen »allgemeinen Gesellschaft von Nationen«, d.h. eines Völkerbundes.

Damit hatte die deutsche Regierung zumindest indirekt die Bereitschaft zu einem Friedensschluss signalisiert, der dem Reich den Verlust Elsaß-Lothringens sowie der Kolonien und vermutlich ebenfalls die Abtrennung weiterer Gebiete bringen würde. Freilich muteten die Militärs die Durchführung der jetzt anstehenden Waffenstillstands- und Friedensverhandlungen den Politikern zu; die Übernahme der politischen Verantwortung für das sich abzeichnende Desaster scheuten Hindenburg und Ludendorff. Im Gegenteil: Bereits in diesen Tagen begann die sich später so verhängnisvoll auswirkende ›Dolchstoßlegende‹ zu entstehen,[7] die besagte, das Heer sei nicht an der Front vom Feind besiegt, sondern durch hinterlistige Aktionen politisch destruktiver Kräfte in der Heimat zu Fall gebracht worden; in der späteren Formulierung Hindenburgs: »Wie Siegfried unter dem hinterlistigen Speerwurf des grimmen Hagen, so stürzte unsere ermattete Front; vergebens hatte sie versucht, aus dem versiegenden Quell der heimatlichen Kraft neues Leben zu trinken«.[8] Diese schwarze Legende sollte zur schweren politischen Hypothek der neu entstehenden deutschen Republik werden.

Mit Blick auf die prekäre innenpolitische Lage und auch auf die bevorstehenden Friedensverhandlungen wurden in Deutschland nun endlich die lange versäumten innen- und verfassungspolitischen Reformen durchgeführt: Am 3. Oktober 1918 berief der Kaiser den als liberal geltenden Prinz Max von Baden zum neuen deutschen Reichskanzler;[9] in die von ihm gebildete Regierung traten Angehörige der Mehrheitsparteien des Reichstags ein: Nationalliberale, Linksliberale sowie Persönlichkeiten aus der Zentrumspartei und der SPD. Ende des Monats verabschiedete der Reichstag eine Reihe von verfassungsändernden Gesetzen, durch die das Deutsche Reich – nun freilich viel zu spät – von einer konstitutionellen in eine parlamentarische Monarchie umgewandelt wurde. Die wichtigste der neuen Bestimmungen setzte fest, dass der deutsche Regierungschef fortan im Rahmen seiner Amtsführung an das Vertrauen einer Mehrheit des Reichstags gebunden war.[10]

Wenn sich die neue Regierung von diesen politischen Veränderungen tatsächlich ein größeres Vertrauen seitens der Kriegsgegner erhofft hatte, so irrte sie hier. Das Gegenteil war der Fall, denn der rasche innenpolitische Wandel bekam in der Perspektive der Gegenseite nur »den Anstrich eines auf den äußeren Eindruck berechneten opportunistischen Manövers, was den deutschen Reformkräften die Sache noch schwerer machte«.[11] Wilson wiederum zögerte seine Entscheidung absichtlich hinaus und drängte somit die deutschen Politiker immer weiter in die Ecke. Nicht weniger als einen Monat lang zog sich der Notenwechsel zwischen dem deutschen Staatssekretär im Auswärtigen Amt, Wilhelm Solf, und dem amerikanischen Außenminister Robert Lansing hin; die amerikanische Seite stellte immer neue Forderungen.[12] Erst am 5. November 1918 traf in Berlin die nunmehr vierte amerikanische Note ein, in welcher der deutschen Regierung mitgeteilt wurde, dass die Alliierten jetzt zu einem Waffenstillstand und zu anschließenden Friedensverhandlungen bereit wären.[13]

Noch bevor das Waffenstillstandsabkommen am 11. November in einem Eisenbahnwaggon in Compiègne unterzeichnet wurde,[14] hatte sich am 9. November in Deutschland der politische Umsturz vollzogen. Eine neue Streikwelle begann, die Sozialdemokraten verließen die Regierung, in Kiel meuterten die Matrosen und in Berlin brachen politische Unruhen aus. Die Oberste Heeresleitung sah sich veranlasst, Kaiser Wilhelm II. im Hauptquartier zu Spa die Meldung zu machen, »daß die bewaffneten Streitkräfte im Falle eines Bürgerkriegs nicht hinter dem Kaiser stehen würden und daß die Armee aus Ernährungsschwierigkeiten nicht imstande sein würde, einen Bürgerkrieg zu führen«.[15]

Dies bedeutete faktisch das Ende. Weil der Kaiser in den folgenden Stunden sich offenkundig nicht in der Lage sah, Kontakt mit dem in Berlin weilenden Kanzler aufzunehmen, ließ Max von Baden mittags um 12 Uhr eine regierungsamtliche Erklärung veröffentlichen, in der es hieß: »Der Kaiser und König hat sich entschlossen, dem Throne zu entsagen.« Weiter wurde angekündigt, dass nach dem unmittelbar bevorstehenden Rücktritt des letzten kaiserlichen Kanzlers der sozialdemokratische Reichstagsabgeordnete Friedrich Ebert eine neue Regierung bilden werde.[16]

Zwei Stunden später rief der ebenfalls der SPD angehörende Abgeordnete Philipp Scheidemann, in einem Fenster des Reichstags stehend, die Republik aus; er endete mit den Worten: »Das Alte und Morsche, die Monarchie ist zusammengebrochen. *Es lebe das Neue! Es lebe die Deutsche Republik!*«[17]

Deutsche Außenpolitik im Winter 1918/19

Am 10. November 1918 bildeten die Mehrheitssozialdemokraten (MSPD) gemeinsam mit den weiter links stehenden Unabhängigen Sozialdemokraten (USPD) eine neue deutsche Regierung, den sogenannten ›Rat der Volksbeauftragten‹; dieser Rat blieb genau drei Monate lang im Amt, bis zum 11. Februar 1919. Um die drei zentralen Aufgaben, die er in dieser Zeit vorrangig zu erfüllen hatte, war er durchaus nicht zu beneiden: Erstens musste es darum gehen, die prekäre innere Situation in Deutschland institutionell zu konsolidieren, d.h. vor allem die neue republikanische Regierung, die an die Stelle der kaiserlichen Administration getreten war, gegen Widersacher auch aus dem eigenen politischen Lager zu verteidigen: in diesem Fall gegen die Anhänger einer von Moskau aus unterstützten, im schlimmsten Fall sogar von dort gesteuerten sozialistischen Räterepublik. Zweitens war es die Aufgabe des von Ebert geführten Rats der Volksbeauftragten, die innen- und verfassungspolitische Neuordnung Deutschlands vorzubereiten, d.h. den Entwurf einer neuen Verfassung und allgemeine Wahlen zu einer verfassungsgebenden Nationalversammlung auf den Weg zu bringen. Und drittens endlich musste sich die neue Revolutionsregierung auch darum bemühen, die außenpolitische Lage Deutschlands zu stabilisieren und sich auf die anstehenden Friedensverhandlungen vorzubereiten.

Zuvor war der bitterste Schritt zu vollziehen: die Unterzeichnung des (zunächst auf 36 Tage befristeten) Waffenstillstandsabkommens am 11. November 1918, die auf deutscher Seite von dem zum ›Waffenstillstandskommissar‹ ernannten Zentrumspolitiker Matthias Erzberger vollzogen wurde.[18]

Eines bleibt in diesem Zusammenhang zu beachten: Deutschland befand sich weltpolitisch gesehen in den Jahren 1917 bis 1919 gewissermaßen im Fadenkreuz sowohl der östlichen, als auch der westlichen universalistischen politischen Ideologie. Auf der einen Seite Wilsons Idee einer demokratischen, von den USA durchgesetzten ›neuen Weltordnung‹, und auf der anderen Lenins Konzeption einer von der neu entstandenen bolschewistischen Sowjetunion ins Werk gesetzten und angeführten, eventuell gemeinsam mit Deutschland ins Werk zu setzenden kommunistischen ›Weltrevolution‹. Dass sich die Deutschen diesem »Anruf des revolutionären Ostens« widersetzten,[19] war dabei – angesichts der in dieser Zeit bereits umlaufenden Nachrichten über bolschewistische Gräueltaten[20] – weniger verwunderlich als die Tatsache, dass ihnen (obwohl sie sich bereits bei den Wahlen zur Nationalversammlung mit sehr großer Mehrheit für die demokratischen, also ›westlich‹ orientierten Parteien entschieden hatten) im Rahmen der Pariser Friedenskonferenz der Eintritt in den neu zu begründenden Völkerbund und damit »die Einfügung in den entstehenden Weltfriedensbund der demokratischen Nationen verwehrt wurde«.[21] Erst Jahre später durften sie eintreten, und die angestrebte Gleichberechtigung wurde der demokratischen Republik auch erst dann wirklich gewährt, als es bereits zu spät war und Hitler schon vor den Toren der Macht stand.

Im Spätherbst 1918 jedoch war dies alles noch nicht abzusehen. Die neuen Leiter der deutschen Außenpolitik – zuerst war dies der auf Bitten Eberts im Amt verbliebene Wilhelm Solf, ab Ende 1918 folgte der als republiktreu angesehene Ulrich Graf von Brockdorff-Rantzau[22] – setzten zunächst den Großteil ihrer Hoffnungen auf Wilson und die Vereinigten Staaten, von denen man die Vermittlung einer für das Deutsche Reich einigermaßen erträglichen Friedensregelung erwarten zu können meinte.

Zur drängenden Notwendigkeit wurde ein möglichst bald abzuschließender Friedensvertrag auch wegen gefährlicher zentrifugaler Tendenzen, die sich an den Rändern Deutschlands bemerkbar machten. Besonders trübe sah es in den östlichen Gebieten des Reiches aus. Am 18. November 1918 hatte der Führer der polnischen Nationalbewegung, Josef Piłsudski, einen neuen unabhängigen polnischen Staat proklamiert, der sogleich große Gebietsansprüche erhob[23], und in der preußischen Provinz Posen hatten inzwischen die dort ansässigen Polen unter der Führung des früheren Reichstagsabgeordneten Adalbert Korfanty die Macht ergriffen; auch in Westpreußen und Oberschlesien gärte es bereits. Der Rat der Volksbeauftragten sah sich Anfang 1919 genötigt, zum bewaffneten Widerstand aufzurufen, um zu verhindern, »daß weite Gebiete im Osten dem polnischen Imperialismus zum Opfer fallen, der unter Brechung von Gesetz und Landesfrieden die schwerste Stunde der jungen deutschen Republik mißbraucht«.[24] Schließlich griffen, als der Konflikt endgültig zu eskalieren drohte, die Alliierten ein und legten am 16. Februar 1919 eine vorläufige deutsch-polnische Demarkationslinie fest.[25]

Auch im Westen des Reiches, am Rhein, machten sich um die Jahreswende 1918/19 separatistische Bestrebungen bemerkbar, die der Reichsregierung große Probleme bereiteten. Seit dem Frühjahr 1919 gab es von Frankreich unterstützte Bestrebungen zur Gründung einer selbständigen ›Rheinischen Republik‹, geführt von einem selbsternannten ›Präsidenten‹ namens Hans Adam Dorten, einem früheren Staatsanwalt.[26]

Pariser Friedenskonferenz

Das politische Provisorium einer vorläufigen, d.h. demokratisch nicht legitimierten deutschen Regierung nach dem abrupten Übergang vom Kaiserreich zur Republik endete im Februar 1919. Bereits am 19. Januar hatten die Wahlen zu einer verfassungsgebenden Nationalversammlung stattgefunden, die eine sichere Mehrheit der drei republikanisch-demokratischen Parteien SPD, Zentrum und DDP erbrachten. Aus ihren Reihen wurde am 13. Februar die erste demokratisch gewählte deutsche Regierung unter dem ›Reichsministerpräsidenten‹ Philipp Scheidemann (SPD) – mit dem im Amt bleibenden parteilosen Außenminister Ulrich Graf von Brockdorff-Rantzau – gebildet; zum Reichspräsidenten wählte die Versammlung Friedrich Ebert. Fortan gab es wieder eine legitime Reichsregierung, die den Verhandlungsführern der westlichen Siegermächte auf Augenhöhe gegenübertreten konnte.

Seit dem 18. Januar waren in Paris die Friedensverhandlungen im Gange.[27] Die Mammutkonferenz teilte sich in viele verschiedene Spezialkommissionen, als entscheidendes Gremium kristallisierte sich jedoch ab Ende März 1919 der ›Rat der Vier‹ heraus, dem der amerikanische Präsident Woodrow Wilson, der britische Premierminister David Lloyd George, der französische Ministerpräsident Georges Clemenceau sowie der Regierungschef Italiens, Vittorio Emanuele Orlando, angehörten. Die allerwichtigsten Entscheidungen freilich fielen im kleinsten Kreis, dem Dreiergremium ohne den italienischen Ministerpräsidenten.

Ein neuer, bis dahin im europäischen Völkerrecht gänzlich unbekannter Aspekt der Friedensverhandlungen bestand darin, dass sich in Versailles lediglich die Siegermächte trafen, während die Besiegten zwar angehört, jedoch zu den eigentlichen Beratungen ausdrücklich nicht herangezogen wurden. Dieses Vorgehen widersprach fundamental dem seit den Westfälischen Friedensverhandlungen im 17. Jahrhundert geübten Brauch, der auch bei den letzten großen internationalen Friedenskongressen (Wien 1814/15 und Paris 1856) nicht verletzt worden war: Dem Unterlegenen – 1814/15 Frankreich, 1856 Russland – war hiernach das selbstverständliche Recht zur gleichberechtigten Teilnahme an den gemeinsamen Verhandlungen zur Wiederherstellung des europäischen Friedens zugebilligt worden, und bei der Festsetzung der Friedensbedingungen hatten die jeweiligen Siegermächte darauf geachtet, den Kriegsverlierer weder zu diskriminieren, noch ihn in seinem politischen Status allzu sehr zu schwächen, um eine Gefährdung des Mächtegleichgewichts zu vermeiden.[28]

Dieses jahrhundertelang bewährte Verfahren, »durch Kompromisse und Interessenausgleich die Grundzüge eines neuen, mehr oder weniger akzeptierten europäischen Staatensystems zu schaffen«[29], war jetzt ganz bewusst aufgegeben worden, und zwar aus mehreren Gründen: Den Franzosen, die in der Tat neben den Deutschen und den Russen die Hauptleidtragenden des ›Großen Krieges‹ gewesen waren, kam es vor allem darauf an, ihrem – in der Sache durchaus berechtigten – Sicherheitsbedürfnis gegenüber einem Deutschland gerecht zu werden, das Frankreich hinsichtlich seiner Bevölkerungszahl immer noch deutlich überlegen war.[30] Dies konnte aus Pariser Sicht nur durch eine nachhaltige politische, militärische und ökonomische Schwächung des Hauptkriegsverlierers geschehen. Ein zweiter Grund für die Abkehr von den bisher bewährten völkerrechtlichen Prinzipien muss in den universalistischen Zielen Woodrow Wilsons gesehen werden, der eine neue, vermeintlich demokratische und grundsätzlich friedliche ›one world‹, gekrönt durch einen neuen ›Völkerbund‹, anstrebte. Und dieses Ziel schien nur dann erreichbar, wenn man von den Prinzipien des bisher geltenden europäischen Völkerrechts konsequent und für immer Abschied nahm.

Nach monatelangen, häufig überaus kontrovers geführten Verhandlungen einigten sich die Siegermächte endlich auf ein umfangreiches, überaus detailliertes Vertragswerk, das man der deutschen Delegation, die tatsächlich kein einziges Mal auch nur angehört worden war, am 7. Mai 1919 in Versailles überreichte. Die Deutschen, die im Grunde noch immer mit einem modifizierten Wilson-Frieden auf der Grundlage der ›Vierzehn Punkte‹ gerechnet hatten[31], waren wie vor den Kopf geschlagen.[32] Brockdorff-Rantzau beantwortete die provozierende Ansprache Clemenceaus – der den deutschen Delegierten die Worte: »Die Stunde der Abrechnung ist da« entgegengeschleudert hatte – mit einer zwar mutigen, politisch jedoch wenig klugen Antwortrede, in der er den Vorwurf der deutschen Kriegsschuld entschieden zurückwies und die Siegermächte ausdrücklich an die »vereinbarten Grundlagen des Friedens«, also die Regelungen des Waffenstillstandsvertrags, erinnerte.[33]

Auch jetzt ließen die Siegermächte keine mündlichen Verhandlungen über den Vertragstext zu; man gestattete der deutschen Seite allerdings, innerhalb von vierzehn Tagen schriftlich Stellung zu nehmen.[34] Lediglich in einem *einzigen* Punkt kamen die Sieger dem Unterlegenen entgegen: In Oberschlesien, das nach dem ersten Vertragsentwurf sofort und vollständig an Polen abgetreten werden sollte, wurde eine Volksabstimmung zugelassen.[35] Ansonsten hatten die Deutschen den bitteren Kelch jedoch bis zur Neige zu leeren. Nicht einmal das von der deutschen Seite schon seit Beginn des Jahres 1919 immer wieder eindringlich ins Spiel gebrachte Argument, Deutschland dürfe als potenzielles Bollwerk Europas gegen den Bolschewismus nicht zu stark geschwächt werden[36], zeigte Wirkung – obwohl die Alliierten die Entwicklung im Osten durchaus mit großer Sorge betrachteten.[37]

Schon nach Bekanntgabe des ersten Vertragsentwurfs hatten die deutsche Regierung und die Nationalversammlung am 12. Mai im Rahmen einer gemeinsamen Kundgebung in Berlin gegen das sich abzeichnende Friedensdiktat der Siegermächte protestiert. Es kam zu einer überaus leidenschaftlichen Debatte, die zeigte, dass dieser Entwurf von den Vertretern sämtlicher deutschen Parteien vehement abgelehnt wurde. Scheidemann sprach bei dieser Gelegenheit die bezeichnenden Worte: »Wer kann ... als ehrlicher vertragstreuer Mann solche Bedingungen eingehen? Welche Hand müßte nicht verdorren, die sich und uns in diese Fesseln legt?«[38]

Dieses Pathos verhallte zwar nicht völlig ungehört, machte in Versailles jedoch nicht den geringsten Eindruck. Am 16. Juni wurde der deutschen Delegation eine Antwort auf die Gegenvorschläge überreicht, dessen von Clemenceau abgefasste, im Tenor geradezu hasserfüllte ›Mantelnote‹[39] noch einmal die massivsten Vorwürfe gegen Deutschland erhob; am Schluss wurde den Deutschen ein Ultimatum von nur fünf Tagen gestellt; nach Ablaufen dieser Frist werde, so hieß es, der »Waffenstillstand ... beendet sein« und die Alliierten Mächte würden »diejenigen Schritte ergreifen, die sie zur Erzwingung ihrer Bedingungen für erforderlich halten«.[40] Das war faktisch die Drohung mit einer Wiederaufnahme des Krieges. Nach mehreren, dramatisch verlaufenden Kabinettssitzungen[41] trat die Regierung am 20. Juni 1919 zurück – allen voran Scheidemann und Brockdorff-Rantzau, die den Friedensvertrag bedingungslos ablehnten. Wiederum am folgenden Tag bildete der Sozialdemokrat Gustav Bauer eine neue, nunmehr lediglich aus Sozialdemokraten (MSPD und USPD) und Zentrumspolitikern bestehende Reichsregierung; die DDP schied aus der Regierung aus. Das Außenministerium übernahm der Sozialdemokrat Hermann Müller.[42]

Die neue Regierung erlangte die Zustimmung der Nationalversammlung zur Unterzeichnung des Vertrags – mit 237 zu 138 Stimmen – nur dadurch, dass noch einmal versucht werden sollte, den Siegermächten wenigstens den Kriegsschuldartikel des Vertrages sowie die Verpflichtung zur Auslieferung vermeintlicher ›Kriegsverbrecher‹ abzuhandeln. Jedoch auch dieses Ansinnen wurde von Clemenceau umgehend und mit scharfen Worten abgelehnt.[43] Als in Versailles bereits die ersten Vorberatungen der Alliierten für den Fall eines militärischen Einmarsches in Deutschland begannen[44], blieb keine andere Möglichkeit mehr, als sich dem immensen Druck zu beugen; Reichskanzler Gustav Bauer erklärte am 23. Juni, Deutschland – »wehrlos ... aber nicht ehrlos!« – könne einen neuen Krieg nicht verantworten und müsse daher unterzeichnen.[45] Den schweren Gang nach Versailles nahmen Außenminister Hermann Müller und der dem Zentrum angehörende Verkehrsminister Johannes Bell auf sich. Im Spiegelsaal des Königsschlosses setzten sie am

28. Juni 1919 neben den Vertretern von weiteren 27 alliierten und assoziierten Mächten ihre Unterschriften unter jenes Dokument, das als ›Friedensvertrag‹ von Versailles in die Geschichte eingegangen ist.

Im Nachhinein muss klar gesagt werden, dass es zu einer Unterzeichnung dieses Vertrages keine Alternative gab. Die Integrität und Einheit des Deutschen Reiches waren zu kostbare Güter, als dass sie durch eine wie auch immer geartete Vabanque-Politik hätten aufs Spiel gesetzt werden können. Und einen neuen Krieg zu riskieren, in dem die Deutschen anschließend mit fliegenden Fahnen ihren Untergang erlebt hätten, wäre nicht einmal ehrenvoll, sondern nur dumm gewesen.

»Versailles«

Der Friedensvertrag von Versailles, der formell erst nach der endgültigen Ratifikation durch die beteiligten Mächte am 10. Januar 1920 in Kraft trat, war ein bis dahin in der Völkerrechtsgeschichte nicht dagewesenes Unikum: Das buchdicke Vertragswerk (mit etwa 260 Druckseiten) umfasste nicht weniger als 440 Artikel[46], in denen nicht nur die Einzelaspekte des abgeschlossenen Friedens bis ins kleinste, zuweilen absurdeste Detail geregelt werden sollten. Man packte in dieses Vertragswerk ebenfalls alles hinein, was man dem unterlegenen Deutschland aus Anlass dieser überaus günstigen Gelegenheit abpressen wollte. – Blickt man auf das Vertragswerk als Ganzes[47], dann lassen sich insgesamt *acht Hauptaspekte* herausarbeiten. Dazu gehören:

1. der *Kriegsschuldartikel 231*, der in der Tat, wie die deutsche Friedensdelegation schon nach der ersten Bekanntgabe des Vertragsentwurfs im Juni 1919 festgestellt hatte, »die Grundlage« bildete, »auf der das ganze Vertragswerk, abweichend von den vereinbarten Wilsonprogramm, aufgebaut«[48] war. Der Artikel hatte folgenden Wortlaut: »Die alliierten und assoziierten Regierungen erklären und Deutschland erkennt an, daß Deutschland

und seine Verbündeten als Urheber aller Verluste und aller Schäden verantwortlich sind, welche die alliierten und assoziierten Regierungen und ihre Angehörigen infolge des ihnen durch den Angriff Deutschlands und seiner Verbündeten aufgezwungenen Krieges erlitten haben«. Diese Formulierung sollte aus Sicht der Amerikaner lediglich eine juristisch wasserdichte Begründung für die deutschen Reparationszahlungen liefern;[49] nach Auffassung der Franzosen war sie jedoch nichts Geringeres als ein Urteilsspruch im Prozess gegen einen ›Verbrecher‹.[50] In jedem Fall wirkte sich der ›Kriegsschuldartikel‹ verheerend aus, denn er wurde – nicht zuletzt vor dem Hintergrund der düsteren Zeitverhältnisse – von den besiegten Deutschen als fundamentale Diskriminierung empfunden.

2. die immensen *Reparationszahlungen* an die Siegermächte, vor allem an das von Kriegszerstörungen in besonderem Maße betroffene Frankreich, die Deutschland auferlegt wurden (Artikel 231–247). Die Summe dieser Zahlungen sollte so hoch wie nur irgend möglich sein; deshalb wurden im Vertragstext noch keine verbindlichen Zahlen genannt, sondern Artikel 233 bestimmte lediglich, dass die Höhe der von Deutschland zu zahlenden »Wiedergutmachung« von einer interalliierten Kommission später festzulegen sei; bis zum 1. Mai 1921 sollte der deutschen Regierung die Höhe der zu entrichtenden Summe mitgeteilt und gleichzeitig ein verbindlicher »Tilgungsplan« aufgestellt werden. Bereits *vor* dieser endgültigen Regelung sollte das Reich sofort die Summe von 20 Milliarden Goldmark zahlen.

3. die *Gebietsabtretungen*, die Deutschland akzeptieren musste (Artikel 31–158).[51] Uneingeschränkt und sofort (d.h. ohne vorherige Volksabstimmungen) sollten abgetreten werden: das frühere Reichsland Elsaß-Lothringen an Frankreich, die überwiegenden Gebiete der ehemals preußischen Provinzen Westpreußen und Posen an das neu entstandene Polen, das Memelland, das zuerst von Frankreich besetzt, später (1923) jedoch an Litauen weitergegeben wurde, die Stadt Danzig, die nominell als »Freie Stadt« dem Völkerbund unterstehen sollte, faktisch jedoch den

»starken Einwirkungsrechten Polens unterworfen«[52] war, sowie sämtliche Kolonialgebiete, die ebenfalls in völkerrechtlicher Hinsicht als sogenannte »Mandate« dem neu zu begründenden Völkerbund unterstehen sollten, faktisch jedoch zumeist unter britische oder französische Kontrolle gerieten. In einigen weiteren deutschen Grenzgebieten sah der Vertrag wenigstens Volksabstimmungen vor: in den Städten Eupen und Malmedy, die im Juli 1920 an Belgien fielen, in Nordschleswig, dessen nördliche Zone im März 1920 an Dänemark kam, in Teilen Ost- und Westpreußens, die nach erfolgter Abstimmung im Juli 1920 beim Reich verblieben, in Oberschlesien, dessen wirtschaftlich ertragreichste Regionen im März 1921 nach heftigen Auseinandersetzungen und einer äußerst umstrittenen Abstimmung an Polen gingen, und endlich auch im Saargebiet, das zuerst für 15 Jahre unter französische Kontrolle kam und erst 1935 nach erfolgreicher Abstimmung an Deutschland zurückgegeben wurde. Alles in allem büßten die Deutschen damit ein Siebtel ihres Territoriums und ein Zehntel ihrer Bevölkerung ein. Das bedeutete in Wirtschaftsdaten den Verlust von 50 Prozent der Eisenerzversorgung, 25 Prozent der Steinkohleförderung, 17 Prozent der Kartoffelernte und 13 Prozent der Weizenanbaufläche.[53] – Nicht zuletzt wurden große Teile Westdeutschlands (das Gebiet links des Rheins sowie die »Brückenköpfe« Köln, Koblenz, Mainz und Kehl) als »Pfand« für die Erfüllung des Vertrags von alliierten Truppen besetzt (Artikel 428–432).

4. die umfangreichen *Entwaffnungsbestimmungen*, denen sich die Kriegsverlierer zu unterwerfen hatten (Artikel 159–213). Das bedeutete zuerst einmal die Abschaffung der allgemeinen Wehrpflicht sowie die Beschränkung auf ein Berufsheer von höchstens 100.000 Mann (Artikel 160). In waffentechnischer Hinsicht wurden stärkste Restriktionen verfügt (Artikel 164–202): Deutschland durfte seine Armee weder mit Panzern noch mit schweren Geschützen ausrüsten. Die Kriegsmarine musste ebenfalls stark reduziert werden; der Bau von U-Booten war gänzlich untersagt. Ebenfalls durfte Deutschland keine Luftwaffe unterhalten. Da-

neben waren Befestigungsanlagen an den Grenzen zu schleifen, das Rheinland musste entmilitarisiert werden, und endlich hatte sich das Reich in allen militärischen Dingen der Aufsicht und den Entscheidungen einer »Interalliierten Kontrollkommission« zu unterwerfen (Artikel 203–210).

5. die *Sanktionsbestimmungen*, die in Kraft treten sollten, falls diese und andere Bestimmungen von Deutschland nicht eingehalten würden (Teil VIII, Anlage II, §§ 17–18). Die in einem solchen Fall zu ergreifenden Maßnahmen konnten in Einfuhrverboten sowie »wirtschaftlichen und finanziellen Zwangsmaßregeln« bestehen – darüber hinaus aber ebenfalls, wie es in bedrohlich unpräziser Formulierung weiter hieß, »überhaupt in allen Maßregeln, die den betreffenden Regierungen durch die Umstände geboten erscheinen können« (§ 18). Schon bald sollte sich zeigen, dass hierunter auch eine Ausdehnung der militärischen Besetzung deutschen Gebiets verstanden werden konnte. Und nicht zuletzt sollten diese Bestimmungen, auch das ist nicht zu vergessen, »für die ganze Laufzeit der Reparationsschuld, also voraussichtlich für viele Jahrzehnte«, Geltung beanspruchen.[54]

6. die *Auslieferungsartikel*, die von vielen Deutschen als in besonderem Maße anstößig empfunden wurden (Artikel 227–230). Artikel 227 legte fest, dass der sich im niederländischen Exil befindende frühere Kaiser Wilhelm II. »wegen schwerer Verletzung der internationalen Moral und der Heiligkeit der Verträge« vor einen internationalen Gerichtshof zu stellen war. Weiterhin sollten bestimmte, erst später namhaft zu machende deutsche Staatsmänner und Militärangehörige nach Auslieferung durch die deutsche Regierung vor Militärgerichten der Siegerstaaten wegen vermeintlicher »Kriegsverbrechen« angeklagt werden können (Artikel 228–229). Diese Auslieferungen fanden allerdings später aus verschiedenen Gründen nicht statt; einzelne Prozesse wurden vor deutschen Gerichten geführt.[55] Immerhin, und darin liegt die besondere Bedeutung dieser Artikel, wurde hiermit eine »schwerwiegende, grundsätzliche Änderung« vorgenommen, die ein »Ur-Institut des Rechts, die *Amnestie*«,

betraf.[56] Bis dahin war die Amnestie immanenter Bestandteil jedes Friedensvertrags gewesen – damit wurde jetzt, im Jahr 1919, ausdrücklich »durch Diskriminierung des Besiegten« gebrochen.

7. die ausdrückliche *Annullierung der Ostfriedensverträge*, die das Kaiserreich im März und im Mai 1918 mit Sowjetrussland, mit Finnland und mit Rumänien abgeschlossen hatte (Artikel 116), obwohl keines dieser Länder am Zustandekommen des Friedensvertrags beteiligt war. Wichtig war diese Regelung auch deswegen, weil in jenem Artikel noch eine zusätzliche Klausel enthalten war, nach der die alliierten Mächte Russland ausdrücklich das Recht vorbehielten, »von Deutschland alle Entschädigungen und Wiedergutmachungen zu verlangen, die auf den Grundsätzen des gegenwärtigen Vertrages beruhen«.

8. die *Völkerbundsakte*, durch welche eine neue Weltorganisation mit der Funktion eines künftigen universalen Friedenswächters geschaffen wurde (Artikel 1–26). Allerdings war Deutschland bereits vor Vertragsabschluss in der alliierten ›Mantelnote‹ vom 16. Juni 1919 der Zutritt zum Völkerbund – vorgeblich »mit Rücksicht auf die gegenwärtige Stimmung unter den Völkern der Welt«[57] – ausdrücklich verwehrt worden. Immerhin wurde dem Kriegsverlierer bei entsprechendem Wohlverhalten eine künftige Mitgliedschaft wenigstens in Aussicht gestellt.

Man kann sich denken, wie dieser Vertrag aufgenommen wurde: In Deutschland dominierte eine merkwürdige Mischung aus Wut, Hass, Enttäuschung und tiefer Depression; sachlich-nüchterne Einschätzungen waren kaum anzutreffen.[58] Aber auch im westlichen Ausland, in den Siegerstaaten, deren oberste Repräsentanten in Versailles mit am Tisch gesessen hatten, war keineswegs nur Triumphgeheul zu vernehmen. In den USA etwa machte der spätere amerikanische Präsident Herbert Hoover stärkste Bedenken geltend: Der politische und wirtschaftliche Teil des Vertrags sei »von Haß und Rachsucht durchsetzt«, und überhaupt seien, bemerkte er später, mit diesem Vertrag »Bedingungen geschaffen, unter denen Europa niemals wieder aufgebaut oder der Menschheit der Frieden zurückgegeben werden konnte«.[59]

Zu den schärfsten Kritikern zählten auch zwei Engländer. Ein besonders großes Gewicht besaß die Stimme des angesehenen Ökonomen John Maynard Keynes, der schon 1919 in einer ausführlichen Schrift vor den »wirtschaftlichen Folgen des Friedensvertrages« und dem hieraus resultierenden »Bankerott und Verfall Europas«, der »auf die Dauer einen jeden erreichen« werde, nachdrücklich warnte,[60] der das Versailler Werk einen »tote[n] Vertrag« nannte und dessen Revision als »notwendig und unvermeidlich« bezeichnete[61]. Ebenso leidenschaftlich warb auch der prominente Labour-Abgeordnete Edmund Dene Morel immer wieder für eine Änderung der Friedensbedingungen: Alle müssten, so formulierte er, fortan daran arbeiten, »um die im Friedensvertrag von Versailles vollzogene Politik umzustossen; um den Völkerbund vom vollkommenen Schiffbruch zu retten, wenn das noch möglich ist«.[62]

In Frankreich waren es nicht nur die Sozialisten, die schon 1919 entschieden gegen die Friedensbedingungen protestierten,[63] sondern auch der Diplomat Alcide Ebray, der 1924 in einem umfangreichen Buch Einspruch erhob gegen den »unsauberen Frieden« von Versailles und der, gerade im Interesse der »Sicherheit Frankreichs selbst«, eine einvernehmliche Revision des Vertragswerks »auf diplomatischem Wege« forderte: Vor allem auf den friedlichen, auf Ausgleich und Versöhnung zielenden Geist dieser Änderung komme es an, damit »die besiegten Staaten nicht mehr versucht wären, in einem neuen Krieg ein Heilmittel für ihre unerträglichen Leiden zu suchen«[64] – fraglos überaus treffende Worte, die unter den Bedingungen der Zeit freilich außerhalb Deutschlands kaum Gehör fanden.

Das heutige Urteil muss im Rückblick allerdings sachlicher und abgewogener ausfallen als dies seinerzeit in der emotional aufgewühlten Situation der ersten Nachkriegszeit möglich war. Immerhin musste man es fast als ein Wunder auffassen, dass nach dem Krieg die Einheit Deutschlands erhalten blieb.[65]

Zudem hätte die neue internationale Lage, vor allem die Entstehung neuer Staaten in ›Zwischeneuropa‹ vom Baltikum über Polen bis Jugoslawien, einer klug-zurückhaltend agierenden deutschen Außenpolitik auf längere Sicht nicht unbedeutende Möglichkeiten bieten können. Alles dies hat man damals jedoch verkannt. Und schließlich dürfen die immensen Schwierigkeiten nicht unterschätzt werden, mit denen die Verantwortlichen der Siegermächte im Jahr 1919 bei der Liquidierung eines Weltkriegs und der Neuordnung Europas zu kämpfen hatten.[66] Aus der Perspektive des frühen 21. Jahrhunderts wird immer mehr der Kompromisscharakter dieses – für Deutschland freilich überaus harten – Friedens deutlich: Es war, wie treffend gesagt wurde, durchaus nicht der von den Deutschen ersehnte vergleichsweise milde ›Wilson-Friede‹ – aber es war eben auch nicht jener ›karthagische Friede‹, den einflussreiche Politiker und große Teile der öffentlichen Meinung in den Siegerstaaten gefordert hatten.[67]

3 Ringen um Stabilität (1919–1922)

Deutsch-sowjetische Verhandlungen in Rapallo, einem kleinen Ort bei Genua: Reichskanzler Joseph Wirth (Zweiter von links) im Gespräch mit der sowjetischen Delegation.

Erfüllungspolitik und Revisionismus

Die Weimarer Nationalversammlung hatte nicht weniger als drei bedeutende Aufgaben zu erfüllen:[1] Zum einen die Herstellung einer legitimen vorläufigen Regierungsgewalt, zum Zweiten den Abschluss des Friedensvertrags mit den Siegermächten des Weltkriegs, zum Dritten endlich die Ausarbeitung und die Verabschiedung einer neuen deutschen Verfassung. Diese Verfassung, die erst nach Unterzeichnung des Versailler Friedensvertrages am 31. Juli 1919 verabschiedet und am 19. August verkündet wurde, konstituierte die neue deutsche Republik (die sich weiterhin ›Deutsches Reich‹ nannte) als modernes demokratisches Gemeinwesen, das einen Vergleich mit den anderen Staaten des Westens nicht zu scheuen brauchte. Das betraf nicht nur die institutionelle Neuordnung der Verfassungsorgane, sondern ebenfalls die Organisation der Zuständigkeiten für die Gestaltung der künftigen Außenpolitik.[2]

Nach Artikel 6 der Reichsverfassung[3] lag die Zuständigkeit, Außenpolitik zu treiben, ausschließlich in der Hand des Reiches, d.h. der Zentralregierung; das einst in der Bismarckschen Reichsverfassung noch vorhandene Gesandtschaftsrecht der Einzelstaaten wurde aufgehoben. Während dem vom Volk direkt gewählten Reichspräsidenten die völkerrechtliche Vertretung des Reiches, der Abschluss von Verträgen mit auswärtigen Mächten sowie die Beglaubigung von Gesandten oblag (Artikel 45), verfügte der Reichskanzler über die Richtlinienkompetenz; innerhalb der vom Regierungschef festgelegten Richtlinien wiederum leitete jedes Regierungsmitglied, auch der Minister des Auswärtigen, »den ihm anvertrauten Geschäftszweig selbständig und unter eigener Verantwortung gegenüber dem Reichstag« (Artikel 56). Kriegserklärungen und Friedensschlüsse wiederum waren ohne Zustimmung des Parlaments nicht möglich; außerdem bedurften (so wiederum Artikel 45) alle »Bündnisse und Verträge mit fremden Staaten ... der Zustimmung des Reichstags«.[4]

Der Versailler Vertrag hatte freilich die außenpolitische Souveränität und damit die Handlungsfreiheit der neuen deutschen Republik in mehr als einer Hinsicht eingeschränkt:[5] Das betraf beispielsweise die Tätigkeit der Anfang 1920 in Paris als ständige Einrichtung gebildeten ›Alliierten Botschafterkonferenz‹, der die Aufgabe zukam, die Einhaltung der Bestimmungen und Verfügungen des Friedensvertrags zu überwachen[6] – und deren Weisungen die deutsche Regierung Folge leisten musste; das Gleiche galt für die Tätigkeit der ›Alliierten Reparationskommission‹, etwas später auch der ›Interalliierten Kontrollkommission‹ und der ›Interalliierten Rheinlandkommission‹. Und natürlich schränkten auch die strikten Abrüstungsbestimmungen des Vertrages die Handlungsmöglichkeiten des Reiches empfindlich ein.

Was die Spitzen von Staat und Regierung anbetraf, so waren in der Reichsverfassung die außenpolitischen Kompetenzen nicht völlig klar abgegrenzt, sodass es gelegentlich zu Kompetenzstreitigkeiten kam. Bekannt ist die scharfe Auseinandersetzung zwischen Reichspräsident Friedrich Ebert und Reichskanzler Joseph Wirth über die Rapallo-Politik des Jahres 1922, die der scharf antibolschewistisch eingestellte Präsident mit größtem Misstrauen verfolgte.[7] Ebert beanspruchte nicht nur im konkreten Fall der umstrittenen Wiederaufnahme der deutsch-sowjetrussischen Beziehungen, sondern auch im Allgemeinen eine »substanzielle Mitbestimmungskompetenz«[8] bei allen außenpolitischen Grundsatzentscheidungen.

Jenseits aller Kompetenzkonflikte blieben die Spielräume und Möglichkeiten deutscher Außenpolitik in den ersten Jahren nach Kriegsende äußerst begrenzt, und das war den politisch Verantwortlichen durchaus bewusst. Gewissermaßen als rhetorische Kompensation der eigenen Machtlosigkeit – und natürlich auch, um die Erwartungen der deutschen Öffentlichkeit zu erfüllen – wurde die ›Revision‹ des Friedensvertrags zum ersten und wichtigsten Ziel deutscher Außenpolitik erklärt; so gut wie alle Reichsregierungen sahen sich nach einem treffenden Wort Peter Krügers geradezu »dauernd veranlaßt, ein revisionspolitisches Vokabular fast wie ein sprachliches Ritual zu verwenden«[9], ja, man hat sogar im Rückblick von einem »Revisionssyndrom« vor allem der frühen Weimarer Republik sprechen wollen.[10]

Zur äußeren Schwäche trug natürlich ebenfalls die prekäre *innere* Lage in nicht geringem Maße bei; das zeigte sich etwa anlässlich des Kapp-Putsches Mitte März 1920[11], der zwar vergleichsweise rasch niedergeschlagen werden konnte, dafür aber weitreichende außenpolitische Konsequenzen nach sich zog. Die gemäßigten Außenpolitiker der Siegermächte waren düpiert, während diejenigen sich bestätigt fühlen konnten, die schon immer vor einem neu entstehenden aggressiven Nationalismus in Deutschland gewarnt hatten. Der Vorsitzende der deutschen Friedensdelegation in Paris, der dort mit der Alliierten Botschafterkonferenz zu verhandeln hatte, musste dem Reichsaußenminister melden, »daß der Berliner Putsch alle die Befürworter einer Zerstückelung Deutschlands und einer Annektion des

Rheinlandes wieder auf den Plan ruft und natürlich Wasser auf die Mühlen aller derer führt, die England und Amerika klar machen wollen, daß jede Berücksichtigung deutscher Lebensnotwendigkeiten, einen Verrat an Frankreich bedeutet«.[12]

Für neuen Ärger mit den Siegermächten sorgten zudem die gleichzeitigen schweren inneren Unruhen an Rhein und Ruhr, die aus einem Aufstand linksradikaler Kräfte im Anschluss an den Kapp-Putsch entstanden waren.[13] Die Reichsregierung sah sich schließlich gezwungen, hier auch mit regulären Reichswehrverbänden einzugreifen und dabei, wenigstens vorübergehend, in der nach den Bestimmungen des Versailler Vertrags neutralisierten Zone des Rheinlandes zu operieren. Natürlich wurden die Siegermächte seitens der Berliner Regierung um Genehmigung hierfür angefragt, doch während die Briten bald ihre Zustimmung gaben, zeigte man sich in Paris überaus reserviert. Nach mehrwöchigen Verhandlungen ließ die Reichsregierung unter dem Druck der sich immer mehr zuspitzenden Lage ab dem 2. April 1920 reguläre Truppen in die Zone einrücken, woraufhin französische und belgische Einheiten bereits wenige Tage später Frankfurt am Main, Darmstadt, Hanau und das umliegende südhessische Territorium besetzten.[14]

Ein weiterer Reibungspunkt zwischen Siegern und Besiegten war zu diesem Zeitpunkt das noch immer ungeregelte Problem der im Versailler Vertrag festgeschriebenen Auslieferung vermeintlicher deutscher ›Kriegsverbrecher‹ an die Alliierten.[15] Bis Mitte 1919 hatte eine alliierte Kommission eine provisorische Liste von nicht weniger als 1590 Namen zusammengestellt, die in den Folgemonaten jedoch etwas reduziert wurde. Unbedingt ausgeliefert werden sollte der frühere Kaiser Wilhelm II., der sich mittlerweile im niederländischen Exil befand. Am 15. Januar 1920 forderte der Alliierte Oberste Rat von der niederländischen Regierung die Auslieferung Wilhelms II., um ihn vor Gericht zu stellen. Dies lehnte die Regierung in Den Haag sechs Tage später ab; die Niederländer ließen sich auch durch massivsten Druck aus Paris und London nicht einschüchtern.

Am 3. Februar 1920 wurde der deutschen Friedensdelegation in Paris auf Anweisung des französischen Ministerpräsidenten Alexandre Millerand eine Liste mit den Namen von ›Kriegsverbrechern‹ überreicht (sie wurde zwei Tage später auch in den Zeitungen veröffentlicht), die 890 Personen aufzählte, beginnend mit einer Reihe deutscher Fürsten, gefolgt von allen bekannteren deutschen militärischen Führern des vergangenen Krieges; hinzu kamen die Staatssekretäre des Reichsmarineamts sowie mehrere Admiräle, endlich auch eine Reihe prominenter Politiker, an ihrer Spitze der ehemalige Reichskanzler Bethmann Hollweg.[16] Unter den übrigen befanden sich zumeist jüngere deutsche Offiziere, u.a. 29 frühere U-Boot-Kommandanten. Der Vorsitzende der deutschen Delegation verweigerte von vornherein die Annahme der Liste, und auch die deutsche Regierung unter den Reichskanzlern Gustav Bauer und (ab März 1920) Hermann Müller blieb hart. Berlin ließ mitteilen, eine solche Maßnahme sei in Deutschland politisch schlichtweg nicht durchsetzbar. Man bot den Alliierten allerdings an, einzelne Personen, denen wirkliche Kriegsverbrechen nachgewiesen werden konnten, vor dem Reichsgericht in Leipzig anzuklagen. Als nun auch innerhalb der britischen Regierung Zweifel am vorgesehenen Auslieferungsverfahren aufkamen[17] –, einigten sich die Sieger darauf, den Vorschlag der deutschen Regierung zu akzeptieren.[18] In der Tat wurden in Leipzig von Mai bis Juli 1921 insgesamt neun Verfahren mit zwölf Angeklagten, zumeist U-Boot-Kommandanten, durchgeführt; sechs Angeklagte wurden wegen nachweislich völkerrechtswidriger Kriegführung verurteilt, die übrigen freigesprochen. Weitere Verfahren wurden auf Verfügung des Oberreichsanwalts wegen fehlenden hinreichenden Tatverdachts eingestellt. Die Siegermächte gaben sich hiermit zwar nicht zufrieden, doch sie ließen in der Folgezeit, augenscheinlich aus politischen Gründen, die Angelegenheit ruhen.[19]

Die konfliktreichen Ereignisse der ersten Hälfte des Jahres 1920 dürfen indessen nicht darüber hinwegtäuschen, dass die deutsche Seite wesentliche Bestimmungen des seit Jahresbeginn rechtsgültig gewordenen Versailler Vertrags umsetzte. Das betraf etwa den Abmarsch aus dem Baltikum und ebenfalls die mit starken, nicht zuletzt emotionalen Belastungen verbundene Räumung der bisher zum Deutschen Reich gehörigen Gebiete – soweit sie nicht, wie Elsaß-Lothringen im Westen und Posen-Westpreußen im Osten, ohnehin bereits von den neuen Besitzern übernommen worden waren. Insgesamt war die Politik der Reichsregierung – natürlich auch mangels wirklicher Alternativen – auf die Einleitung einer vorsichtigen Verständigung mit den Siegermächten ausgerichtet. Der deutsche Botschafter in Paris versicherte dem französischen Ministerpräsidenten Leygues Anfang Oktober 1920 ausdrücklich, dass die Reichsregierung »die Absicht hätte, offene und ehrliche Politik zu machen mit dem Ziele der Überwindung der großen Schwierigkeiten, die sich einer Besserung unserer Beziehungen bisher in den Weg gestellt hätten«; der Botschafter betonte ebenfalls, dass Berlin ehrlich darum bemüht sei, »die Bestimmungen des Friedensvertrages im Rahmen des Möglichen zu erfüllen«.[20] Die Taktik, guten Willen zu zeigen und die vereinbarten Leistungen, so gut es eben ging, zu erfüllen, zielte letzten Endes darauf ab, die jetzt in Gang kommenden Verhandlungen über die Details der Ausführung des Friedensvertrags zu benutzen, »um Entgegenkommen bei den Alliierten zu finden und mit der Revidierung in kleinen Schritten anzufangen«[21]. Schon bald sollte sich jedoch zeigen, dass sich dies in der Theorie wesentlich leichter ausnahm als in der harten politischen Praxis.

Streit um die Reparationen

Die Reichstagswahlen vom 6. Juni 1920 erbrachten eine deutliche Änderung der innenpolitischen Lage; die SPD hatte drastische Verluste zu verzeichnen, während die Rechtsparteien DVP und DNVP, aber auch Teile der radikalen Linken, besonders die USPD, teilweise bedeutende Gewinne erzielen konnten. Was besonders fatal war: Die ›Weimarer Koalition‹ aus Zentrum, SPD und DDP hatte ihre absolute Mehrheit verloren und sollte sie auch später nicht wieder erringen. Am 21. Juni ernannte der Reichspräsidenten den Zentrumspolitiker Konstantin Fehrenbach zum neuen Reichskanzler; dieser stand einem ausschließlich bürgerlichen Minderheitskabinett vor, das aus Angehörigen des Zentrums, der DDP und der DVP (nebst einigen parteilosen Fachleuten) bestand und das von Fall zu Fall auf die parlamentarische Unterstützung entweder der SPD oder der DNVP angewiesen war, was das Regieren nicht eben leichter machen sollte.[22] Das Außenministerium übernahm für ein knappes Jahr der parteilose Walter Simons.[23] Auch Fehrenbach und Simons waren in den folgenden Monaten aufrichtig darum bemüht, die vereinbarten Leistungen an die Siegermächte so weit als eben möglich zu erbringen, in der vagen Hoffnung, dass die früheren Kriegsgegner möglichst bald die Grenzen der deutschen Leistungsfähigkeit – und damit die Unerfüllbarkeit der Versailler Forderungen – erkennen würden. Dass sich hierdurch aber die immer noch überaus prekäre innere Lage der jungen Republik stabilisierte, war unter diesen Umständen kaum zu erwarten.

Ihre erste Feuerprobe hatte die neue Reichsregierung schon sehr bald zu bestehen: Vom 5. bis zum 16. Juli 1920 tagte in Spa eine Reparationskonferenz, zu der die Deutschen erstmals als Teilnehmer (wenn auch noch nicht gleichberechtigt) zugelassen worden waren.[24] Die Konferenz sollte sich auch mit der Abrüstungsfrage sowie mit dem in dieser Zeit besonders wichtigen Gegenstand der deutschen Kohlelieferungen beschäftigen. Was die Abrüstung anbetraf, hatte die Reichsregierung eigentlich auf ein Entgegenkommen der Siegermächte gehofft, doch das deutsche Anliegen, die deutsche Heeresstärke auf 200 000 Mann (statt auf nur 100 000) verringern zu dürfen, wurde nicht akzeptiert. Simons erreichte nach zähen Verhandlungen lediglich, dass die Frist zur Erreichung der Heeresverminderung um einige Monate, bis zum 1. Januar 1921, verlängert wurde.[25] In der schwierigen Kohlefrage konnte die deutsche Seite ebenfalls wenigstens einen kleinen Erfolg verbuchen. Die in Versailles festgelegte jährliche Liefermenge von knapp 40 Millionen Tonnen war angesichts der schwierigen Wirtschaftslage (und auch wegen des lebensnotwendigen deutschen Eigenbedarfs) einfach nicht zu leisten; man einigte sich schließlich auf eine jährliche deutsche Lieferpflicht von 24 Millionen Tonnen Kohle.[26] Schließlich legten die Siegermächte in Spa einen Verteilungsschlüssel für die noch immer unbezifferten deutschen finanziellen Reparationsleistungen fest: Den Löwenanteil von 52 Prozent sollten die Franzosen erhalten, gefolgt von den Briten mit 22 Prozent, den Italienern mit 10 Prozent und den Belgiern mit 8 Prozent; der Rest ging an alle übrigen Siegerstaaten, die Ansprüche geltend machen konnten.[27]

Wie aber sollten die von Deutschland – und zwar möglichst bald – zu leistenden Reparationszahlungen im Detail geregelt werden? Den Finanzexperten in den Siegerländern war (im Gegensatz zu so manchem französischen und britischen Politiker) eigentlich klar, dass Deutschland im Grunde kaum zahlungsfähig war und wirtschaftlich erst einmal wieder auf die Beine kommen musste, bevor es in der Lage sein konnte, die geforderten finanziellen Leistungen zu erbringen. Im Rahmen einer Konferenz in Paris (24. bis 29. Januar 1921) einigten sich die Alliierten immerhin über die Höhe der von Deutschland zu leistenden Zahlungen: sie umfasste die für damalige Verhältnisse nachgerade phantastische Summe von etwa 226 Milliarden Goldmark, zahlbar zwischen 1921 und 1963 in insgesamt 42 Jahresraten. Als Pfand für die Begleichung dieser Summe sollte das gesamte noch vorhandene Vermögen des Reiches und der Länder gelten![28] In Deutschland reagierte man, als diese Zahlen bekannt wurden, mit kaum verhülltem Entsetzen; Außenminister Simons rechnete am 1. Februar 1921 im Reichstag vor, dass jene »fixe Summe von 226 Milliarden Goldmark ... in Papiermark umgesetzt gleich etwa 3 000 Milliarden« entspreche, damit »also mehr als jetzt wohl das gesamte deutsche Volksvermögen« umfasse.[29] Heute weiß man allerdings, dass diese Zahl offenbar nur als Ausgangssumme für Verhandlungen mit der deutschen Seite gedacht war und dass gerade die Briten (die den Franzosen hier entgegengekommen waren) von vornherein mit einer Reduzierung dieser Summe rechneten[30] – doch die verheerende politisch-psychologische Wirkung in Deutschland hatte man offensichtlich nicht mitbedacht.

Die Vorzeichen für die Londoner Reparationskonferenz, die vom 1. bis 7. März 1921 in der britischen Hauptstadt stattfand,[31] standen also nicht sehr günstig, obwohl die Deutschen hier erstmals seit dem Krieg wieder mit einer wenigsten formell gleichberechtigten Delegation mitwirken konnten. Die Reichsregierung trat sofort nach Eröffnung der Konferenz mit einem schon vorher ausgearbeiteten eigenen Gegenvorschlag hervor: Simons bot eine Summe von insgesamt 50 Milliarden Goldmark an, auf die allerdings die bereits erbrachten deutschen Sachleistungen angerechnet werden sollten; außerdem wurde gefordert, dass Oberschlesien (dessen Industrierevier als unerlässlich für die baldige Aufbringung der Summe angesehen wurde) bei Deutschland belassen und dass die völlige Handelsfreiheit für Deutschland wieder eingeführt werden sollte.[32] Diese Vorschläge, die lediglich als Ausgangsposition für weitere Verhandlungen gedacht waren, wurden von der Gegenseite offenkundig als Provokation aufgefasst: Lloyd George verkündete am 3. März ein Ultimatum: Nähmen die Deutschen die Pariser Vorschläge nicht binnen vier Tagen (bis zum 7. März) an, dann würden seitens der Alliierten sofortige Sanktionen erfolgen. Mit Rückendeckung der Reichsregierung lehnte Simons am 7. März die alliierten Forderungen endgültig ab; damit war die Konferenz gescheitert.[33] Schon am folgenden Tag wurden Düsseldorf, Duisburg und Ruhrort von französischen und englischen Truppen besetzt.

Nun blieb den Deutschen nur noch die Hoffnung auf das Eingreifen der Amerikaner, die an einem baldigen Beginn größerer deutscher Zahlungen – mit denen die Briten und die Franzosen wiederum ihre Kriegsschulden bei den USA begleichen sollten – unbedingt interessiert sein mussten. Man setzte in Berlin auch auf den neuen amerikanischen Präsidenten, den Republikaner

Warren G. Harding, der soeben sein Amt als Nachfolger Wilsons angetreten hatte und von dem man sich in Deutschland einen anderen, pragmatischeren außenpolitischen Kurs erhoffte.[34] Deutschland bat daher die USA am 21. April um Vermittlung in der Frage einer angemessenen Festlegung der deutschen Reparationsleistungen: Das Deutsche Reich sei bereit, bis an die Grenzen der eigenen Leistungsfähigkeit zu gehen – aber eben diese Leistungsfähigkeit müsse in ihrem Umfang erst einmal festgestellt werden, und zwar von einem internationalen Expertengremium unter Aufsicht der USA.

Die Amerikaner lehnten allerdings den deutschen Vorschlag ab – auch angesichts des heftigen Widerstands aus London und Paris. Damit war der Versuch, die Vereinigten Staaten als Vermittler einzuschalten, vorerst gescheitert; dies wiederum hatte in Berlin eine Regierungskrise zur Folge. Schon am 4. Mai trat die jetzt nicht mehr handlungsfähige Regierung Fehrenbach zurück; Nachfolger wurde Joseph Wirth, der wie sein Vorgänger dem Zentrum angehörte und seine neue Regierung am 10. Mai immerhin mit Einschluss der SPD bilden konnte. Schon fünf Tage vorher hatten die Alliierten ein neues Ultimatum, versehen mit einem ausführlichen Zahlungsplan, gestellt:[35] Die von Deutschland zu zahlende Summe wurde darin auf insgesamt 132 Milliarden Goldmark, zuzüglich 6 Milliarden für Belgien, festgesetzt. Der neue Reichskanzler befand sich in einer wenig beneidenswerten Situation; ihm war klar, dass der Widerstand unter den gegebenen Bedingungen aufgegeben werden musste. Am 10. Mai 1921 wurde das Ultimatum im Reichstag mit 220 gegen 172 Stimmen angenommen.[36]

Das Stichwort, unter dem die Regierung Wirth angetreten war, und das sich in der Propaganda der extremen Rechten bald zu einem Schimpfwort wandeln sollte, lautete jetzt: »Erfüllungspolitik«. Deutschland treibe, so der Kanzler im März 1922 im Reichstag, »nicht Erfüllungspolitik um ihrer selbst willen ..., sondern [um] der Welt durch die Erfüllung im Rahmen des Möglichen den praktischen Nachweis zu erbringen, wo die Grenze des Erfüllbaren liegt und wo sie nicht überschritten werden kann, ohne der Weltwirtschaft tödliche Wunden zu schlagen«.[37] Immerhin hatten die Bemühungen des Frühjahrs 1921 wenigstens *einen*, und wie sich zeigen sollte, keineswegs unbedeutenden Erfolg gebracht: Die Beziehungen zu den USA hatten sich nachhaltig verbessert. Am 25. August 1921 wurde endlich (da die Vereinigten Staaten den Versailler Vertrag aus innenpolitischen Gründen nicht unterzeichnet hatten) in Berlin ein separater deutsch-amerikanischer Friedensvertrag abgeschlossen[38].

Deutschland und der Osten

Der Übergang zur ›Erfüllungspolitik‹ hatte seit dem Frühsommer 1921 zu einer gewissen, wenn auch nur vorläufigen Entspannung im Westen geführt. Wie sah es dagegen im Osten aus? Der Zerfall der Großreiche hatte hier eine vollkommen neue Situation erbracht; eine Reihe neuer unabhängiger Staaten war entstanden, von denen Polen, die Tschechoslowakei und Jugoslawien die bedeutendsten waren. Wie sollten sich die deutschen Beziehungen zu diesen Ländern – vor allem zu Polen – gestalten? Wie sollte man künftig mit der Sowjetunion umgehen, die nominell noch immer das politische Programm einer sozialistischen ›Weltrevolution‹ vertrat? Eröffneten sich hier, jenseits aller Bevormundungsversuche aus Paris und London, neue Möglichkeiten für eine eigenständige deutsche Außenpolitik? Oder drohten hier weitere Konflikte und damit auch neue Gefahren?

Anfang der 1920er Jahre waren die Dinge hier noch im Fluss, aber bereits jetzt begann Frankreich, getrieben von seinem starken Sicherheitsbedürfnis, seine Beziehungen zu den neuen ›zwischeneuropäischen‹ Staaten auszubauen, um sich in jener Region eine eigene Einflusszone zu schaffen. So entstand nach und nach aus Bündnis- und Freundschaftsverträgen Frankreichs mit Polen (1921), der Tschechoslowakei (1924), Rumänien (1926) und Jugoslawien (1927) die sogenannte ›Kleine Entente‹.[39] Angesichts der durchaus realen Gefahr, künftig von Osteuropa und vom auch handelspolitisch wichtigen Donauraum abgetrennt zu werden, blieb Deutschland vorerst nur die Möglichkeit, möglichst rasch normale politische und wirtschaftliche Beziehungen zu den Ländern Ost- und Südosteuropas herzustellen, um eine neue Isolierung zu vermeiden und den französischen Bestrebungen entgegenzuarbeiten. Immerhin gab es unter den neu entstandenen Staaten selbst wiederum Spannungspotenziale, die von einer klugen deutschen Politik ausgenutzt werden konnten – vor allem zwischen Polen und der Tschechoslowakei, die im Januar/Februar 1919 sogar wegen Grenzstreitigkeiten einen kurzen Krieg gegeneinander geführt hatten.

Tatsächlich gingen die deutschen Außenpolitiker, die nach Lage der Dinge weniger zu bieten hatten als die Franzosen, hier keineswegs ungeschickt vor. Mit der Tschechoslowakei wurde im Sommer 1920 ein für das Reich durchaus günstiges Handelsabkommen geschlossen; im nächsten Jahr folgte eine ähnliche Vereinbarung mit Jugoslawien. Ebenfalls gelang es sehr rasch, die deutschen Beziehungen zu den neu entstandenen baltischen Republiken zu normalisieren und bald auch auf wirtschaftlichem Gebiet kräftig auszubauen. In ökonomischer wie auch in politischer Hinsicht hatte das Auswärtige Amt dabei nicht zuletzt ebenfalls Russland im Blick. Der große Problemfall einer künftigen deutschen Ostpolitik blieb hingegen Polen.[40] Die neuen Grenzziehungen des Versailler Vertrags – vor allem die als besonders schmerzlich empfundene territoriale Abtrennung Ostpreußens vom Reich –, dazu auch die noch ungeregelten deutsch-polnischen finanziellen Ansprüche und Vermögensverhältnisse, bargen genügend Konfliktstoff; schon im April 1919 hatte der damalige Reichswehrminister Groener vom »polnischen Pfahl« gesprochen, den Frankreich »so tief wie möglich ins Fleisch« Deutschlands zu treiben beabsichtige.[41] Freilich hatte die deutsche Seite im Juli 1920 – als die Rote Armee im damaligen sowjetisch-polnischen Krieg sich kurz vor Warschau befand und Polen vor dem Ende zu stehen schien – klugerweise russischen Verlockungen hinsichtlich einer gemeinsam vorzunehmenden

Korrektur der polnischen Grenzen widerstanden;[42] Außenminister Simons verfocht in gewisser Weise die entgegengesetzte Taktik, indem er den Briten im Oktober 1920 klarzumachen versuchte, dass nur Deutschland, nicht etwa ein schwaches Polen, der »wirkliche Schutzwall« Europas gegen den Bolschewismus sein könne.[43]

Auch der noch immer nicht ausgestandene Konflikt um Oberschlesien belastete das Verhältnis zwischen Berlin und Warschau in zunehmendem Maße; Außenminister Simons verhängte im September 1920 eine totale Ausfuhrsperre nach Polen.[44] Im Frühjahr 1921 spitzte sich im äußersten Südosten des Reiches die Situation gefährlich zu. Die Siegermächte hatten im Artikel 88 des Versailler Vertrags eine Abstimmung über die künftige Zugehörigkeit Oberschlesiens, das immerhin fast ein Viertel der deutschen Kohleproduktion lieferte, zugestanden.[45] Nachdem es dort bereits im Sommer 1919 zu schweren Unruhen gekommen war, hatten die Alliierten das deutsche Militär zum Abzug gezwungen; das vorgesehene Abstimmungsgebiet wurde Ende 1919 von französischen, britischen und italienischen Truppen besetzt. Unter Führung des polnischen Nationalisten Korfanty (und mit wohlwollender Duldung der französischen Besatzungstruppen) kam es im folgenden Jahr zu erneuten schweren Zusammenstößen und gewaltsamen Konflikten zwischen Polen und Deutschen.[46] Erst nach mehreren scharfen Protesten der deutschen Regierung[47] bequemten sich die Besatzungsmächte Anfang 1921, die Ruhe und Ordnung im Abstimmungsgebiet wiederherzustellen.

Und ebenfalls erst nach mehrfacher Verzögerung konnte die Abstimmung am 20. März 1921 stattfinden; das Resultat war eindeutig: etwa 60 Prozent sprachen sich für den Verbleib Oberschlesiens bei Deutschland, ca. 40 Prozent dagegen für einen Übergang an Polen aus.[48] Im Hinblick auf dieses – absehbare – Ergebnis hatte die polnische Seite bei den Alliierten bereits vorher eine Teilung des Gebiets vorgeschlagen (die sogenannte »Korfanty-Linie«), zudem inszenierte Korfanty seit dem 3. Mai einen weiteren polnischen Aufstand. Am 25. Juni verfügten die Alliierten die Räumung des Gebietes von allen deutschen und polnischen paramilitärischen Truppen. Freilich respektierten sie auch jetzt noch nicht das Abstimmungsergebnis, sondern wiesen im August die Vorentscheidung dem Völkerbund zu, in dem Deutschland nicht vertreten war.[49] Es gelang nun den Franzosen – die von Beginn an die polnischen Ansprüche massiv unterstützt hatten – »die Auswahl der Sachverständigen, denen die Prüfung der Oberschlesienfrage oblag, hinter den Kulissen geschickt zu beeinflussen«[50], so dass der Völkerbundrat am 12. Oktober 1921 die einstimmig beschlossene Empfehlung aussprach, Oberschlesien »in einer Deutschland, gemessen am Ausgang der Volksabstimmung vom 20. März, schwer benachteiligenden Weise« zu teilen.[51] Die letzte Entscheidung traf die Botschafterkonferenz in Paris am 20. Oktober; sie fiel natürlich im Sinne des Gutachtens aus.[52] Eine Ablehnung war also unmöglich; der deutschen Seite blieb nichts anderes übrig, als die Teilung der Provinz zu akzeptieren. Allerdings trat die Regierung Wirth zwei Tage später in ohnmächtigem Protest zurück. Im Rücktrittsschreiben an den Reichspräsidenten bemerkte der Kanzler, es habe für die Regierung keine andere Möglichkeit gegeben, als »die Verantwortung für die Durchführung des Ultimatums zu übernehmen«. Durch das Diktat der Alliierten würden Deutschland »blühende deutsche Städte, der weitaus überwiegende Teil aller Bodenschätze, 4/5 der Verarbeitungsstätten ... entrissen«.[53] Tatsächlich haben wenige Ereignisse nach dem Krieg die allgemeine politische Verbitterung in Deutschland derart geschürt wie jene Vorgänge in Oberschlesien: Wenn nicht einmal die Sieger die Vereinbarungen von Versailles respektierten, warum sollten es dann die Verlierer tun?

Nur vier Tage nach seinem Rücktritt bildete Wirth übrigens auf Bitten Eberts am 26. Oktober 1921 seine zweite Regierung, der ab dem 31. Januar 1922 auch ein neuer Außenminister angehören sollte: Walther Rathenau. Unter dessen Ägide kam es im Frühjahr 1922 zu einer leichten deutsch-polnischen Entspannung. In einem am 15. Mai abgeschlossenen Abkommen regelten Berlin und Warschau die Einzelheiten der Übergabe Ost-Oberschlesiens an Polen; wenig später wurde der seit 1920 bestehende deutsche Wirtschaftsboykott gegen Polen aufgehoben.[54]

Langsam begann sich jetzt auch das deutsch-sowjetische Verhältnis ein wenig zu entspannen; die seit November 1918 faktisch ›eingefrorenen‹ Beziehungen wurden Anfang der 1920er Jahre zwar nicht sofort wieder aufgenommen, doch das sowjetische Angebot vom Januar 1920, durch die Errichtung wechselseitiger Handelsagenturen in Berlin und Moskau wenigstens die wirtschaftliche Verbindung wieder aufzunehmen, wurde deutscherseits durchaus akzeptiert. Doch erst nach der von Lenin veranlassten Lockerung der sozialistischen Zwangswirtschaft durch die sogenannte »Neue Ökonomische Politik« kam es am 6. Mai 1921 zum Abschluss eines deutsch-russischen Handelsabkommens.[55]

Genua und Rapallo

Die neue deutsche Reichsregierung hatte es immer noch mit den alten Problemen zu tun. Bald schon war es absehbar, dass Deutschland die Anfang 1922 zu zahlenden Raten ohne die vorherige Gewährung einer Auslandsanleihe nicht würde aufbringen können. Also blieb Wirth nichts anderes übrig, als die Reparationskommission am 14. Dezember um einen Aufschub zu bitten;[56] diese allerdings lehnte es ab, die Bitte des deutschen Kanzlers auch nur »in Betracht zu ziehen oder zu prüfen«.[57] Und trotzdem war für alle Einsichtigen *eine* Tatsache einfach nicht zu leugnen: Deutschland benötigte dringend eine Erholungspause, um die eigene Wirtschaft und Währung stabilisieren zu können;[58] dies wurde um die Jahreswende 1921/22 wenigstens von den Briten erkannt und akzeptiert. Auf einer für den 4. bis 13. Januar 1922 in Cannes anberaumten Reparationskonferenz, an der auch eine deutsche Delegation teilnahm,[59] hielt Premierminister Lloyd George den immer noch eine harte Linie verfechtenden französischen Politikern entgegen, Deutschland müsse gemäß dem Londoner Ultimatum zwar bis zum Höchstmaß seiner Leistungsfähigkeit Zahlungen leisten, doch dürfe dieses Höchstmaß eben nicht überschritten und Deutschland »nicht in ein Chaos gestürzt werden«.[60] Immerhin erreichten die deutschen Unterhändler unter Rathenau wenigstens einen befristeten Zahlungsaufschub; alle weiteren Probleme sollten schon bald im Rahmen einer großen internationalen Wirtschafts- und Finanzkonferenz in Genua geregelt werden.

Um den Ablauf und das – gerade für Deutschland – ausgesprochen mager ausfallende Ergebnis der Genua-Konferenz (10. April bis 19. Mai 1922) zu verstehen, sind zwei Aspekte wichtig: Zum einen hatte die sowjetische Regierung ihre seit einiger Zeit erkennbaren Bemühungen, mit Deutschland wieder in ein engeres politisches und wirtschaftliches Verhältnis zu kommen, seit Jahresbeginn merklich intensiviert – darauf musste Berlin in irgendeiner Weise reagieren.[61] Zum anderen verfügte Deutschland in dieser Zeit noch über »keine durchdachte, präzise formulierte Gesamtkonzeption deutscher Außenpolitik«.[62] Dementsprechend sah man der Konferenz in Italien mit ausgesprochen gedämpften Erwartungen entgegen; Rathenau erklärte am 5. April auf einer Kabinettssitzung, man werde sich wenigstens darum bemühen, »unseren Standpunkt zur Geltung zu bringen und einige Gedanken in die Diskussion zu werfen«, um der Welt klar zu machen, »daß der Vertrag von Versailles und die Reparationsfrage im Mittelpunkt aller Wirtschaftsprobleme stehen«.[63]

Immerhin nahmen an der Tagung in Genua insgesamt 28 Staaten (jedoch ohne die USA) teil, zum ersten Mal auch die Sowjetunion, vertreten durch Außenminister Georgij Tschitscherin. Man verhandelte zwar mehrere Wochen miteinander, gelangte jedoch zu keinem greifbaren Resultat; nur dem Vermittlungsgeschick der Briten war es zu verdanken, dass die Konferenz nicht vorzeitig abgebrochen wurde. Im Kern scheiterte die Zusammenkunft an der harten Haltung der Franzosen, die sich –

nicht zuletzt angesichts der großen Kriegszerstörungen im eigenen Land – strikt weigerten, alle mit dem Friedensvertrag zusammenhängenden Fragen, vor allem die akuten Probleme der deutschen Reparationszahlungen, überhaupt zu erörtern. Damit waren all jene zentralen Gegenstände und Streitfragen von vornherein ausgeschlossen, deren einvernehmliche Regelung einen Ausweg aus der politischen und wirtschaftlichen Krise hätte bieten können.[64]

Eine weit größere Bedeutung erlangten hingegen die sich am Rande der Konferenz intensivierenden deutsch-russischen Kontakte. Hintergrund hierfür waren nicht nur die seit einiger Zeit erkennbaren sowjetischen Annäherungsversuche an Deutschland, sondern ebenfalls der noch immer im Raum stehende Artikel 116 des Versailler Vertrages, in dem die alliierten Siegermächte Russland ausdrücklich das Recht zur Geltendmachung von Reparationsansprüchen an Deutschland vorbehalten hatten. Aus deutscher Sicht bestand nun durchaus die Gefahr, dass die Sowjetunion diese Ansprüche an Frankreich abtreten könnte – etwa zur Begleichung russischer Schulden aus der Vorkriegszeit;[65] zudem wurden die Deutschen von den nach Genua »einladenden Mächten« ausdrücklich *nicht* zu den Verhandlungen mit der Sowjetdelegation herangezogen. Die Russen wiederum sahen sich in ihren Verhandlungen mit den Westmächten zum wiederholten Male mit britischen und französischen Forderungen nach Begleichung von Altschulden des Zarenregimes und Entschädigungen für Enteignungen seit der Revolution konfrontiert.

Auf diese Weise wurden die russische und die deutsche Delegation von den Alliierten einander gewissermaßen in die Arme getrieben. Denn die sich plötzlich eröffnende Möglichkeit eines gemeinsamen Ausgleichs erschien Berlin und Moskau letztlich zu verlockend, als dass sie hätte ungenutzt bleiben können. So kam es nach nur sehr kurzen, aber intensiven Verhandlungen zwischen den beiden ›Außenseitern‹ der Konferenz[66] am 16. April 1922 zum Abschluss des deutsch-sowjetischen Vertrages von Rapallo.[67] Dieses unerwartete Abkommen, dessen Bekanntgabe sogleich als weltpolitische Sensation empfunden wurde,[68] enthielt drei wichtige Vereinbarungen:[69] *Erstens* einigten sich beide Seiten auf einen wechselseitigen sogenannten Generalverzicht, d.h. Deutschland verzichtete auf früheres, seit Kriegsausbruch oder nach der Revolution enteignetes deutsches Eigentum in Russland, während die Sowjetunion wiederum auf alle Entschädigungsansprüche verzichtete, die sie gemäß den Bestimmungen des Versailler Vertrags hätte geltend machen können (Artikel 1 und 2). *Zweitens* nahmen beide Staaten die vollen diplomatischen und konsularischen Beziehungen wieder auf (Artikel 3), und *drittens* vereinbarten sie eine enge wirtschaftliche Zusammenarbeit (Artikel 4 und 5).

Fragt man nach der Motivation der deutschen Regierung zur Unterzeichnung des vor allem von Frankreich mit Besorgnis zur Kenntnis genommenen Rapallo-Vertrages, wird man in erster Linie zwei Aspekte nennen müssen: Zum einen die Abwehr drohender Gefahren, die mit einer Instrumentalisierung der für Deutschland gefährlichen Bestimmungen des Artikels 116 des Friedensvertrages verbunden waren. Das Reich konnte es nicht auf eine französisch-russische Einigung in der Frage eines Abgleichs der wechselseitigen Entschädigungsansprüche (der freilich, wie man heute weiß, wenigstens von der östlichen Seite kaum beabsichtigt war) ankommen lassen; eine rasche Einigung mit den Sowjets war also aus deutscher Sicht besonders dringend erforderlich.

Zum anderen ging es dem Reich darum, seine außenpolitische Handlungsfähigkeit wenigstens in begrenztem Maße zurückzugewinnen. Deutschland blieb, so formulierte Klaus Hildebrand treffend, »gar nichts anderes übrig, wollte es seine außenpolitische Objektrolle lockern und neuen Manövrierraum gewinnen, als eine Chance abzupassen, um ein Gegengewicht zu den Siegermächten in die Waagschale zu werfen. Zu diesem Zweck blieb nur die Zusammenarbeit mit dem anderen vom Westen stigmatisierten Staat, dem bolschewistischen Rußland«.[70] Allerdings war ›Rapallo‹, auch dies bleibt festzuhalten, niemals mehr als ein reines Zweckbündnis, das von beiden Seiten zwar unbedingt gewünscht wurde, das aber das immer noch vorhandene gegenseitige Misstrauen zwischen Berlin und Moskau keineswegs vollständig ausräumen konnte.

4 Am Rand der Katastrophe (1923)

Ruhrbesetzung im Jahr 1923: Ein alter Mann begegnet einem französischen Soldaten mit Gewehr und aufgepflanztem Bajonett.

Ruhrbesetzung

»Kein Volk der Welt hat etwas erlebt, was dem deutschen ›1923‹-Erlebnis entspricht«, bemerkte Sebastian Haffner einmal: »Den Weltkrieg haben alle erlebt, die meisten auch Revolution, soziale Krisen, Streiks, Vermögensumschichtungen, Geldentwertungen. Aber keins die phantastische, groteske Übersteigerung von alledem auf einmal, die 1923 in Deutschland stattfand.«[1]

Nach Genua und Rapallo ging zuerst einmal das zähe Ringen zwischen Deutschland und den Siegermächten um den Fortgang der vom Kriegsverlierer zu leistenden Reparationszahlungen unverändert weiter.[2] Ende Mai 1922 war es noch gelungen, einen partiellen Zahlungsaufschub für die bisher angehäuften *Schulden* zu erreichen; die *laufenden Zahlungen* mussten freilich weiterhin geleistet werden. Deutschland hoffte auf einen Auslandskredit, doch die Aussichten hierauf zerschlugen sich im Verlauf des Sommers. Die Folge war, dass die vereinbarten laufenden Zahlungen – zwischen dem 15. Juli und dem 15. Dezember 1922 sollten 320 Millionen Goldmark bereitgestellt werden[3] – selbst beim besten Willen nicht mehr geleistet werden konnten. Auch innenpolitisch steuerte die Entwicklung im Deutschen Reich auf eine schwere Krise zu: Die Proteste gegen die Politik der Sieger verschafften der extremen Rechten einen deutlichen Einflussgewinn, dessen schlimmstes Resultat die Ermordung des Außenministers Walther Rathenau am 24. Juni darstellte.[4]

Noch einmal gelang es der deutschen Seite, eine Stundung der Teilzahlungen durch die Ausgabe von ›Schatzwechseln‹ zu erreichen, die binnen sechs Monaten in Goldmark einzulösen waren, doch die Drohung aus Paris, bei nachlassendem Zahlungswillen werde man umgehend entsprechende Sanktionsmaßnahmen ergreifen,[5] verschlechterten das Klima nachhaltig und ließen für die allernächste Zukunft nichts Gutes erwarten.[6] Jedenfalls war die schwere wirtschafts- wie außenpolitische Krise, auf die Deutschland zusteuerte, für niemanden mehr zu übersehen.

Reichspräsident Ebert entschied sich in dieser Lage für die Berufung eines parteilosen Wirtschaftsführers, des früheren HAPAG-Direktors Wilhelm Cuno, zum neuen Reichskanzler; die meisten Minister seiner Minderheitsregierung gehörten der DDP, der DVP und dem Zentrum an, fünf waren parteilos.[7] Das Außenministerium übernahm der politisch bisher ebenfalls nicht hervorgetretene Berufsdiplomat Frederic von Rosenberg.[8] In seiner Regierungserklärung vor dem Reichstag machte sich Cuno die Formulierung seines Vorgängers: »Erst Brot, dann Reparationen« ausdrücklich zu eigen. Deutschland müsse, so formulierte er die Grundzüge seiner Politik, »auf drei bis vier Jahre von allen Bar- und Sachleistungen aus dem Vertrage von Versailles befreit werden«, ausgenommen nur die Sachlieferungen für den Wiederaufbau Nordfrankreichs; dazu müsse man einen hohen ausländischen Bankkredit erhalten. Die Deutschen hätten sich freilich auf weitere Entbehrungen einzustellen.[9]

Cuno hatte gehofft, wenigstens in London beim neuen konservativen Premierminister Andrew Bonar Law Entgegenkommen zu finden,[10] doch diese Hoffnung trog, denn auch der Londoner Regierungschef folgte der bisherigen britischen Strategie einer Rücksichtnahme auf Paris und des konsequenten Festhaltens an der interalliierten Zusammenarbeit.[11] Auch in Paris war man jetzt zu härtesten Gegenmaßnahmen entschlossen: Am 11. Januar 1923 begann mit dem Einmarsch französischer und belgischer Truppen die Ruhr-Invasion.[12] Schon am ersten Tag wurde Essen besetzt, am 15. Januar standen die Besatzungstruppen in Bochum, Witten und Recklinghausen, einen Tag später erreichten sie Dortmund. Im Februar und März wurde das Besatzungsgebiet noch weiter ausgedehnt auf einzelne Orte Badens, des Niederrheins und auf die Zwischenräume der bereits vorher besetzten französischen ›Brückenköpfe‹ von Mainz, Koblenz und Köln; besetzt wurden ebenfalls die Industriehäfen von Mannheim und Karlsruhe sowie das zentrale Eisenbahnreparaturwerk in Darmstadt.[13] Im okkupierten Gebiet verhängten die Besatzer anschließend den Belagerungszustand.[14]

Deutschland konnte hierauf nur mit ohnmächtigem Protest reagieren; so wurden alle Materiallieferungen und Zahlungen an die Besatzungsmächte sofort eingestellt. Rationale Motive für das gewaltsame Vorgehen Frankreichs gegen Deutschland sind nicht auszumachen, denn es war abzusehen, dass die angelsächsischen Mächte diese Maßnahme kaum gutheißen, geschweige denn lange mittragen würden.[15] Sah man in Deutschland tatsächlich, wie dies Aristide Briand im April 1921 vor dem französischen Senat einmal bildkräftig formuliert hatte, jetzt nur noch einen »unaufrichtigen Schuldner«, der versuchte, durch stetes »erneutes Herumgedruckse sich seinen Verpflichtungen zu entziehen« und dem Frankreich deshalb mit »feste[r] Hand … die Schlinge umlegen«[16] müsse? Glaubte Poincaré mit dieser folgenreichen und ausgesprochen riskanten Maßnahme wirklich den Fortgang der deutschen Reparationszahlungen sicherstellen zu können? Oder ging es darum, die durch den Londoner

Regierungswechsel und den Niedergang der dortigen Liberalen Partei hervorgerufene augenblickliche Schwäche der Briten auszunutzen? War sogar beabsichtigt, Deutschland endgültig in Chaos und Bürgerkrieg versinken zu lassen, damit sich Frankreich anschließend als kontinentale Ordnungsmacht profilieren konnte? Ging es um die Abtrennung des Rheinlandes und die Schaffung eines von Frankreich kontrollierten kontinentalen »Stahl-Kohlenblock[s]«[17] der Schwerindustrie?

Eine unzweideutige Antwort ist hier, wie so oft, nicht leicht zu finden;[18] sicherlich sollte die Ruhr-Invasion, so viel lässt sich sagen, »die Position Frankreichs entscheidend verbessern und die Voraussetzungen dafür schaffen, doch noch die im Versailler Vertrag ungenügend vollzogene Verschiebung der Machtverhältnisse zwischen Deutschland und Frankreich endgültig zugunsten Frankreichs zu verwirklichen« (Peter Krüger).[19] Den Franzosen ging es dabei nicht nur um die Inbesitznahme eines Wirtschaftspotenzials als »produktives Pfand«[20], sondern man hoffte zudem »auf eine Autonomisierung der Rheinregion nach dem saarländischen Modell« und »auf eine Destabilisierung des Reiches«.[21]

Wie sollte die deutsche politische Führung reagieren? Sollte sie – wie der deutsche Geschäftsträger in Paris, Leopold von Hoesch, empfahl – mit einer erneuten Initiative zur Überprüfung der deutschen Leistungsfähigkeit »durch eine unparteiische Kommission«[22] an die Angelsachsen herantreten? Reichskanzler Cuno und Außenminister Rosenberg entschieden erst einmal anders: »Unsere Ruhrpolitik«, hieß es am 17. Januar in einem Runderlass des Auswärtigen Amtes, »ist auf schärfsten passiven Widerstand gegen französische und belgische Gewaltmaßnahmen abgestellt«.[23] Alle deutschen Beamten im besetzten Gebiet erhielten die strikte Anweisung, sich den Anordnungen der Besatzer zu widersetzen; den Zechen an der Ruhr wurden Kohlelieferungen an Frankreich ausdrücklich verboten – umgekehrt untersagten die Besatzungsmächte jede Kohlelieferung aus dem besetzten Gebiet ins übrige Reichsgebiet.[24]

Im März brachten Cuno und Rosenberg noch einmal die Idee ins Spiel, eine unabhängige Expertenkommission über die Leistungsfähigkeit der deutschen Wirtschaft befinden zu lassen; der Kanzler versicherte dem britischen Premierminister dabei ausdrücklich, die Reichsregierung werde »erforderlichenfalls durch geeignete Maßnahmen dafür sorgen, daß die deutschen Industrie- und Wirtschaftskreise ihre Kraft in den Dienst der auf das Erfüllbare zurückgeführten deutschen Reparationspflicht stellen werden«.[25] Doch Harding und Bonar Law waren trotz aller Kritik am Vorgehen Frankreichs nicht bereit, sich offen auf Deutschlands Seite zu stellen; sie rieten den Deutschen diskret zur Aufgabe des Widerstandes und zur Rückkehr an den Verhandlungstisch.

Ruhrkampf und Vermittlungsversuche

Im März und April spitzte sich die Lage im besetzten Gebiet an Rhein und Ruhr weiter zu. Seitdem sich abzeichnete, dass der von der Reichsregierung im Januar ausgerufene passive Widerstand den von den Franzosern und Belgiern vorgenommenen Abtransport von Kohle im großen Stil nicht verhindern konnte, wandelte sich der passive zunehmend in einen aktiven Widerstand.[26] Dessen Aktionen richteten sich vor allem gegen die wirtschaftlichen Transportwege, etwa den Rhein-Herne-Kanal und den Dortmund-Ems-Kanal; durch Sprengung und Versenkung von Schiffen an strategisch wichtigen Punkten konnten diese Wasserstraßen für einige Zeit lahmgelegt werden. Es folgten Anschläge auf Brücken und Gleisanlagen, die das nunmehr in französisch-belgischer Regie betriebene westdeutsche Eisenbahnnetz zeitweilig massiv zu stören vermochten.

Obwohl die Besatzer mit härtesten Gegenmaßnahmen reagierten und auch vor Todesurteilen, Geiselnahmen, Deportationen und langen Haftstrafen nicht zurückschreckten, wurde dieser ›Ruhrkrieg‹ – von der Reichsregierung zwar nicht aktiv unterstützt, aber doch geduldet – weiter fortgesetzt. Nach einem

Bericht des Statistischen Reichsamtes wurden bis Ende Februar 1924 im besetzten Ruhrgebiet insgesamt 132 Deutsche getötet, elf offiziell zum Tode verurteilt, fünf zu lebenslänglicher Haftstrafe. Insgesamt wurden Deutsche zu 1454 Jahren Haft verurteilt.[27] Besonders bekannt wurde der Fall des Widerstandskämpfers Albert Leo Schlageter, der im Mai 1923 von einem französischen Kriegsgericht in Düsseldorf zum Tode verurteilt und anschließend hingerichtet wurde.[28] Dieses Ereignis wurde zu einer internationalen Angelegenheit, weil die Reichsregierung in gleichlautenden diplomatischen Noten an die Regierungen in London, Rom, Madrid, Washington und Moskau schärfstens gegen das Vorgehen der Franzosen protestierte.[29]

Im Ganzen gesehen aber entpuppte sich der Widerstand gegen die Ruhrbesetzung, je länger er dauerte, desto klarer als Fehlschlag. Weil die Briten und Amerikaner nicht eingriffen und weil sich die Lage im Reich zunehmend verschärfte, konnten Cuno und Rosenberg ihren Kurs, keine neuen Verhandlungen über deutsche Reparationsleistungen zu beginnen, solange die Besetzung dauerte, nicht durchhalten. Bereits Anfang Mai legte die Reichsregierung einen neuen Vorschlag zur Regelung der Reparationen vor, in dem jetzt die Summe von insgesamt 30 Milliarden Goldmark angeboten wurde, zahlbar bis 1931, versehen mit zusätzlichen Garantien der deutschen Wirtschaft und überwacht durch ein internationales Gremium.[30] Das war zwar mehr, als man zu Jahresanfang hatte bieten wollen, aber in den Augen der Adressaten dieser Note immer noch viel zu wenig; das Angebot wurde unisono als indiskutabel zurückgewiesen.[31] Immerhin – und damit war bereits ein Hauptzweck des Angebots erreicht – kam es nun zu neuen Debatten im Lager der Siegerstaaten, von denen inzwischen mit Ausnahme Frankreichs und Belgiens die meisten bereit waren, erneut mit Deutschland zu verhandeln. Der zunehmende Dissens unter den Regierungen, vor allem zwischen London und Paris,[32] wirkte sich jedoch nicht, wie Cuno und Rosenberg eigentlich erhofft hatten, rasch zugunsten Deutschlands aus.

Mittlerweile begann das Reich unter dem zunehmenden Ansturm radikaler Kräfte von rechts und links langsam im Chaos zu versinken,[33] zudem verfiel die Währung von Tag zu Tag. Am 18. Juli sah sich die Reichsregierung veranlasst, öffentlich zu erklären, dass jeder, der »die jetzige Not des Vaterlandes benutzen wollte, um eigensüchtige Parteizwecke durchzusetzen oder die gesetzliche Ordnung durch Mittel der Gewalt zu zerreißen, allein die Zwecke fremder Mächte fördern und ein Verräter am deutschen Volke sein würde«; gegen jeden »Versuch gewaltsamer Auseinandersetzung« werde die Reichsregierung »alle Machtmittel rücksichtslos einsetzen, um einen solchen Anschlag gegen den Bestand der Verfassung des Reiches niederzuwerfen«.[34]

Diese nur allzu deutlichen Signale des inneren Zerfalls in Deutschland wirkten besonders in London alarmierend. Wenn es mit der Cuno-Regierung so weitergehe wie bisher, berichtete der britische Botschafter am 11. August aus Berlin, wären die von Moskau gesteuerten Kommunisten binnen drei Wochen an der Macht; in Deutschland stehe ein Bürgerkrieg unmittelbar vor dem Ausbruch; um eine Dominanz der Bolschewisten »von Königsberg bis zum Rhein« zu verhindern, sei höchste Eile geboten. Und um ganz Mitteleuropa vor einer »kommunistischen Katastrophe« zu bewahren, müsse London den Deutschen jetzt offensiv entgegenkommen, zum einen durch eine deutliche öffentliche Erklärung, zum anderen durch wirksame Vorschläge für eine wirtschaftliche Gesundung des Landes.[35] Tatsächlich reagierte man in London umgehend: Noch am gleichen Tag erging eine scharfe diplomatische Note der britischen Regierung an das Außenministerium in Paris, in der zuerst anhand eines beigefügten juristischen Gutachtens die Ruhrbesetzung für illegal und mit dem Friedensvertrag unvereinbar erklärt und sodann eine neue Festsetzung der deutschen Reparationsschulden durch eine unabhängige Expertenkommission gefordert wurde.[36]

Als diese Note zwei Tage später in Berlin bekannt wurde,[37] war es freilich schon zu spät. Die Regierung Cuno hatte sich angesichts des erlahmenden passiven Widerstands an der Ruhr sowie der sich wirtschaftlich, sozial und politisch immer weiter zuspitzenden Lage im Reich nicht mehr halten können; auf Druck der SPD und auch der DDP mussten Cuno und seine Minister am 12. August zurücktreten; einen Tag später bildete der DVP-Politiker Gustav Stresemann eine neue Reichsregierung der Großen Koalition unter Einbeziehung auch der SPD, des Zentrums und der DDP; das Amt des Außenministers übernahm der Kanzler nunmehr selbst.[38]

Abbruch des Kampfes

Im Grunde war für alle Einsichtigen von vornherein klar, dass der Abbruch des Kampfes an der Ruhr nach dem Berliner Regierungswechsel unmittelbar bevorstand; es ging lediglich noch darum, dies auf eine für das Reich einigermaßen gesichtswahrende Weise zu tun. Es blieb, wie Stresemann rasch bemerkte, letztlich nichts anderes übrig, als über den eigenen Schatten zu springen, auf die Franzosen zuzugehen und ihnen Verhandlungen anzubieten. Seit dem 3. September führte der Kanzler erste vorbereitende Gespräche mit den Botschaftern Frankreichs und Großbritanniens,[39] doch sein Versuch, wenigstens ein kleines, eher symbolisch wirkendes Entgegenkommen (etwa eine Amnestie für alle von den Besatzungsmächten inhaftierten Deutschen) zu erreichen, scheiterte auf der ganzen Linie. Am 26. September musste dann die bittere Maßnahme erfolgen: In der gemeinsamen Erklärung von Reichspräsident und Reichsregierung wurde zuerst der Bevölkerung an Rhein und Ruhr für die »dem Deutschen Reiche in schwerster Zeit bewiesene Treue und Standhaftigkeit« gedankt, anschließend aber wurde offiziell der Abbruch des Kampfes verkündet, »um das Leben von Volk und Staat zu erhalten«, da andernfalls »die Aufrechterhaltung des Wirtschaftslebens und damit die Sicherung der nackten Existenz für unser Volk unmöglich« werde.[40] Am gleichen Tag verhängte – mit Blick auf die befürchteten inneren Unruhen –

Reichspräsident Ebert den militärischen Ausnahmezustand über das gesamte Reich.[41]

Das Kapitel ›Ruhrkrieg‹ war damit für Deutschland beendet. Für den Kanzler und Außenminister war diese Maßnahme eine überaus bittere Erfahrung, aber auch eine als realpolitisch notwendig angesehene Entscheidung, die nicht zuletzt getroffen werden musste, um »durch das Eingeständnis der Niederlage Chancen für einen Neubeginn zu schaffen«.[42]

Konsolidierungsbemühungen

Der Abbruch des Widerstandes wurde, wie zu erwarten, vor allem von den Engländern positiv aufgenommen; Außenminister Lord Curzon sah im Gespräch mit dem deutschen Botschafter jetzt gute Möglichkeiten für eine Rückkehr zu erfolgreichen Verhandlungen – übrigens auch mit Frankreich, denn nun, nachdem Poincaré »seinen vollen Willen« erhalten habe, werde der französische Ministerpräsident den Deutschen sicher »bessere Bedingungen« für eine Neuregelung der Reparationen einräumen.[43] Doch Curzon und auch Stresemann, der ebenfalls von dieser Erwartung ausgegangen zu sein schien, wurden bitter enttäuscht. Poincaré schlug überraschend jedes deutsche Verhandlungsangebot aus und erklärte kurz und bündig, für ihn sei die bloße »Möglichkeit der Prüfung etwaiger deutscher Vorschläge« überhaupt erst dann gegeben, wenn im Okkupationsgebiet an Rhein und Ruhr der Zustand vor dem 11. Januar 1923, also vor dem Beginn der Ruhrkrise, wiederhergestellt worden sei, und das schließe ebenfalls die uneingeschränkte Wiederaufnahme aller Sachlieferungen an Frankreich ein.[44]

Ausschlaggebend für dieses Verhalten der französischen Regierung war wohl vor allem die Hoffnung auf einen Erfolg der von ihr schon seit mehreren Jahren massiv unterstützten Separatistenbewegungen am Rhein und in der Pfalz. Nachdem die Schwäche der Reichsregierung vor aller Welt offenbar geworden war, holten die Führer jener Bewegungen ab Anfang Oktober

1923 zum entscheidenden Schlag aus. Trotz erheblichen Widerstands der Zivilbevölkerung wurde mit französischer Rückendeckung am 21. Oktober 1923 in Aachen die »Rheinische Republik« proklamiert; am 5. November folgte in Kaiserslautern die Ausrufung der »Pfälzischen Republik«.[45] Die Reichsregierung musste diesem Treiben ohnmächtig zusehen.

Trotz dieser Ereignisse gelang der Reichsregierung in den zwei Monaten nach dem unvermeidlichen Abbruch des Ruhrkampfs die innenpolitische Konsolidierung: Mitte November wurde nach längerer Vorbereitung die Währung durch die Einführung der ›Rentenmark‹ stabilisiert; damit wurde die Hyperinflation beendet und die erste Vorbedingung für eine langsame Gesundung des wirtschaftlichen und sozialen Lebens erreicht. Die (durch die Sowjetregierung indirekt unterstützten) Übergriffe und Aufstände der Kommunisten in Mitteldeutschland wurden durch den Einsatz von Reichswehrtruppen im Oktober erfolgreich niedergeschlagen, und der von Hitler und Ludendorff am 8. und 9. November in München inszenierte Putschversuch brach schon nach einem Tag kläglich zusammen.[46]

Freilich stand es auch um die Regierung Stresemann nicht besonders gut; nach Streitigkeiten um die zur Beseitigung der Krise notwendigen wirtschaftlichen Maßnahmen und um die Bekämpfung der mitteldeutschen Kommunisten brach die Große Koalition am 2. November auseinander; die SPD schied aus der Regierung aus. Stresemann blieb im Amt und bildete eine Minderheitsregierung, die sich noch bis zum 23. November halten konnte; an diesem Tag wurde der Kanzler durch ein Misstrauensvotum im Reichstag gestürzt. Erst am 30. November konnte der Zentrumspolitiker Wilhelm Marx ein neues Kabinett der bürgerlichen Mitte (bestehend aus Angehörigen des Zentrums, der DVP und der DDP) bilden – Stresemann behielt allerdings das Amt des Außenministers, das er bis zu seinem Tod im Oktober 1929 nicht mehr abgeben sollte.[47]

Mit dem Abbruch des ›Ruhrkampfs‹ hatte die Reichsregierung den Siegermächten ihren guten Willen bewiesen; mehr war, wenigstens vorerst, nicht möglich. Angesichts der inzwischen fast vollkommen zerrütteten Wirtschaftszustände konnten die Reparationszahlungen zuerst noch nicht wieder aufgenommen werden. Am 24. Oktober 1923 musste die deutsche Regierung der Reparationskommission ihr finanzielles Unvermögen offenbaren; sie verband dies mit dem Antrag, gemäß Artikel 234 des Versailler Vertrages die Überprüfung der eigenen Leistungsfähigkeit vornehmen zu lassen.[48] Während – wie kaum anders zu erwarten – Poincaré umgehend ablehnte, wurden jetzt die Briten in Gestalt des neuen Premierministers Stanley Baldwin aktiv: Zusammen mit den Amerikanern forderten Baldwin und Außenminister Curzon die Einberufung einer internationalen Konferenz unter Einschluss der deutschen Seite; im Rahmen dieser Zusammenkunft sollte durch ein unabhängiges Expertengremium die deutsche Leistungsfähigkeit genau untersucht und anschließend ein neuer Plan für die künftig noch zu leistenden Reparationszahlungen erstellt werden.

Hiermit konnten sich, trotz zähen Widerstandes aus Paris, die Angelsachsen schließlich durchsetzen, wozu sicherlich die gleichzeitig sich abspielenden, von Frankreich massiv unterstützten separatistischen Aktivitäten im Rheinland und in der Pfalz mit beitrugen. Tatsächlich geriet die französische Politik derart ins Zwielicht, dass die Londoner Regierung mit guten Argumenten, die bald auch die Unterstützung der Italiener und sogar der Belgier fanden, dagegen vorgehen konnte; ausschlaggebend wurde schließlich die von den Briten vertretene Auffassung, dass der Versailler Vertrag im Falle eines völligen Zusammenbruchs oder eines Auseinanderbrechens des Deutschen Reiches hinfällig werden könne.[49] Zwischen dem 23. und dem 29. November (also genau zur Zeit der deutschen Regierungskrise) hielt sich die Reparationskommission in Berlin auf, um, wie noch von der Regierung Stresemann beantragt, die deutsche Leistungsfähigkeit zu prüfen; am 30. November, dem Tag der Amtsübernahme des neuen Kanzlers Wilhelm Marx, wurde beschlossen, zwei Sachverständigenkomitees zur Prüfung der aktuellen deutschen Wirtschaftslage zu bilden – eines davon unter der Leitung des US-Finanzpolitikers Charles G. Dawes.[50]

Das Ende des Krisenjahres 1923 brachte tatsächlich nicht nur innen- und wirtschaftspolitisch eine leichte Aufhellung des vorher so düsteren Horizonts; der Abbruch des passiven Widerstands an Rhein und Ruhr sowie die Stabilisierung der deutschen Währung[51] zeigten bald auch in der Außenpolitik positive Rückwirkungen. Im Dezember konnten in mehreren Abkommen mit Frankreich und Belgien die Beschränkungen im Bahn- und Straßenverkehr aufgehoben werden; ab dem 10. Dezember kam der Eisenbahnverkehr im besetzten Gebiet wieder in Gang.[52] Damit waren auch die Tage des dortigen Separatismus gezählt; jene von der Besatzungsmacht bisher unterstützten Pseudo-»Republiken« samt ihren selbsternannten »Regierungen« brachen bald sang- und klanglos zusammen. Auch aus Paris selbst waren nun gedämpft positive Signale zu hören; einem Gespräch mit Poincaré meinte der deutsche Geschäftsträger Hoesch am 25. Dezember 1923 »ein gewisses Entgegenkommen« entnehmen zu können; es bestehe, so berichtete er nach Berlin, französischerseits jetzt wirklich der »Wunsch ..., mit Deutschland, natürlich unter Wahrung aller französischen Vorrechte und Pläne, zu[m] Ergebnis zu kommen«.[53]

5 Auf dem Weg nach Locarno (1924/25)

Verhandlungen in Locarno: Gustav Stresemann (links) im Gespräch mit dem britischen Außenminister Austen Chamberlain (Mitte) und seinem französischen Kollegen Aristide Briand.

Dawes-Plan und Londoner Konferenz

Seit Beginn des Jahres 1924 begann sich die Lage für Deutschland ein wenig zu verbessern; die Weimarer Republik trat in ihr »bestes Jahrfünft« ein.[1] Mitte Januar versammelten sich in Paris die beiden Sachverständigenausschüsse, deren Bildung Ende November 1923 zwischen den Siegermächten und Deutschland vereinbart worden war. Der wichtigere, geleitet von dem Amerikaner Charles G. Dawes, sollte Möglichkeiten für eine Stabilisierung des deutschen Haushalts aufzeigen. In seiner Ansprache zur Eröffnung der Arbeit seines Ausschusses betonte Dawes nachdrücklich die Verflechtung der deutschen Wirtschaft mit der europäischen und der Weltwirtschaft; er schärfte seinen Zuhörern ein, dass die französische und die britische Wirtschaft nur dann würden gesunden können, wenn es gleichzeitig auch mit der deutschen Wirtschaft wieder aufwärts gehe.[2]

Drei Monate später, am 9. April 1924, lagen die Gutachten der Kommissionen vor. Sie waren nicht so günstig für Deutschland ausgefallen, wie man es sich hier eigentlich erhofft hatte, sondern enthielten Empfehlungen, die dem Reich immer noch Lasten in außerordentlicher Höhe auferlegten. Zwei Tage später wurden die Vorschläge von der Reparationskommission als geeignete Grundlage für weitere Verhandlungen mit Deutschland anerkannt; für eine Antwort der deutschen Regierung hierauf wurde eine Frist bis zum 17. April gesetzt.[3] Weil kurz zuvor der Reichstag aufgelöst worden war und Neuwahlen anstanden, geriet die von Kanzler Marx geführte Regierung unter starken Zugzwang: Eine Grundsatzentscheidung war zu treffen – ohne dass vorher das Parlament befragt werden konnte.

Im Rahmen einer Kabinettssitzung, zu der Marx auch die Ministerpräsidenten der Länder hinzugezogen hatte,[4] wurde am 14. April die Frage einer Ablehnung oder einer Annahme eingehend diskutiert; vor allem Stresemann plädierte dringend für eine zustimmende Antwort, indem er betonte, »das Sachverständigengutachten sei gegen den Willen Poincarés zustande gekommen und entspreche in der Form einem wiederholt von Deutschland geäußerten Wunsche«. Auch das Einbinden der USA sei für Deutschland von größtem Wert, denn nur die Vereinigten Staaten seien in der Lage, gegebenenfalls massiven Druck auf Frankreich auszuüben. Sollte Deutschland die Empfehlungen der Gutachten aber ablehnen, werde »Frankreich gegenüber Deutschland ... von allen Nationen freie Hand bekommen und Deutschland werde in keinem Lande mehr Hilfe finden«.[5] Unterstützt vom Kanzler setzte sich der Außenminister durch; am 16. April traf in Paris eine Note der deutschen Regierung ein, in der sie die Vorschläge akzeptierte und ihre Mitarbeit anbot.

Zwischen die Debatte um die Vorschläge der Kommissionen und den eigentlichen Neubeginn der Verhandlungen fielen im Mai 1924 Parlamentswahlen in Deutschland und Frankreich, die auf merkwürdige Weise gegenläufig ausfielen: Während in Deutschland die Mittelparteien verloren, hingegen die Extreme rechts und links dazugewannen, konnte sich im westlichen Nachbarland ein Wahlbündnis der Linken durchsetzen: Poincaré musste am 1. Juni zurücktreten; seine Nachfolge trat der als gemäßigt und verständigungswillig geltende Edouard Herriot an.[6] In Deutschland verlief die Regierungsbildung anders: Die DNVP konnte sich mit ihrem Anspruch, als nunmehr stärkste Partei die neue Reichsregierung zu führen, letztlich nicht durchsetzen; auch ihr Wunsch nach einer Regierungsbeteiligung scheiterte an überhöhten Forderungen. So bildete Marx seine zweite Regierung schließlich als bürgerliches Minderheitenkabinett, getragen von Zentrum, DVP und DDP und von Fall zu Fall angewiesen auf Unterstützung durch die SPD oder die Rechtsparteien.[7]

Es war ein Glücksfall, dass sich die Regierung der bürgerlichen Mitte mit Stresemann als Außenminister halten konnte, obwohl die harten Bedingungen des Dawes-Plans schon vor den Reichstagswahlen bekannt gewesen waren (und diese deutlich beeinflusst hatten), denn nun konnten die Verhandlungen erneut in Gang kommen. Der britische Premierminister MacDonald und der neue französische Ministerpräsident Herriot einigten sich Ende Juni auf eine internationale Konferenz, die im August in London stattfinden sollte. Vom 16. bis 31. Juli tagten die Alliierten ohne Deutschland, erst am zweiten Abschnitt vom 5. bis 16. August nahm auch die deutsche Delegation teil.[8]

Es stellte sich allerdings schnell heraus, dass von eigentlichen ›Verhandlungen‹ mit dem Reich gar nicht mehr die Rede sein konnte, sondern dass die Deutschen die – von ihnen bisher lediglich als Verhandlungsgrundlage anerkannten – Dawes-Vorschläge *nolens volens* zu akzeptieren hatten; insofern wurde, was die Reparationen anbetraf, in London lediglich noch über die Art der Durchführung und Details der Umsetzung verhandelt. Immerhin sprach man bei dieser Gelegenheit nicht nur über die Details des Dawes-Plans, sondern es wurde auch über drängende *politische* Fragen verhandelt,[9] so etwa über die noch immer nicht endgültig geregelte Räumung des besetzten Gebiets an Rhein und Ruhr, über die Rückkehr der seit Januar 1923 von den Besatzungsmächten Ausgewiesenen in ihre Heimat und über eine beiderseitige Amnestie für alle während des Ruhrkriegs Verurteilten und Inhaftierten.

Am 16. August wurden die Resultate der Konferenz im Londoner Schlussprotokoll zusammengefasst;[10] die hieraus hervorgegangenen internationalen Abkommen wurden am 30. August, nach vorheriger Zustimmung des Reichstags, in London unterzeichnet und traten somit in Kraft. Ohne bereits eine Summe der deutschen Gesamtzahlungen zu beziffern, wurde Folgendes festgelegt: Gemäß dem Grundsatz, Deutschland müsse zahlen, aber es müsse »dazu auch imstande sein«,[11] sollte das Reich zur Gesundung seiner inneren ökonomischen Verhältnisse eine internationale Anleihe von 800 Mio. Goldmark erhalten. Ab 1925 sollte Deutschland dann mit den Zahlungen beginnen, die in gestaffelter Jahreszahlung von 110 Mio. (1926/27) über 500 Mio. (1927/28) bis zur Höhe von 1250 Mio. (1928/29) gehen sollten; diese Summe sollte anschließend – bis auf Weiteres – in jedem folgenden Jahr von Deutschland entrichtet werden.

Mit einer bloßen Auflistung der Zahlungspflichten gaben sich die Alliierten dieses Mal freilich nicht zufrieden, sondern das Reich hatte im Londoner Abkommen zudem umfangreiche Sicherheiten geben und sich zu weiteren Einzelleistungen verpflichten müssen: Das betraf zuerst die Reichsbahn und auch die Reichsbank, die partiell ausländischer Kontrolle unterstellt werden mussten.[12] Doch auch die Alliierten hatten sich zu Gegenleistungen bereitfinden müssen, die in der bedrängten Lage, in der sich Deutschland befand, keineswegs unerheblich waren: Die Siegermächte erkannten die wirtschaftliche und fiskalische Einheit des Reiches an. Das bedeutete konkret, dass Franzosen und Belgier alle von ihnen seit dem Ruhreinmarsch beschlagnahmten Industriebetriebe und Bergwerke umgehend zurückerstatten mussten, und sie hatten ebenfalls alle der freien Wirtschaftstätigkeit und dem Handel hinderlichen Beschränkungen des deutschen Personen- und Güterverkehrs sofort aufzuheben. Damit gab Frankreich sein im Vorjahr in den Besitz gebrachtes »Ruhr-Pfand« endgültig auf. In der Tat brachten die Londoner Abmachungen nun endlich »die lang entbehrte Stetigkeit und Überschaubarkeit einer ermäßigten, auf verbesserte finanzielle Voraussetzungen gegründeten Reparationslast«.[13] Nicht zuletzt war die Einbindung der Amerikaner, als Hauptgeldgeber der für Deutschland bestimmten Anleihe, aus deutscher Sicht ebenfalls wichtig.[14]

Es versteht sich, dass bestimmte Aspekte dieser Vereinbarungen – nicht nur die immer noch unbeziffert hohe Summe der Reparationsschuld, sondern ebenfalls die Eingriffe in öffentliche deutsche Einrichtungen wie Reichsbahn und Reichsbank – in Deutschland äußerst umstritten waren. In einer fast einwöchigen Reichstagsdebatte schlugen Ende August 1924 die politischen Wogen hoch, und Reichskanzler Marx unternahm es in weiser Voraussicht auch gar nicht erst, das Abkommen zu loben: »Wir rühmen uns nicht eines Erfolges«, sagte er in seiner Regierungserklärung am 23. August; es sei bei den Londoner Verhandlungen lediglich darum gegangen, »Milderungen« der deutschen Reparationslast zu erreichen, »Bedingungen und Verhältnisse zu schaffen«, um die Durchführung der im Dawes-Gutachten gemachten Vorschläge »in einer für die Lebensnotwendigkeiten und die nationale Würde des deutschen Volkes erträglichen Weise zu gewährleisten«.[15] Diese Taktik ostentativer Bescheidenheit erwies sich als richtig; der Reichstag stimmte allen Londoner Beschlüssen zu. Ein neuer Abschnitt der Nachkriegsgeschichte konnte beginnen.[16]

Abrüstungskonflikte

Die Siegermächte des Ersten Weltkriegs waren entschlossen, den Verlierer zu umfassender Abrüstung zu zwingen. Dem Reich wurden in den Artikeln 159 bis 213 des Versailler Vertrages gravierende Rüstungsbeschränkungen auferlegt, die dort allerdings ausdrücklich als »Anfang einer allgemeinen Beschränkung der Rüstungen aller Nationen«[17] bezeichnet worden waren. Und im Artikel 8 des Vertrages, der zur Völkerbundsatzung gehörte, war ebenfalls festgeschrieben und von allen Unterzeichnerstaaten anerkannt worden, »daß die Aufrechterhaltung des Friedens es nötig macht, die nationalen Rüstungen auf das Mindestmaß herabzusetzen, das mit der nationalen Sicherheit und mit der Durchführung der durch ein gemeinsames Handeln auferlegten internationalen Verpflichtungen vereinbar ist«. Das waren schönklingende Formulierungen, die von den Signatarmächten des Völkerbundes allerdings im besten Fall als freundliche Absichtserklärungen oder vage Zukunftshoffnung, nicht jedoch als konkrete und einzuhaltende Verpflichtung angesehen wurden. Der britische Premierminister David Lloyd George versicherte dem französischen Ministerpräsidenten im Januar 1922 streng vertraulich: »Das ungeheure Kriegsmaterial, das für den Krieg hergestellt wurde, wird in Großbritannien *für wenigstens ein Menschenalter zur Verfügung stehen*, während Deutschland das seinige von den Alliierten restlos weggenommen worden ist«.[18] Vom Willen zur Abrüstung war bei den Alliierten, obwohl sie sich dazu ebenfalls wie Deutschland im Jahr 1919 vertraglich verpflichtet hatten, jedenfalls keine Spur vorhanden.

Deutschland allerdings *musste* abrüsten; es blieb ihm nichts anderes übrig. Bis Anfang 1921 hatten die deutschen Regierungen noch auf eine maßvolle Modifikation der im Versailler Vertrag verhängten Rüstungsbeschränkungen gehofft – allerdings vergeblich. Seitdem wurde nun tatsächlich massiv abgerüstet: Man lieferte Kriegsmaterial in großen Massen an die Alliierten, darunter vor allem die Reste der noch vorhandenen, künftig aber für Deutschland verbotenen Luftwaffe (insgesamt wurden 15 000 Flugzeuge und 28 000 Flugzeugmotoren übergeben); die Kriegsmarine – oder das, was von ihr noch übrig geblieben war – wurde abgerüstet, die Land- und Küstenbefestigungen wurden abgebaut, die Kriegsproduktion stellte man endgültig auf Friedensproduktion um. Überwacht wurden alle diese Maßnahmen von der 1919 eingerichteten Interalliierten Militärkommission, jetzt geleitet von dem französischen General Nollet.[19]

Reichswehrminister Otto Geßler stellte im Reichstag ohnmächtig fest, der Sinn des Friedensvertrages könne doch wohl nicht darin liegen, »daß Deutschland wehrlos in einem Kreise von Staaten liegt, die bis an die Zähne bewaffnet sind«; auch von den anderen dürfe in der Abrüstungsfrage doch wenigstens »Einsicht und Umkehr« erwartet werden.[20] Dass es dazu nicht kam, hatte verschiedene Gründe. Zum einen ist hier das nicht zu bestreitende Sicherheitsbedürfnis der Franzosen in Rechnung zu stellen, deren Furcht vor einem wiedererstarkenden, auf Revanche sinnenden Deutschland groß war, zum anderen sicher auch die Tatsache, dass die weltweit agierenden Hauptsiegermächte Großbritannien und Frankreich noch Kolonialmächte waren und zur Sicherung ihrer Besitzstände nun einmal bedeutender militärischer Machtmittel bedurften. Und drittens natürlich war es für die Sieger in mehr als einer Hinsicht überaus lohnend, das Deutsche Reich, den einstigen internationalen Konkurrenten, jetzt wirksam unter Kontrolle haben zu können. In Deutschland selbst wiederum rief diese Vorgehensweise große Erbitterung hervor; hier tat man alles, um die Abrüstungsbestimmungen von Versailles zu unterlaufen, durch verdeckte Rüstungen ebenso wie durch heimliche Mannschaftsverstärkungen oder verborgene »Transaktionen von zivilen in militärische Projekte«, die in Deutschland »als legitime Notwehrmaßnahmen eines zur Zweitrangigkeit herabgestuften Staates begriffen« und gerechtfertigt wurden.[21]

Jedenfalls kam es bis Ende der 1920er Jahre immer wieder zu Streitigkeiten zwischen Siegern und Besiegten um die Durchführung der deutschen Entwaffnung; die Proteste der deutschen Regierungen des Jahres 1922 gegen die Tätigkeit der Militärkontrollkommission wurden von der für die Abrüstung zuständigen Pariser Alliierten Botschafterkonferenz Ende September 1922 strikt zurückgewiesen.[22] Nach einjähriger Unterbrechung durch den »Ruhrkampf« wurde die Konferenz schon Anfang Oktober 1923 mit ihren Forderungen nach einer sofortigen Wiederaufnahme der alliierten Militärkontrollen in Deutschland erneut aktiv; für den Fall eines fortgesetzten deutschen Widerstandes drohte man scharfe Sanktionen an.[23] Der jetzt drohende schwere Konflikt zwischen den Alliierten und Deutschland spielte sich – dies darf nicht vergessen werden – genau während der Vorverhandlungen um das Dawes-Abkommen ab; ein Scheitern des soeben mit viel Mühe gefundenen Reparationskompromisses wäre bei einem neuen Abrüstungskonflikt wohl unvermeidbar gewesen.

Obwohl Reichswehrminister Otto Geßler und auch Hans von Seeckt als Chef der Heeresleitung sich einer Wiederaufnahme der Kontrollen massiv widersetzten, musste die Reichsregierung am Ende nachgeben, da Herriot und MacDonald im Vorfeld der Londoner Reparationskonferenz ein Junktim zwischen beiden Streitpunkten vereinbart hatten: keine Neuregelung der Reparationen bei Fortdauer des Konflikts um die Militärkontrollen. Ein Nachgeben war also unvermeidlich; Ende Juni 1924 akzeptierte die Reichsregierung die erneuten Kontrollforderungen der Botschafterkonferenz.[24]

Die vagen Hoffnungen der Reichsregierung, die Alliierten durch Entgegenkommen in der Kontrollfrage günstig stimmen und zur Einhaltung des für Januar 1925 vertraglich vereinbarten Abzugs der Besatzungstruppen aus dem Rheinland veranlassen zu können, schlug fehl. Obwohl Stresemann Ende 1924 die deutschen Botschafter in Paris und London anwies, für den Fall einer Verweigerung der Rheinlandräumung gegebenenfalls mit »schärfste[m] Protest« zu drohen, der die »Fortsetzung politischer Zusammenarbeit ... unmöglich machen und uns in einen, dem Ruhrkonflikt ähnlichen Zustand zurückwerfen würde«,[25] blieben die Alliierten hart: Nach viermonatiger Tätigkeit der Kontrollkommission in Deutschland übergaben die Vertreter der Siegermächte am 5. Januar 1925 in Berlin eine Kollektivnote[26], in der festgestellt wurde, Deutschland habe die vertraglich festgesetzten Abrüstungsmaßnahmen nicht vollständig erfüllt; damit entfalle auch die Verpflichtung zur Räumung der immer noch besetzten ›Kölner Zone‹ des Rheinlands.

Deutschland und der Völkerbund bis 1925

Während der ersten Hälfte der zwanziger Jahre gestaltete sich das Verhältnis Deutschlands zum Völkerbund aus naheliegenden Gründen ausgesprochen problematisch.[27] Aber allen führenden Politikern war klar: Sollte tatsächlich einmal der Versuch unternommen werden, eine wirklich friedliche Nachkriegsordnung in Europa zu schaffen, dann war dies kaum denkbar ohne einen Beitritt Deutschlands zum Völkerbund – und zwar nur auf der Basis vollkommener Gleichberechtigung. Unmittelbar nach Kriegsende sah dies jedoch ganz anders aus: Die Siegermächte verwehrten Deutschland den Eintritt in die Weltorganisation, deren Tore im Jahr 1919 auch der Sowjetunion noch verschlossen blieben. Und selbst die Vereinigten Staaten, deren Präsident Wilson die Gründung des Bundes einst angeregt hatte, blieben ihm am Ende aus innenpolitischen Motiven fern.

In Deutschland verfügte der Völkerbund von Beginn an über keinen besonders guten Ruf, obwohl es hier eine sehr rührige Schar aktiver Völkerbundpropagandisten gab, die sich in der schon Ende 1918 gegründeten ›Deutschen Liga für Völkerbund‹ zusammengeschlossen hatten.[28] Die große Mehrheit der Deutschen stand der Weltorganisation allerdings außerordentlich skeptisch gegenüber: Die Verweigerung eines deutschen Beitritts, die aus deutscher Perspektive nicht nachvollziehbare Fehlentscheidung über die Teilung Oberschlesiens, die Untätigkeit während des Ruhrkriegs, endlich die Unfähigkeit der Genfer Organisation zur Durchsetzung einer nicht nur Deutschland betreffenden internationalen Abrüstung – dieses und anderes mehr trug dazu bei, dass die meisten Deutschen im Völkerbund kaum etwas anderes zu sehen vermochten »als ein Kartell der

Sieger zur gemeinsamen Sicherung der Früchte ihres Sieges gegenüber den Besiegten«.[29]

Ende Oktober 1920, als die Frage eines eventuellen Eintritts des Reiches in den Völkerbund zum ersten Mal auftauchte, gab der damalige Außenminister Simons eine deutlich reservierte Stellungnahme ab: Ein deutscher Beitritt sei nicht nur aus Gründen einer überwiegend ablehnenden Haltung der deutschen öffentlichen Meinung oder auch wegen des sicher zu erwartenden Widerstandes Frankreichs derzeit kaum denkbar, sondern auch wegen der aktuellen Konflikte im Osten.[30] Nach weiteren einschlägigen Erfahrungen, vor allem natürlich nach der für Deutschland niederschmetternden Oberschlesien-Entscheidung des Völkerbundrates vom 12. Oktober 1921,[31] stellte sich auch im Jahr 1922 die (von britischer Seite gelegentlich vorsichtig ins Gespräch gebrachte) Frage eines deutschen Eintritts im Grunde nicht.

In einer Denkschrift des Auswärtigen Amts zur Genua-Konferenz wurde im April 1922 ausdrücklich betont, Frankreich werde es Deutschland keinesfalls ersparen, vor einem Eintritt noch einmal »ein feierliches und restloses Bekenntnis zum Versailler Vertrag abzulegen«, und schon dies sei vollkommen inakzeptabel. Hiervon abgesehen könne das Reich durch einen Beitritt »keinerlei reelle Vorteile gewinnen, sondern nur dazu beitragen, eine Institution zu stärken, die für die Entente bisher nichts als ein nützliches Mittel zur Durchführung des Versailler Vertrags gebildet hat«.[32] Auf dieser Linie blieb drei Monate später übrigens auch Reichskanzler Wirth, der gegenüber den Briten betonte, das Deutsche Reich sei, wenn überhaupt, nur unter zwei Bedingungen zu einem Eintritt bereit: Erstens müsse es in der Lage sein, »nach seinem Eintritt mit Erfolg auf eine Änderung der Völkerbundspolitik« zu den eigenen Gunsten hinwirken zu können, und zweitens müsse klar sein, dass Deutschland nur »als völlig gleichberechtigte Macht aufgenommen« werde, d.h. auch als ständiges Mitglied im Völkerbundrat. Etwas anderes sei undenkbar.[33]

Nach dem Ende des Ruhrkonflikts jedoch, als man außenpolitisch nach neuen Wegen zu suchen begann, kam der Völkerbund erneut ins Spiel; Stresemann stellte Ende Februar 1924 im Reichstag fest, die Reichsregierung lehne einen Beitritt zum Völkerbund »nicht grundsätzlich ab«.[34] Am 4. September 1924 überraschte der britische Premierminister Ramsay MacDonald die europäische Öffentlichkeit mit einer Rede auf der Generalversammlung des Völkerbundes in Genf, in der er ostentativ einen Beitritt Deutschlands forderte: Es gebe keine einzige Debatte etwa »über Abrüstung, über Friedensbedingungen, über Sicherheit, Sicherung der Existenz der kleinen Nationalitäten, nicht eine einzige große Frage, über welche wir diskutieren können mit dem drohenden leeren Stuhl in unserer Mitte«. Durch das Londoner Reparationsabkommen auf der Grundlage des Dawes-Plans sei eine neue Situation in Europa geschaffen worden, die jetzt durch die Aufnahme Deutschlands in den Bund besiegelt werden müsse: »Lassen Sie uns eine neue Ära der Liga beginnen, wie ich hoffe, daß wir eine solche in Europa beginnen.«[35]

Dieser eindrucksvolle Appell blieb in Deutschland nicht ungehört; noch vor Monatsende, am 29. September, erklärte das Deutsche Reich in einem wesentlich von Stresemann konzipierten Memorandum an alle Regierungen der im Völkerbundrat vertretenen Staaten sein Interesse an einer Mitarbeit in der Weltorganisation,[36] doch es wurde zugleich der Wunsch nach vorheriger Klärung »gewisser Fragen« ausgesprochen, die einem deutschen Beitrittsersuchen vorausgehen müsse: Erstens müsse sichergestellt werden, dass Deutschland einen ständigen Sitz im Völkerbundrat erhalte. Zweitens wurde ein deutlicher Vorbehalt gegen die Anwendung des Artikels 16 der Völkerbundsatzung angemeldet, denn »ein entwaffnetes Volk, das von stark gerüsteten Nachbarn umgeben ist, denen alle modernen Kriegsmittel zur Verfügung stehen, und das demgegenüber nicht einmal über ausreichende Machtmittel zur Verteidigung seiner Grenzen verfügt«,[37] könne im Fall internationaler Konflikte unmöglich von vornherein seine existenzsichernde Neutralität aufgeben. Diese

Einschränkung bezog sich im konkreten Fall auf die Möglichkeit einer Völkerbundaktion gegen die Sowjetunion, denn die erst vor zwei Jahren mühsam neu geknüpften deutsch-sowjetischen Beziehungen sollten durch einen Völkerbundbeitritt Deutschlands unter keinen Umständen gefährdet werden. Und drittens natürlich wollte Deutschland kein »Aufmarsch- und Durchmarschgebiet im Zentrum Europas ... werden, insbesondere für Frankreich, sollten dessen Ostverbündete in kriegerische Entwicklungen geraten«.[38]

In den Herbst 1924 fällt auch ein weiterer vom Völkerbund auf den Weg gebrachter Versuch, eine internationale Sicherheitsordnung mit Einbindung Deutschlands zu entwickeln. Ebenfalls mit maßgeblicher Unterstützung des britischen Premierministers MacDonald wurde am 2. Oktober 1924 das sogenannte ›Genfer Protokoll‹ vereinbart (ein förmlich gültiger völkerrechtlicher Vertrag wurde daraus nicht mehr, weil sich dem die konservative britische Nachfolgeregierung unter Baldwin verweigerte).[39] Dieses Protokoll enthielt ein genau festgelegtes, ausgeklügeltes System für eine obligatorische friedliche Streitschlichtung. Alle Mitglieder des Völkerbundes sollten darauf verpflichtet werden, sich gegebenenfalls an Sanktionsmaßnahmen gegen den ›Schuldigen‹ unter den Gegnern zu beteiligen: ›Schuldig‹ im Sinne des Protokolls sollte der ›Angreifer‹ sein – und dieser wiederum war derjenige, der sich im Falle einer Auseinandersetzung nicht an die Regeln des ›Protokolls‹ hielt.

Dieses Protokoll entsprach allerdings zuerst und vor allem dem französischen Interesse an der Erhaltung des Status quo in Europa. Besonders problematisch war – und deshalb musste das ›Protokoll‹ für Deutschland unannehmbar erscheinen –, dass von vornherein einige bedeutsame Ausnahmen vom Schiedsverfahren vorgesehen waren: Erstens durften frühere Regelungen des Völkerbundrats (also auch die höchst problematische Entscheidung zu Oberschlesien) nicht infrage gestellt werden, zweitens sollten innere Kompetenzen von Staaten nicht angetastet werden, drittens waren Revisionen internationaler Verträge sowie Grenzrevisionen zur Verhandlung im Rahmen einer Schiedsgerichtsbarkeit ebenfalls nicht zugelassen.

So blieb diese Angelegenheit weiterhin in der Schwebe;[40] Deutschland erhielt sein Interesse an einem Beitritt zum Völkerbund zwar aufrecht[41] – aber eben nur zu bestimmten, der gegebenen Lage und der sehr besonderen eigenen Situation angemessenen Bedingungen. Die ehemaligen Siegermächte waren jedoch nicht bereit, Deutschland Sonderkonditionen zuzugestehen.

Locarno

Anfang 1925 stand es um die Beziehungen Deutschlands zu den Westmächten nicht zum Besten. Der von MacDonald vorgeschlagene Beitritt Deutschlands zum Völkerbund, der zuerst große positive Resonanz gefunden hatte, war nach diversem Hin und Her erst einmal auf Eis gelegt worden; hinzu kamen das negative Votum der Kontrollkommission über den Stand der deutschen Entwaffnung und die anschließend erfolgte Weigerung der Franzosen, die besetzte Kölner Zone zu räumen. Besonders bedenklich mussten aus der Perspektive Berlins die von Frankreich seit August 1924 projektierten Pläne für ein neues französisch-britisches Beistandsabkommen, einen ›Westpakt‹, erscheinen, den die Franzosen – möglichst noch unter Einbeziehung Belgiens – abschließen wollten.[42] Der Anfang November 1924 vollzogene Regierungswechsel in Großbritannien (von MacDonald zu Baldwin) hatte zwar weitere Beratungen und Verhandlungen hierüber zuerst einmal zum Erliegen gebracht, doch die Gefahr eines westeuropäischen »Sicherheitsabkommens ohne Deutschland«, das sich unter ungünstigen Umständen als ein »Sicherheitsabkommen gegen Deutschland«[43] erweisen konnte, stand weiterhin im Raum.

Hier bestand also dringender außenpolitischer Handlungsbedarf. Inzwischen gab es auch in Deutschland eine neue Regierung unter dem parteilosen Reichskanzler Hans Luther, einem

Finanz- und Verwaltungsfachmann, der in der Vorgängerregierung Finanzminister gewesen war.[44] Die Dezemberwahlen von 1924 hatten erneut keine eindeutige Reichstagsmehrheit erbracht; eine Mitte-Links-Koalition erschien ebenso möglich wie eine Mitte-Rechts-Regierung. Nach längeren Verhandlungen einigte man sich am 15. Januar 1925 auf ein Kabinett der rechten Mitte unter Einschluss der DNVP; Stresemann blieb Außenminister. Am 18. Februar starb unerwartet Reichspräsident Friedrich Ebert; zu seinem Nachfolger wurde im zweiten Wahlgang am 26. April der ehemalige Generalfeldmarschall Paul von Hindenburg, Kandidat der gemäßigten Rechten, gewählt.[45] Gewisse Bedenken gegen den neuen deutschen Präsidenten, die hier und da im Ausland – nicht zuletzt in den USA – zu vernehmen waren, wurden von Stresemann indessen außerordentlich geschickt pariert.[46]

Parallel zu diesen innenpolitischen Veränderungen hatten Stresemann und der neue Staatssekretär im Auswärtigen Amt, Carl von Schubert[47], eine wichtige und weitreichende außenpolitische Initiative vorbereitet, ein neues deutsches Memorandum zur Sicherheitsfrage, das Ende Januar und Anfang Februar 1925 den Regierungen in London und Paris übergeben wurde – es war der Ausgangspunkt für Verhandlungen, die schließlich im Oktober des Jahres zum Locarno-Vertrag führen sollten, dem wichtigsten internationalen Abkommen seit ›Versailles‹. Der Weg dahin erwies sich allerdings als ungemein kompliziert, da sowohl auf innenpolitischer wie auf internationaler Ebene eine Fülle von Hindernissen und Gegenwirkungen überwunden werden mussten.[48] Das neue deutsche Memorandum[49] war in der Tat ein erstaunliches Dokument, das in den Formulierungen ganz bewusst vage und offen gehalten war, um den Verhandlungspartnern einen gewissen Spielraum zur Darlegung eigener Vorstellungen zu lassen.[50]

Es enthielt im Kern zwei Vorschläge: Der erste knüpfte an eine bereits früher von Reichskanzler Cuno gemachte Anregung aus dem Dezember 1922[51] an: Vorgeschlagen wurde ein Pakt, »wodurch sich die am Rhein interessierten Mächte, vor allem England, Frankreich, Italien und Deutschland, feierlich für eine näher zu vereinbarende längere Periode zu treuen Händen der Regierung der Vereinigten Staaten von Amerika verpflichten, keinen Krieg gegeneinander zu führen«. Der zweite Vorschlag skizzierte einen aus deutscher Sicht ebenfalls möglichen Pakt, »der ausdrücklich den gegenwärtigen Besitzstand am Rhein garantiert« und in dessen Rahmen sogar die dauerhafte Entmilitarisierung des Rheinlandes gemäß den Artikeln 42 und 43 des Versailler Vertrages international festgeschrieben werden könnte. Hinzukommen sollte ebenfalls »ein weitgehender Schiedsvertrag zwischen Deutschland und Frankreich«, der »eine friedliche Austragung rechtlicher und politischer Konflikte« zwischen beiden Mächten sicherstellen würde.[52]

Die deutsche Seite erklärte mit diesem Angebot ihre Bereitschaft zu erheblichen Zugeständnissen gegenüber den Westmächten. Das betraf weniger die endgültige Festschreibung der Westgrenzen (denn mit einer auch nur vagen Möglichkeit zur Rückgewinnung Elsaß-Lothringens rechnete inzwischen kaum jemand mehr), sondern vor allem das Entgegenkommen in der Sicherheitsfrage, die Bereitschaft zur Festschreibung der Entmilitarisierung des Rheinlands und zur Etablierung eines nach festen Regeln geordneten, dazu von auswärtigen Mächten garantierten Systems einer aktiven Friedenssicherung.

Stresemann, der sich mit diesen Vorschlägen sehr weit vorgewagt hatte und bald schon innenpolitisch unter erheblichen Druck geriet (vor allem seitens des neuen Koalitionspartners DNVP), stellte am 18. Mai 1925 im Reichstag klar, dass Deutschland natürlich auch Gegenleistungen erwarte: so etwa ein Entgegenkommen in der Frage einer möglichst baldigen Rheinlandräumung und nicht zuletzt im noch keineswegs ausgestandenen Streit um die deutsche Entwaffnung. Und er betonte ebenfalls ausdrücklich, dass eine ähnliche Regelung für den Osten aus Sicht der Reichsregierung *nicht* vorstellbar sei: Niemand in Deutschland könne anerkennen, »daß die in flagrantem Widerspruch mit dem Selbstbestimmungsrecht der Völker gezogene Grenze im Osten eine für immer unabänderliche Tatsache sei«. Für Deutschland könne deshalb »auch keine Regelung der Sicherheitsfrage in Betracht kommen, die eine nochmalige Anerkennung dieser Grenze in sich schlösse«.[53] Wenigstens die *Möglichkeit* einer nicht-kriegerischen Grenzrevision im Osten musste ausdrücklich offengehalten werden.

Auch wenn es seit Mitte März vorsichtige positive Signale aus Paris gab,[54] ließ eine Antwort der Westmächte überaus lange auf sich warten. Erst am 16. Juni 1925 wurde eine neue französische Note im Berliner Auswärtigen Amt überreicht.[55] Die französische Regierung zeigte sich in ihrer Stellungnahme gegenüber den deutschen Vorschlägen durchaus aufgeschlossen und verhandlungsbereit, sie hatte jedoch zwei gewichtige Einwände zu machen: Zum einen könne keine dauerhafte Regelung ohne Einbeziehung des Völkerbundes, d.h. auch nicht ohne einen Beitritt Deutschlands in den Völkerbund, stattfinden, und zum anderen dürften die gemäß den deutschen Vorschlägen abzuschließenden Abkommen »keine Änderung der Friedensverträge mit sich bringen«[56]. Genau die letzte Formulierung war in dieser Form für die deutsche Seite jedoch in keiner Weise akzeptabel, denn sie beinhaltete ja im Kern die Unantastbarkeit *aller* Grenzregelungen von 1919, damit auch der bestehenden deutschen Ostgrenzen.

Dieser Aspekt war es vor allem, der auch die immer heftiger werdende innerdeutsche Debatte um die von Berlin ausgehende Sicherheitsinitiative bestimmte, und Stresemann hatte in diesen Wochen den überaus schwierigen Balanceakt zu vollbringen, einerseits vor der deutschen Öffentlichkeit immer wieder zu betonen, dass deutsche Interessen durch seine Politik in keiner Weise preisgegeben würden, während er andererseits die Regierungen in Paris und London nicht grundlos brüskieren durfte. In einem internen Runderlass des Auswärtigen Amtes an alle deutschen Missionschefs betonte der Außenminister Ende Juni, es sei »ein dringendes deutsches Interesse, daß sich in der Welt mehr und mehr die Überzeugung festigt, daß die Grenzen des

Versailler Vertrages im deutschen Osten auf die Dauer unhaltbar sind. Nur wenn es ein Gemeingut der öffentlichen Meinung in den ausschlaggebenden Staaten wird, daß die Revision der deutschen Ostgrenzen im Interesse des allgemeinen Friedens notwendig ist, wird ... eine Änderung des gegenwärtig drückenden Zustandes möglich sein.«[57]

Dementsprechend fiel auch die überaus sorgfältig formulierte Antwort der deutschen Seite auf die Note vom 16. Juni aus, die am 20. Juli 1925 erfolgte:[58] Man gab sich weiterhin verständigungs- und verhandlungsbereit, zeigte auch in der Völkerbundfrage ein vorsichtiges Entgegenkommen, lehnte jedoch das französische Anliegen einer erneuten Festschreibung der Friedensverträge klar ab: Die deutsche Regierung betrachte es als selbstverständlich, dass im Rahmen neuer friedenssichernder Maßnahmen »nicht etwa für alle Zukunft die Möglichkeit ausgeschlossen werden soll, bestehende Verträge auf dem Wege friedlichen Übereinkommens zu gegebener Zeit veränderten Verhältnissen anzupassen«;[59] dies sei auch nach den Bestimmungen der Satzung des Völkerbundes eine durchaus zulässige Maßnahme.

Die Positionen waren damit klar formuliert, und nun stand mündlichen Verhandlungen, zu denen die Westmächte im September einluden, nichts mehr im Wege.[60] Nicht zuletzt auf Drängen des Koalitionspartners DNVP gab die Reichsregierung allerdings, als sie die Konferenzeinladung am 29. September offiziell annahm, eine ›Verbalnote‹ (also eine mündliche diplomatische Erklärung) ab, in der betont wurde, ein etwaiger Beitritt Deutschlands zum Völkerbund dürfe »keinesfalls so verstanden werden ..., als ob damit die zur Begründung der internationalen Verpflichtungen Deutschlands aufgestellten Behauptungen anerkannt würden, die eine moralische Belastung des deutschen Volkes in sich schließen«[61] – damit war natürlich der Versailler Kriegsschuldartikel gemeint. In ihren Antworten wiesen die Regierungen in London und Paris die Verbalnote immerhin nicht offiziell zurück, und wenigstens dies war ein (wenn auch nur sehr kleiner) diplomatischer Erfolg für Deutschland.[62]

Im schweizerischen Locarno tagte die so lange vorbereitete internationale Konferenz zwischen dem 5. und dem 16. Oktober 1925. Von den einladenden Regierungen der Alliierten waren freilich nicht nur die im ersten deutschen Sicherheitsmemorandum genannten Mächte, sondern auch Polen und die Tschechoslowakei (wenigstens für einen Teil der Verhandlungen) hinzu gebeten worden, was von vornherein darauf hinwies, dass es nach dem Willen der Briten und Franzosen in Locarno nicht ausschließlich um den Abschluss eines ›Westpakts‹ gehen sollte. Jedenfalls verliefen die Verhandlungen in einer für die Nachkriegsjahre ungewohnt freundlichen und allseits aufgeschlossenen Atmosphäre, ungeachtet der Tatsache, dass um die einzelnen Punkte des schließlich vereinbarten Abkommens auch jetzt noch hart gerungen wurde.[63] Das umfangreiche Vertragswerk, auf das man sich am Ende einigen konnte, bestand aus einer Rahmenvereinbarung, dem sogenannten Schlussprotokoll, und insgesamt sechs Anlagen: Da war zuerst der sogenannte Locarnopakt oder ›Rheinpakt‹, sodann kamen vier Schiedsverträge Deutschlands mit Belgien, Frankreich, Polen und der Tschechoslowakei hinzu, endlich folgte die von der deutschen Seite als Voraussetzung eines eigenen Beitritts zum Völkerbund erbetene sogenannte ›Anlage F‹, in der sich die in Locarno vertretenen nichtdeutschen Mächte zu einer gemeinsamen Auslegung des Artikels 16 der Völkerbundsatzung äußerten.[64]

Zweifellos das Kernstück des Abkommens stellte der ›Rheinpakt‹ dar, der die von Deutschland angeregte Sicherheitsregelung inklusive der Grenzanerkennung im Westen enthielt. Im Artikel 1 garantierten die vertragschließenden Parteien »die Aufrechterhaltung des sich aus den Grenzen zwischen Deutschland und Belgien und zwischen Deutschland und Frankreich ergebenden territorialen Status quo, die Unverletzlichkeit dieser Grenzen, wie sie durch den in Versailles … unterzeichneten Friedensvertrag … festgesetzt sind, sowie die Beobachtung der Bestimmungen … über die demilitarisierte Zone«.[65] Artikel 2 enthielt die Verpflichtung, dass Frankreich und Belgien einerseits und Deutschland andererseits auf jede kriegerische Handlung gegeneinander verzichteten – ausgenommen im Fall der Selbstverteidigung, einer Abwehrmaßnahme gegen eine einseitige Remilitarisierung des Rheinlandes oder der Teilnahme an Sanktionshandlungen des Völkerbundes.

Weiterhin wurde vereinbart, dass alle zwischen den drei Rheinstaaten sowie zwischen Deutschland und den beiden beteiligten östlichen Ländern entstehenden Konflikte *grundsätzlich* auf dem Wege friedlicher Schiedsgerichtsbarkeit geregelt werden sollten. In der ›Anlage F‹ über die »Auslegung des Artikels 16 der Völkerbundsatzung« schließlich kamen die Westmächte sowie Polen und die Tschechoslowakei dem Deutschen Reich insofern etwas entgegen, als von ihnen nun verbindlich eingeräumt wurde, jeder Mitgliedsstaat des Völkerbundes sei gehalten, »loyal und wirksam mitzuarbeiten, um der Satzung Achtung zu verschaffen und jeder Angriffshandlung entgegenzutreten, *in einem Maße, das mit seiner militärischen Lage verträglich ist und das seiner geographischen Lage Rechnung trägt*«.[66]

Man mag im Nachhinein darüber streiten, ob es sich hierbei wirklich um einen klassischen Kompromiss handelte oder ob Deutschland letztlich nicht doch bedeutende Vorleistungen erbracht hatte, ohne angemessene Gegenleistungen zu erhalten. Immerhin besaßen die Regelungen zur Friedenssicherung durchaus einen besonderen Wert für das Reich, denn ein als ›Sanktionsmaßnahme‹ verstandener Einmarsch alliierter Truppen ins Rhein- und Ruhrgebiet, wie seit 1919 mehrfach praktiziert, war nach den neuen Bestimmungen fortan nicht mehr möglich; auch der Zwang zur friedlich-schiedsgerichtlichen Konfliktregelung mit Frankreich musste in diesem Fall dem *schwächeren* Partner, also Deutschland, zugutekommen – da der stärkere seine militärische Überlegenheit nun nicht mehr offen ausspielen konnte. Mit dem bevorstehenden Eintritt in den Völkerbund als prinzipiell gleichberechtigte Großmacht konnte Deutschland seine Interessen fortan auch auf der internationalen Ebene wieder selbstbewusster und offensiver vertreten. Auch die Verhinderung eines neuen – durch die Locarno-Verträge nun obsolet gewordenen – französisch-britischen Westbündnisses konnte als keineswegs geringer Erfolg der deutschen Seite angesehen werden.[67]

Auf der anderen Seite war das von Stresemann eigentlich erhoffte umfassende Entgegenkommen der Westmächte in der Entwaffnungsfrage und vor allem in der Angelegenheit einer raschen Räumung der immer noch besetzten Zonen an Rhein und Ruhr ausgeblieben,[68] doch wenigstens konnte man sich über das weitere Vorgehen einigen.[69] Allerdings wurden – und das war ein keineswegs unerhebliches Problem für die deutsche Außenpolitik – die deutsch-russischen Beziehungen durch das Locarno-Abkommen erheblich belastet; der Wert der etwas vagen Erklärungen der ›Anlage F‹ zur Gültigkeit des Artikels 16 der Völkerbundsatzung war rechtlich und politisch gesehen durchaus umstritten.[70] Der Locarno-Vertrag, der einen, wie es scheinen mochte, einseitigen Ausgleich mit dem Westen enthielt, wurde von seinen Kritikern denn auch als Abkehr von der bisherigen, seit Rapallo betriebenen Berliner Außenpolitik gesehen, die auf Ausgleich zwischen Ost und West sowie auf den Gewinn deutscher Handlungsfreiheit auf internationaler Ebene gerichtet war.

Nicht zuletzt dieser Aspekt war in der deutschen politischen Öffentlichkeit also außerordentlich umstritten. Die DNVP, seit Januar Regierungspartei, hatte Stresemanns Locarno-Politik mit kaum verhohlenem Misstrauen verfolgt, und als das Ergebnis vorlag, konnte sie die Vereinbarungen von Locarno nicht mehr mittragen. Es kam in Berlin zu einer Regierungskrise, und am 25. Oktober 1925 traten die deutschnationalen Minister aus der Regierung Luther aus,[71] die allerdings als Minderheitskabinett im Amt blieb. Alfred Hugenberg, einflussreicher Pressezar und späterer Vorsitzender der DNVP, begründete seine Ablehnung des Locarno-Abkommens ausdrücklich mit der Befürchtung, dass Deutschland zum »Kriegsschauplatz zwischen Rußland und dem Westen« werden und dass das Reich »den Fehler einer Verfeindung mit Rußland wiederholen könnte«[72].

Luther und Stresemann widersprachen solcher Kritik mit aller Entschiedenheit; sie betonten mehrfach – nicht zuletzt mit Blick auf die Ende November anstehende Abstimmung im Reichstag – die gravierenden Vorteile der Locarno-Verträge für Deutschland. In einer Rundfunkrede erwähnte der Außenminister vor allem »die Sicherung der deutschen Westgrenzen« als bedeutenden Erfolg. Er stellte sich selbst zudem in die Nachfolge des »größten Realpolitiker[s] der Welt«, Otto von Bismarck, wenn er den »Westpakt« als ein für das Reich in prekärer Lage notwendiges Zweckbündnis darstellte, »um den Krieg zu verhindern und den europäischen Frieden für die Dauer eines solchen Paktes zu sichern«. Was den Artikel 16 (also die Sanktionsverpflichtung als Völkerbundmitglied) angehe, so entscheide Deutschland selbst allein darüber, ob es sich an Sanktionen beteiligen könne und wolle oder eben nicht. Insofern werde, betonte er weiter, »unser Verhältnis zu Rußland ... schon aus diesem Grunde durch unsern Eintritt in den Völkerbund nicht gefährdet«.[73]

Trotz der Regierungskrise, die durch den Austritt der DNVP aus der Koalition ausgelöst worden war, wurde das Gesetz zum Inkrafttreten der Locarno-Verträge nach mehreren, überaus stürmisch geführten Debatten am 27. November 1925 im Reichstag mit deutlicher Mehrheit angenommen (292 Ja-Stimmen, 174 Nein-Stimmen, 2 Enthaltungen), nicht zuletzt dank der geschlossenen Unterstützung durch die SPD; die Rechtsparteien, die KPD und die ›Wirtschaftspartei‹ verweigerten die Zustimmung. Am 1. Dezember erfolgte die Vertragsunterzeichnung in London, doch erst nachdem auch die Parlamente der anderen Signatarstaaten zugestimmt hatten, traten die Verträge am 14. September 1926 in Kraft.[74]

6 Strukturen, Tendenzen und Optionen deutscher Außenpolitik in der Weimarer Zeit

Staatssekretäre des Auswärtigen Amts auf der Seepromenade in Genf, darunter Bernhard Wilhelm von Bülow (links) und Carl von Schubert (2. von links).

Alte und neue Außenpolitik

Man hat lange darüber gestritten, ob die Außenpolitik der Weimarer Republik eher als ›Nachgeschichte‹ des gescheiterten Kaiserreichs oder nicht doch, in längerer Perspektive gesehen, als ›Vorgeschichte‹ der erfolgreichen bundesdeutschen Nachkriegsaußenpolitik einzuschätzen und zu deuten ist.[1] Beides dürfte in dieser Eindeutigkeit jedoch nicht zutreffend sein.

Die traditionelle Außenpolitik war bis 1918 immer noch in starkem Maße den Vorbildern und Vorgehensweisen des 19. Jahrhunderts verpflichtet gewesen; man betrieb seinerzeit die internationalen Beziehungen nicht selten in der Form von diskreten diplomatischen Unterhandlungen, aber auch auf dem Weg der Geheimdiplomatie. Bismarck war hierin ein Meister gewesen, doch seine Nachfolger im Berliner Auswärtigen Amt hatten jene

Art außenpolitischer Staatskunst rasch verlernt; Pannen, Fehler und vor allem eine ungeschickte öffentliche Vermittlung außenpolitischer Ziele wurden Kennzeichen der wilhelminischen Außenpolitik.

Mit dieser Außenpolitik war es in Deutschland nach 1918 tatsächlich vorbei – aus vielerlei Gründen, und zwar nicht nur mit Blick auf die Erfahrungen des schrecklichen Krieges. Auch wenn das politische Personal des alten Auswärtigen Amtes sich größtenteils in die neue Zeit hinüberretten konnte, wird man doch von einer unveränderten *politischen* Kontinuität deutscher Außenpolitik nach dem Weltkrieg kaum sprechen können,[2] da sich inzwischen allzu viel geändert hatte. Mit der Begründung des Völkerbundes, der Stärkung des Internationalen Gerichtshofes in Den Haag und allgemein auch mit dem Aufschwung des überstaatlichen Schiedswesens waren neue Prinzipien und Praktiken der internationalen Ordnung entstanden, die auch eine neue außenpolitische Praxis erforderten; hinzu kamen ebenfalls die durch Reparationen und Schuldenzahlungen hervorgerufenen starken internationalen Verflechtungen auf ökonomischem Gebiet.[3] Und schließlich ließen sich außenpolitische Streitfragen auch »wegen der politischen Wirksamkeit von Masseneinflüssen und mächtigen Interessengruppen ... kaum mehr in der distanzierten Atmosphäre und abgehobenen Form der Kabinettspolitik vergangener Phasen des europäischen Staatensystems lösen«.[4]

Das bedeutete andererseits aber keine *grundsätzliche* Abkehr von den traditionellen Leitlinien und Maximen nationaler Interessenpolitik. Und dies betrifft nicht nur die deutsche Außenpolitik, die im Schatten von ›Versailles‹ ihr Geschäft nur unter stark erschwerten Bedingungen betreiben konnte, sondern ebenfalls die der Siegermächte. Gab es, so ist im Rückblick zu fragen, in Weimar-Deutschland tatsächlich so etwas wie eine eigenständige, genuin ›republikanische Außenpolitik‹, die sich von der Friedensresolution der Mehrheitsparteien des deutschen Reichstags (1917) bis zum Ende der ›Ära Stresemann‹ (1929/30) nachweisen lässt? Also eine wirklich *neue* deutsche Außenpolitik, die als »deutlichste Ausprägung einer eher liberalen, an internationaler Verständigung und Zusammenarbeit und besonders an wirtschaftlicher Entfaltung orientierten Alternative deutscher Großmachtpolitik«[5] aufzufassen wäre?

Der retrospektive Betrachter darf sich hier nicht täuschen und von (vielleicht verständlichen) Wunschbildern leiten lassen. In Deutschland und anderswo blieb man, das zeigt die außenpolitische Entwicklung der Zwischenkriegszeit in aller Klarheit, vorrangig einer nationalen Interessenpolitik verpflichtet, auch wenn gerade Deutschland – nicht zuletzt aufgrund seiner Lage – zeitweilig noch stärker als die anderen Mächte darum bemüht sein musste, seine nationalpolitischen Ziele mit neuen Methoden zu verwirklichen.[6]

Um es anders zu sagen: Die neue ›republikanische Außenpolitik‹ Weimars bestand weniger in der Verfolgung einer genuinen »Westpolitik und Westorientierung« aus prinzipiellen Erwägungen heraus[7] oder gar in einer eigentlichen Abkehr von macht- und interessenpolitischen Zielsetzungen, denn tatsächlich war »nirgendwo ... der alte Nationalismus vollständig besiegt«.[8] Das Neue bestand vielmehr in dem Versuch, die wohlbegründeten Interessen eines besiegten und tief gedemütigten Landes mit friedlichen Mitteln zu verfolgen, die sich in den neuen Rahmen einer – wenigstens dem Anspruch nach – auf internationale Kooperation hin angelegten Außenpolitik einfügten, die aber eben auch strikt im Dienst der eigenen Selbstbehauptung standen.

Dabei war es charakteristisch für den offiziellen deutschen Revisionismus, dass er letztlich »kaum über den Gedanken der Wiederaufrichtung der alten deutschen Grenzen – meist einschließlich der Kolonien – hinausging und damit Deutschlands Position als Großmacht wiederhergestellt« sehen wollte.[9]

Genau dies lässt sich auch über die Grundzüge der außenpolitischen Konzeption Gustav Stresemanns sagen, über die ebenfalls viel gestritten worden ist.[10] Der langjährige deutsche Außenminister war für sich genommen weder nur ein politischer Enkel Bismarcks noch bloß ein direkter Vorläufer Adenauers, sondern zutiefst von den spezifischen Herausforderungen jener ersten Nachkriegsepoche geprägt und bewegt. Es ist richtig: Ein politisches ›Damaskus‹ hat der bereits im Kaiserreich wie die meisten seiner Zeitgenossen streng patriotisch und national orientierte Politiker nicht erlebt, wohl aber hatte das Ende des Ersten Weltkriegs bei ihm Spuren hinterlassen und seinen Wirklichkeitssinn, auch seine Bereitschaft geprägt, sich »mit historischen Ereignissen und Veränderungen ernsthaft auseinanderzusetzen und sich auf neue Umstände und Bedingungen der Politik einzustellen«.[11] Nicht zuletzt besaß die Außenpolitik für Stresemann immer auch eine *innenpolitische* Funktion; sie sollte für Stetigkeit und eine ruhige Entwicklung sorgen,[12] zugleich aber ein neues nationales Selbstvertrauen fördern und einen ökonomischen Wiederaufstieg Deutschlands auf den Weg bringen helfen.

Drei zentrale Revisionsziele hat Stresemann dabei freilich niemals aus den Augen verloren:[13] Erstens die baldige Beendigung aller Kontroll- und Überwachungsmaßnahmen, mit denen die Siegermächte im Versailler Vertrag dem Reich Fesseln angelegt hatten, sowie die Räumung und Rückgabe der besetzten Gebiete; zweitens eine für Deutschland tragbare Regelung der Reparationszahlungen sowie einen Ausgleich in der Entwaffnungs- und Abrüstungsfrage, die entweder – wenig wahrscheinlich – auf eine Abrüstung auch der anderen oder auf eine Lockerung der deutschen Rüstungsbegrenzung hinauslaufen sollte. Und drittens war und blieb es für Stresemann ein selbstverständliches Ziel, auf eine *friedlich-einvernehmliche* Revision der durch die Siegermächte erzwungenen großen Gebietsverluste des Reiches im Osten – etwa durch eine internationale Konferenz[14] – sowie auf einen künftigen Anschluss Deutsch-Österreichs hinzuwirken.

Gerade das Letztere hat er im September 1925, kurz vor Beginn der Locarno-Verhandlungen, in einem später viel zitierten Brief an den deutschen Kronprinzen,[15] klar formuliert. Er wies darauf hin, dass nach der Regelung der Reparationsfrage und dem Schutz der Auslandsdeutschen vor allem »die Wiedergewinnung von Danzig, vom polnischen Korridor und eine Korrektur der Grenze in Oberschlesien« als »dritte große Aufgabe« zu erfüllen seien. Freilich warnte der Außenminister im gleichen Schreiben vor der vermeintlichen außenpolitischen Option, »mit dem Bolschewismus zu kokettieren«, die besonders von manchen Vertretern der politischen Rechten und ebenfalls von Teilen der Reichswehrführung verfolgt wurde.[16]

Das war sicherlich zuerst mit Blick auf den Adressaten formuliert, gab aber Stresemanns Auffassungen wohl im Wesentlichen zutreffend wieder – auch und gerade, was seine Ablehnung einer unentschiedenen deutschen ›Schaukelpolitik‹ zwischen West und Ost anbetraf. Andererseits wird man Stresemann wohl kaum eine klare und unzweideutige Westorientierung unterstellen können[17] – trotz erklärtem und praktiziertem Willen zur engen Zusammenarbeit mit den Westmächten, die dann im Locarno-Abkommen ihren gültigen Ausdruck fand. Angesichts der starren Haltung vor allem Frankreichs hinsichtlich einer auch nur sehr vorsichtigen Revision der Friedensregelungen von Versailles blieb der deutschen Außenpolitik gar nichts anderes übrig, als sich durch eine *partielle* und in der Sache stets *begrenzte* Zusammenarbeit mit der Sowjetunion gewisse politische Freiräume zu verschaffen, und das bedeutete: eine strikte politische ›Westbindung‹ kam für die Weimarer Republik aus diesem Grund zu keiner Zeit ernsthaft in Frage. Stresemanns Politik zeichnete sich hingegen, wie treffend gesagt wurde, gerade dadurch aus, dass sie eine wirkliche Option zwischen beiden Seiten bewusst vermied und sich der »Einbindung in Allianzen« konsequent entzog.

Tatsächlich entschied er sich für eine »Politik der Balance«, ließ allerdings auch niemals einen ernsthaften Zweifel darüber aufkommen, dass Deutschland unter wirtschaftlichen ebenso wie unter gesellschaftlichen Vorzeichen »fest im westlichen System verankert war«.[18]

Das Auswärtige Amt nach dem Ersten Weltkrieg

Das alte, noch von Bismarck in einem der großen Palais an der Wilhelmstraße eingerichtete Auswärtige Amt des Deutschen Kaiserreichs war eine vergleichsweise übersichtliche Behörde gewesen, die ein starkes Eigenbewusstsein und einen ausgeprägten Korpsgeist entwickelt hatte. Das besondere Prestige des diplomatischen Dienstes sowie spezielle formale Anforderungen – zu denen ein spezifischer Bildungsgang ebenso gehörte wie ein nicht unbeträchtliches Privatvermögen – hatten den Kreis der Berufsdiplomaten von vornherein stark eingeschränkt; bis 1918 dominierte hier nahezu unangefochten der Adel.

Nach dem Ende des Ersten Weltkriegs waren gravierende Änderungen nahezu unvermeidlich.[19] Diese betrafen zum einen die wesentlich durch Krieg und Niederlage mit verursachten Strukturveränderungen, die eine bedeutende Ausweitung der Tätigkeitsbereiche des Amtes erforderten – und diese wiederum war mit den traditionellen Formen einer aristokratisch geprägten Außenpolitik nicht mehr zu leisten. Und zum anderen ging es im Zuge einer Veränderung der Machtverhältnisse im Reich selbst um eine Öffnung des Auswärtigen Dienstes sowie um eine deutlich verbesserte Ausbildung der künftigen deutschen Diplomaten. Schließlich mussten die Außenpolitiker aus dem Arkanbereich, in dem sie sich bis dahin gerne aufgehalten hatten, heraustreten, um Öffentlichkeitsarbeit zu betreiben und im gegebenen Fall auch dem Parlament Rede und Antwort zu stehen. Das in der Weimarer Verfassung festgelegte Kontrollrecht des Reichstags im Bereich der auswärtigen Politik, auch die Einrichtung eines ständigen Außenpolitischen Ausschusses, erforderten eine Umstellung der bisher geübten politischen und diplomatischen Praxis.[20]

Im Amt selbst wurden die Reformen nach 1918 durch Edmund Schüler, den späteren Leiter der Personalabteilung, nachdrücklich vorangetrieben; die ›Schülersche Reform‹ der obersten Behörde deutscher Außenpolitik[21] griff tief in die alten überholten Strukturen ein und stellte – nach einer allerdings schwierigen

Übergangsphase – das Auswärtige Amt institutionell und organisatorisch neu auf.

Zuerst einmal wurde die traditionelle Trennung zwischen dem als ›aristokratisch‹ geltenden diplomatischen und dem ›bürgerlichen‹ konsularischen Dienst aufgehoben. Aufstiegschancen auch für bürgerliche Angehörige des Dienstes wurden damit entschieden verbessert. Hinzu kamen ein umfangreicher Personalausbau mit deutlicher Anhebung der Gehälter, endlich eine einheitliche Regelung der Eingangsprüfungen, um nicht zuletzt die vorher bestehenden hohen Rekrutierungsbarrieren zu senken, und in der Tat lief das Ganze »gesellschaftlich wie fachlich hinaus auf eine Modernisierung im Sinne von Gleichbehandlung, Leistungsprinzip, Geschäftsmäßigkeit, Rationalisierung und Bürokratisierung«.[22]

In organisatorischer Hinsicht ordnete man die Abteilungen des Amtes neu; neben die zentrale ›Politische Abteilung‹ traten nun spezielle Fachabteilungen, so etwa eine Wirtschaftsabteilung, eine Rechtsabteilung, eine Kulturabteilung und eine Presseabteilung. Hinzu kamen die regional gegliederten (zuerst sechs, später nur noch drei) Länderabteilungen. Endlich erfuhren auch die technischen Dienste, die ebenfalls auf die Höhe der Zeit gebracht werden mussten, eine bedeutende Ausweitung; das betraf nicht nur die immer komplexer werdenden Chiffrierdienste, sondern auch die Einrichtung einer modernen Büroverwaltung sowie ebenfalls eines modernen Ansprüchen genügenden Archivs. Entschiedene Professionalisierung und zeitgemäße Weiterentwicklung bereits vorhandener Ressourcen und Potenziale waren die Stichworte der Schülerschen Reform.

Neben den Veränderungen dürfen freilich die Kontinuitäten nicht aus dem Blick geraten. Der nach 1918 mehr oder weniger notwendige und durch die Macht der faktischen Verhältnisse erzwungene Übergang von einer gesellschaftlich führenden *Machtelite* mit aristokratischem Selbstverständnis zu einer neuen *Funktionselite*[23] im Rahmen eines neuen republikanischen Staatswesens gestaltete sich durchaus nicht einfach und problemlos. Jedenfalls kam es nach dem Ende des Kaiserreichs – die oberste politische Führungsebene ausgenommen – nicht zu einer gründlichen Auswechslung des Personals, und dies blieb für das Selbstverständnis der Diplomaten, von denen nicht wenige den vergangenen Zeiten nachtrauerten, keineswegs ohne Bedeutung.

Die Leitung der Außenpolitik der neuen deutschen Republik befand sich nach dem Untergang des Kaiserreichs jetzt nicht mehr überwiegend in der Hand von Berufsdiplomaten: Alle der insgesamt 16 Staatssekretäre, die zwischen 1871 und 1918 (in Ermangelung eines deutschen Außenministers) an der Spitze des Auswärtigen Amt gestanden hatten, waren mehr oder weniger Berufsdiplomaten gewesen; fast alle hatten Auslandserfahrung aufzuweisen. Mit dieser klaren Diplomatendominanz in der obersten Leitung des Amtes war es nach dem Krieg zu Ende.[24] Von den insgesamt 13 deutschen Reichsministern des Auswärtigen, die zwischen Ulrich von Brockdorff-Rantzau (1918/19) und Konstantin von Neurath (ab 1932) die Außenpolitik der Weimarer Republik mitgestalteten, kamen nur noch fünf aus dem Auswärtigen Dienst. Dies waren neben Bockdorff-Rantzau und Neurath: Walter Simons (1920/21), Friedrich Rosen (1921) und Frederic Hans von Rosenberg (1922/23); alle übrigen entstammten anderen Berufssparten. Spezifische Parteifunktionärskarrieren hatten die als ›Journalisten‹ fungierenden Sozialdemokraten Hermann Müller (1919/20) und Adolf Köster (1920) aufzuweisen; aus dem Verwaltungsbereich größerer Wirtschafts- und Sozialverbände kamen Gustav Stresemann (1923–1929) und Heinrich Brüning (1931/32). Joseph Wirth (1921/22) wiederum war Gymnasiallehrer gewesen, Walther Rathenau (1922) kam aus der deutschen Unternehmerschaft und Julius Curtius (1929–1931) hatte den Beruf eines Rechtsanwalts ausgeübt.

Für die Staatssekretäre galt dies, jedenfalls für den Zeitabschnitt zwischen 1922 und 1933, allerdings nicht: Sowohl Ago von Maltzan (1922–1924), als auch Carl von Schubert (1924–1930) und Bernhard Wilhelm von Bülow (ab 1930) waren Berufsdiplomaten. Bei der Besetzung der wichtigsten deutschen Botschafterposten in Paris, London, Rom, Washington, Tokio und (seit 1922) in Moskau griff man spätestens seit Mitte der 1920er Jahre wieder auf gestandene Diplomaten zurück, nachdem es nach 1918/19 zunächst eine Reihe von Berufungen aus den Bereichen von Politik und Wirtschaft gegeben hatte.[25]

Kulturdiplomatie und Aktenedition

Die auswärtige Kulturpolitik war zu Beginn des 20. Jahrhunderts noch ein verhältnismäßig junges Phänomen; ihre Anfänge lagen im 19. Jahrhundert, und die Pionierarbeit auf diesem Gebiet war, was kaum verwundert, von den Franzosen geleistet worden, die im Bewusstsein ihrer ›kulturmissionarischen‹ Aufgabe als erste ein eigenständiges kulturpolitisches Instrumentarium samt der dazugehörigen Institutionen entwickelt hatten.[26] Die institutionellen Anfänge einer deutschen auswärtigen Kulturpolitik vollzogen sich im Jahrzehnt vor Beginn des Ersten Weltkriegs.

Doch erst nach der Niederlage wurde den deutschen Außenpolitikern der eigentliche politische Mehrwert kulturdiplomatischer Bemühungen bewusst.[27] Die neue Kulturpolitische Abteilung, die im Auswärtigen Amt im Zuge der Schülerschen Reform geschaffen wurde,[28] hatte sich freilich nicht nur der Kulturpolitik im engeren Sinne, also der Pflege der künstlerischen, wissenschaftlichen und bildungspolitischen Kontakte mit dem Ausland zu widmen, sondern ebenfalls propagandistischen Aufgaben, etwa der Abwehr gegnerischer Propaganda in der heiß umstrittenen Kriegsschuldfrage. Die mit der auswärtigen Kulturpolitik befasste spätere Abteilung VI des Auswärtigen Amtes[29] umfasste in sechs verschiedenen Einzelreferaten (1) die kulturellen Angelegenheiten der deutschen Minderheiten im Ausland sowie das evangelische Kirchen- und Missionswesen, sodann (2) die wissenschaftlichen Beziehungen zum Ausland und das auswärtige deutsche Medizinalwesen, (3) das deutsche Schulwesen im Ausland, (4) die Auslandsbeziehungen in den Bereichen von Bildender Kunst, Musik, Theater, Film und Sport, (5) das katholische Missions- und Ordenswesen, sowie (6) alle Angelegenheiten deutscher Auswanderer.

»Bei der Verteilung der vorhandenen Mittel«, so Stresemann in einem Runderlass zur auswärtigen Kulturpolitik im Januar 1928, werde davon ausgegangen, »daß die Grundlage jeder Kulturpolitik im allgemeinen die deutsche Schule sein muß«.[30] Der Hauptanteil der knappen Fördermittel floss also in diesen Bereich, dicht gefolgt von der in politischer Hinsicht als besonders wichtig angesehenen finanziellen Unterstützung der Auslandsdeutschen, vor allem in den bis 1919 zum Reich gehörigen Gebieten. Nach dem Ende des internationalen Wissenschaftsboykotts gegen Deutschland, also etwa seit 1923/24, wurden auch die Wissenschafts- und Kulturbeziehungen, vom Auswärtigen Amt nachhaltig gefördert, wieder aufgenommen; zwei im Jahr 1925 gegründete Institutionen, der Deutsche Akademische Austauschdienst (DAAD) und die Alexander von Humboldt-Stiftung (zur Betreuung ausländischer Gastwissenschaftler in Deutschland), trugen hierzu ebenso bei wie das Deutsche Ausland-Institut (DAI) und das 1932 begründete Goethe-Institut zur Pflege der deutschen Sprache und Kultur im Ausland. Speziell den Belangen der Auslandsdeutschen widmete sich der Verein für das Deutschtum im Ausland (VDA).[31]

Das deutsche Ansehen im Ausland sollte freilich nicht nur durch Kulturpolitik im engeren Sinne, sondern auch durch aktive Propaganda gefördert werden, die speziell gegen die als besonders herabsetzend empfundene »Kriegsschuldlüge« des Versailler Vertrags ankämpfen sollte. Dieser Aufgabe widmete sich vornehmlich das ›Schuldreferat‹ des Auswärtigen Amtes, dessen Veröffentlichungen allerdings – bei aller inhaltlichen Entschiedenheit – möglichst sachlich gehalten werden sollten, nicht zuletzt, um eine »Diskussion zwischen ernsthaften Historikern und Politikern des Auslands und deutschen Fachleuten in Gang zu bringen«.[32] Der Abwehr der diskriminierenden und die deutsche

Außenpolitik nach 1919 stark behindernden ›Kriegsschuldthese‹ sollte auch die große, vom Auswärtigen Amt ins Werk gesetzte Publikation wichtigen Aktenmaterials der deutschen auswärtigen Politik vor 1914 dienen, die zwischen 1922 und 1927 in nicht weniger als 54 starken Bänden unter dem Obertitel ›Die Große Politik der Europäischen Kabinette‹ erschien;[33] die Hauptarbeit unter den Editoren leistete der Historiker Friedrich Thimme.[34] Der äußerst schwierige Spagat zwischen wissenschaftlicher Exaktheit einerseits und den Anforderungen der aktuellen politischen Lage andererseits konnte dem überaus fleißigen, jahrelang im Archiv des Auswärtigen Amts tätigen Akteneditor unter den gegebenen Bedingungen freilich nicht immer gelingen. Wie alle anderen Aktenpublikationen dieser Epoche enthielten die Bände der ›Großen Politik‹ aus politischen Gründen vorgenommene Auslassungen. Das ist später kritisiert worden – freilich ohne die Tatsache angemessen zu berücksichtigen, dass selbst heute noch eine Frist von nicht weniger als dreißig Jahren für eine (auch dann nur in Auswahl vorgenommene, strikt geheime Akten ausschließende) Publikation von außenpolitischem Archivmaterial gilt. Und ebenfalls musste seinerzeit bei der Fülle der hier präsentierten, vor allem in den letzten Bänden nur etwa zehn bis zwanzig Jahre alten diplomatischen Schriftstücke Rücksicht auf noch lebende, teilweise noch im Amt befindliche ausländische Politiker und Staatsoberhäupter genommen werden.

Außenpolitische Debatten in Deutschland

Nach dem verlorenen Weltkrieg befand sich Deutschland zuerst in einem außenpolitischen Vakuum: Die früher mit dem Deutschen Reich verbündeten Großreiche, Österreich-Ungarn sowie das Osmanische Reich, zerfielen noch vor Abschluss der Friedensverträge, und ein beiderseits gewünschter Anschluss Deutsch-Österreichs wurde von den Siegermächten strikt untersagt. Man schien von Feinden umgeben, an deren erster Stelle sich Frankreich und das soeben erst neu entstandene Polen befanden. Dieses Vakuum hatte wenigstens zeitweilig eine Orientierungslosigkeit zur Folge, die sich in zahlreichen außenpolitischen Debatten äußerte: Diskutiert wurden etwa Rückzugs- und Autarkieideen, eine Erneuerung des alten Mitteleuropagedankens, ›Pan-Europa‹-Konzepte, neue vermeintliche westliche oder östliche Bündnisoptionen, aber auch pazifistische Weltfriedensideen. Fast alle, die sich an Debatten dieser Art beteiligten, waren sich – ungeachtet aller sonstiger Differenzen – wenigstens darin einig, dass eine Rückkehr zur ›alten‹ Außenpolitik der Zeit vor 1914 weder möglich noch wünschenswert war. Die neue Zeit erforderte auch eine neue deutsche Außenpolitik – aber welche?

Unter den Parteien der Weimarer Koalition waren es vor allem die Sozialdemokraten, die entschieden für eine »demokratische Außenpolitik« plädierten.[35] In einem 1924 veröffentlichten Artikel machte Hermann Müller die europäische Geheimdiplomatie für den Kriegsausbruch von 1914 maßgeblich mit verantwortlich. Um die Wiederkehr jener alten Übel auf Dauer zu verhindern und auch um dem »noch nicht dagewesenen Gewaltfrieden« von Versailles wirksam, aber friedlich entgegentreten zu können, sei vor allem der Eintritt Deutschlands in den Völkerbund anzustreben; dieser werde dann erst »die Plattform« darstellen, »auf der die Pazifisten, Demokraten und Sozialisten aller Länder gemeinsam arbeiten können, um für alle Zukunft der unter den Kriegsfolgen ... schwer leidenden Menschheit den Dauerfrieden zu sichern«.[36] Neben dem Völkerbundgedanken vertrat die SPD eine klare Westorientierung;[37] bevorzugt wurde dabei ein langfristig anzubahnendes deutsch-französisches Bündnis, das wiederum als Wegbereiter einer kontinentaleuropäischen Einigung und damit als Gegengewicht gegen eine weltpolitische Hegemonie der beiden ›kapitalistischen‹ Großmächte USA und Großbritannien verstanden wurde.[38]

Die Parteien der politischen Mitte vermieden ganz bewusst klare politische Festlegungen. In ihrem Programm vom Dezember 1919 stellte die DDP »die Revision der Friedensverträge« in den Mittelpunkt ihrer außenpolitischen Zielsetzungen, freilich traten die Linksliberalen ebenso klar für den Völkerbund als »internationale Arbeitsgemeinschaft« ein.[39] Ähnliche Gedanken propagierte das Zentrum, das allerdings dem Völkerbund etwas skeptischer gegenüberstand.[40] Die DVP erstrebte ausweislich ihres Programms vom Oktober 1919 »eine politische und wirtschaftliche Völkerversöhnung«, die freilich erst nach einer Wiederherstellung der »Ehre des deutschen Volkes« möglich sein werde.[41] Die DNVP wiederum ließ sich auf konkrete Formulierungen in ihrem Programm von 1920 noch weniger ein: Sie forderte »eine starke und stetige, nur durch deutsche Gesichtspunkte bestimmte auswärtige Politik, eine würdige, feste und geschickte Vertretung der deutschen Interessen und die Nutzbarmachung unserer wirtschaftlichen Kraft für die außenpolitischen Ziele Deutschlands«.[42] Welche dies sein sollten, wurde im Programm nicht festgelegt, aber in zahlreichen öffentlichen Äußerungen verkündet: eine möglichst umfassende Revision des Versailler Vertrags. Und die NSDAP forderte in ihrem Programm von 1920 nicht nur »den Zusammenschluß aller Deutschen ... zu einem Groß-Deutschland«, sondern auch gleich »die Aufhebung der Friedensverträge in Versailles und St. Germain«.[43] Linksaußen wiederum propagierte die KPD, kaum überraschend, »ein festes politisches und Wirtschaftsbündnis« zwischen »Sowjetdeutschland und der Union sozialistischer Sowjetrepubliken«.[44]

Eine uneingeschränkt probritische Orientierung wurde weniger von politischen Gruppen oder Parteien, sondern eher in akademisch-liberalen Kreisen vertreten, am entschiedensten vielleicht von dem Juristen Hermann Ulrich Kantorowicz, der nachdrücklich für eine »englische Orientierung« der deutschen Außenpolitik plädierte, denn »für die nächste Zukunft liegt Deutschlands Heil einzig in dem Anschluß an England, dessen Macht ... doch noch geraume Zeit hindurch die unsere übersteigen wird«. Unter den europäischen Mächten habe »in der jüngsten Vergangenheit keine so sehr als Friedensmacht gewirkt, wie das gesättigte, unmilitärische, freihändlerische und liberale England«; und nicht zuletzt infolge der dauerhaften Schwäche des Völkerbundes hänge »an Englands Stärke und Englands Freundschaft ... deshalb die Sicherheit des Deutschen Reiches«.[45] Diese vom Glauben an den britischen ›Sportsgeist‹ bestimmte letzte Nachblüte der liberalen deutschen Gelehrtenanglophilie des 19. Jahrhunderts freilich gehörte in die Kategorie jenes ›deutschen Träumertums‹, das die harten politischen Realitäten leider nur allzu gerne ausblendete – in diesem Fall die Tatsache, dass die britische Außenpolitik nach 1919 keinesfalls »prodeutsch« orientiert war, sondern selbstverständlich den eigenen nationalen Interessen folgte.[46]

Eine andere, im Grunde noch weltfremdere Variante jenes Träumertums vertraten die sogenannten »Nationalbolschewisten« und verschiedene Autoren der Konservativen Revolution. Ernst Niekisch, ehemaliger Sozialdemokrat und spätestens seit Mitte der zwanziger Jahre Vordenker des bedingungslos östlich orientierten Nationalbolschewismus, dekretierte 1929: »Der Anfang neuen deutschen Aufstieges könnte nur die *Umkehr* sein: die Gesichtswendung nach Osten, die Absage an den Westen, die Loslösung vom Liberalismus, von Bürgerlichkeit und europäischer Zivilisation«; nur in engster Gemeinschaft mit der bolschewistischen Sowjetunion könne Deutschland die für seinen Wiederaufstieg erforderliche vollkommene »Entbürgerlichung« vollenden.[47]

Arthur Moeller van den Bruck, prominenter Publizist und Vordenker der Konservativen Revolution, forderte ebenfalls eine Hinwendung zum Osten, lehnte jedoch den Bolschewismus als solchen ab: Die Deutschen seien, schrieb er im Sommer 1920, »frei in jeder Entschließung für Rußland. Doch Bedingung ist, daß uns Rußland in unseren Voraussetzungen anerkennt, daß es die Macht anerkennt, die wir immer noch haben, ... die zuletzt auch den deutschen Sozialismus bestimmen wird.«[48] Zum Fürsprecher einer in einem sehr traditionellen Sinne realpolitisch begründeten, freilich auch vorsichtigen deutschen Ostorientierung machte sich ebenfalls Generaloberst Hans von Seeckt, der nach seinem Rücktritt im Jahr 1926 mehrfach mit Publikationen zur deutschen Außenpolitik hervortrat und immerhin die Frage aufwarf, inwiefern man »dem heutigen Regime in Rußland lange Lebensdauer«[49] noch zusprechen könne.

Die seit dem 19. Jahrhundert in Deutschland periodisch immer wiederkehrende und besonders während des Ersten Weltkriegs ungemein populäre Mitteleuropa-Idee tauchte auch nach 1919 erneut auf,[50] zuweilen verbunden mit dem Gedanken eines Anschlusses von ›Deutsch-Österreich‹ an das Reich, zuweilen aber auch im Sinne eines anzustrebenden wirtschaftspolitischen Ausgreifens der Weimarer Republik in den ostmitteleuropäischen Raum, in jene bald auch als ›Zwischeneuropa‹ bezeichnete Region, die im Wesentlichen aus den kleineren Balkanvölkern und den Nachfolgestaaten der früheren Donaumonarchie gebildet wurde.[51] Die Idee einer gesamteuropäischen Einigung (allerdings unter Ausschluss Großbritanniens) wurde unter dem Schlagwort ›Pan-Europa‹ von dem aus dem alten Österreich stammenden Grafen Richard Nikolaus Coudenhove-Kalergi und der 1922 von ihm gegründeten Pan-Europa-Bewegung propagiert, die in ihrem ›Pan-Europäischen Manifest‹ von 1924 vor allem auf die antirussische Karte setzte: Das »zersplitterte Europa« gehe, heißt es darin, einer dreifachen Katastrophe – Vernichtungskrieg, Eroberung durch Russland, wirtschaftlichem Ruin – entgegen, dem nur durch eine Zollunion und einer dieser bald folgenden Gründung der »Vereinigten Staaten von Europa« zu begegnen sei.[52] Wirklichen politischen Einfluss vermochte jene Bewegung jedoch kaum zu erringen,[53] und das Gleiche gilt auch für die zahlreichen pazifistischen Vereinigungen, die während der Weimarer Republik ihre Aktivitäten entfalteten, also etwa die ›Deutsche Friedensgesellschaft‹, das ›Deutsche Friedenskartell‹ oder auch die ›Deutsche Liga für Menschenrechte‹.[54] Das politische Dilemma, das die Erfolglosigkeit der pazifistischen Bestrebungen jener Zeit maßgeblich prägte, lag im Kriegsschuldartikel 231 des Versailler Vertrages begründet, der von der Mehrheit der Deutschen als schweres Unrecht empfunden wurde.

Dass wenigstens Teile dieser Friedensbewegung die These einer deutschen Kriegsschuld offiziell vertraten, dabei sogar den Versailler Vertrag als vermeintlich »gerechte Sühne« für eine verfehlte deutsche Vorkriegspolitik akzeptierten und ebenfalls dessen Abrüstungsbestimmungen als »Garantie gegen eine Neuauflage deutscher Machtpolitik«[55] ganz offen begrüßten, stieß innerhalb der deutschen Öffentlichkeit überwiegend auf scharfe Ablehnung. Allgemeiner Hass schlug denen entgegen, die sich dazu entschlossen, die heimlichen Rüstungsanstrengungen der Reichswehr öffentlich zu machen,[56] und auf diese Weise der um vorsichtige Revision des Versailler Vertrags bemühten deutschen Außenpolitik schweren Schaden zufügten. Gegen Ende der Weimarer Republik zerstritten sich die pazifistischen Vereinigungen untereinander – sie endeten fast folgerichtig im Abseits politisch einflusslosen Sektierertums.

7 Rückkehr zur Normalität? (1926–1928)

Anlässlich von Deutschlands Beitritt zum Völkerbund hielt der deutsche Außenminister Stresemann im September 1926 eine Rede im Genfer Reformationssaal.

Deutschlands Aufnahme in den Völkerbund

Der Abschluss des Locarno-Vertrages bedeutete für das Deutsche Reich außenpolitisch einen großen Schritt nach vorn. Innenpolitisch jedoch hatte er eine erneute Regierungskrise zur Folge, denn die deutschnationalen Minister trugen Stresemanns Politik nicht mehr mit. Nachdem sie am 25. Oktober 1925 die Regierung verlassen hatten, blieb das Kabinett unter Reichskanzler Hans Luther noch eineinhalb Monate bis zum 5. Dezember im Amt.[1] Die Regierungskrise dauerte dieses Mal ungewöhnlich lange; mehr als sechs Wochen konnten sich die Parteien nicht auf eine neue Regierung einigen. So blieb am Ende nichts anderes übrig als lediglich eine – von den Sozialdemokraten mangels Alternative tolerierte – wenig veränderte Neuauflage des letzten Lutherschen Minderheitskabinetts. Doch auch die am 20. Januar 1926 gebildete zweite Regierung Luther, bestehend aus Ministern der DDP, der DVP und des Zentrums (nebst einigen Parteilosen), scheiterte bereits nach wenigen Monaten. Luther trat nun endgültig zurück; sein Nachfolger wurde der dem Zentrum angehörige bisherige Justizminister Wilhelm Marx. Die Zusammensetzung des Reichskabinetts blieb dieses Mal unverändert; Stresemann konnte weiterhin für außenpolitische Kontinuität sorgen.

Im Locarno-Abkommen waren die Modalitäten des bereits seit Längerem projektierten deutschen Beitritts zum Völkerbund festgelegt worden, doch die Aufnahme des Reiches zog sich bald ungebührlich in die Länge, denn allerhand ungeahnte Schwierigkeiten waren noch zu überwinden.[2] Die von der deutschen Regierung nach dem Erfolg der Locarno-Politik eigentlich erwartete umgehende Räumung der (vornehmlich britisch besetzten) Kölner Zone ließ noch einige Zeit auf sich warten. Erst am 31. Januar 1926 zogen die letzten Besatzungstruppen hier ab – aber freilich nur, um die Truppenstärke in den anderen beiden Zonen am Rhein (der belgischen Zone am Niederrhein zwischen Kleve, Krefeld und Aachen sowie der französischen Zone am Mittelrhein südlich von Jülich und Brühl) noch zu erhöhen. Deutschland protestierte ohne Erfolg gegen diesen Vorgang, der mit dem vielbeschworenen ›Geist von Locarno‹ kaum zu vereinbaren war.[3]

Erst seit Februar 1926 konnte also an einen Beitritt zum Völkerbund überhaupt gedacht werden; schon am 9. Februar beantragte Außenminister Stresemann namens der deutschen Reichsregierung in Genf die Aufnahme.[4] In Deutschland selbst blieb diese Maßnahme durchaus umstritten; nur von wenigen wurde die Auffassung des Auswärtigen Amtes geteilt, Deutschland müsse schon deshalb eintreten, weil die Nichtmitglieder, solange dieser Bund bestehe, im internationalen Verkehr »sozusagen vogelfrei«[5] seien. Hatte die Reichsregierung indessen auf eine baldige Aufnahme Deutschlands gehofft, eventuell sogar schon im Frühjahr 1926, so wurde sie enttäuscht. Denn die

Franzosen spielten ein merkwürdiges Doppelspiel zugunsten der Polen, die nun angesichts der bevorstehenden Aufnahme Deutschlands ebenfalls in die Reihe der Großmächte aufrücken wollten und, wie das Reich, einen ständigen Sitz im Völkerbundrat verlangten.[6] Erst im Vorfeld der alljährlichen Septembertagung der Weltorganisation in Genf gelang es, die verfahrene Situation in den Griff zu bekommen und einen Kompromiss zu erreichen.

Am 10. September 1926 hielt Stresemann vor dem Völkerbund anlässlich der Aufnahme Deutschlands eine seiner eindrucksvollsten Reden; er betonte, »daß der Völkerbund berufen sein kann, dem politischen Entwicklungsgang der Menschheit eine neue Richtung zu geben«, denn gerade in der Krise der Gegenwart »würde die Kultur der Menschheit auf das schwerste bedroht sein, wenn es nicht gelänge, den einzelnen Völkern die Gewähr zu verschaffen, in ungestörtem, friedlichen Wettbewerb die ihnen vom Schicksal zugewiesenen Aufgaben zu erfüllen«. Wenigstens indirekt mahnte er den Anspruch Deutschlands auf Gleichberechtigung an, indem er die volle Mitarbeit des Reiches im Bund auf der Grundlage von »Freiheit, Friede und Einigkeit«[7] ankündigte und sich hierbei auf den Völkerbundgedanken berief, der letztlich keine fundamentalen Unterschiede und keine künstlichen Trennungen unter den Völkern dulden könne. Und Aristide Briand bemerkte in seiner anschließenden Rede, das Zeichen dieses Tages sei nichts weniger als »der Friede für Deutschland und für Frankreich«.[8]

Kritik am deutschen Beitritt gab es gerade in Deutschland selbst weiterhin genug, und es waren nicht nur Rechtsgelehrte wie der Staats- und Völkerrechtler Carl Schmitt, die darauf hinwiesen, dass die »eigentliche Befriedung Europas ... infolge der eigenartigen Verbindung des Völkerbundes mit den Friedensverträgen« – auf die im Übrigen auch Stresemann in seiner Genfer Rede noch einmal ausdrücklich hingewiesen hatte – »ebensosehr verhindert wie gefördert« werde. Vor allem seien, so Schmitt weiter, die »Unterscheidung von Siegern und Besiegten, Bewaffneten und Entwaffneten, von kontrollierten und nichtkontrollierten, okkupierten und freien, mit ›Sanktionen‹ bedachten und ihre ›Sicherheit‹ genießenden Staaten ... durch den Genfer Völkerbund nicht aufgehoben«.[9]

Das alles traf ohne Zweifel zu – aber die Vorteile, die für Deutschland aus seinem Beitritt zum Völkerbund erwuchsen,[10] dürfen ebenfalls nicht vergessen werden: Vor allem war es jetzt eher und vor allem wirksamer als bisher möglich, die Anliegen und die Lebensinteressen der deutschen Minoritäten in Ostmittel- und in Südosteuropa zu schützen. Und darüber hinaus konnte das Minderheitenproblem zu einem Mittel der deutschen Revisionspolitik, beispielsweise gegenüber Polen, gemacht werden. Schließlich erhielt Deutschland, das alsbald nach seiner Aufnahme auch Mitglied der ›Mandatskommission‹ des Völkerbundes wurde, auf diese Weise ein Mitspracherecht über seine ehemaligen Kolonien, woran noch kurz zuvor nicht einmal zu denken gewesen war. Insgesamt lässt sich sagen, dass die Vorteile des Beitritts dessen zweifellos ebenso vorhandene Nachteile bei weitem aufwogen.

Deutsch-sowjetische Beziehungen und Berliner Vertrag

Kurz vor dem Beitritt Deutschlands zum Völkerbund war es Stresemann gelungen, ein weiteres hiermit verbundenes, durchaus gravierendes Problem zu lösen: Er hatte mit der Sowjetunion, deren führende Politiker bereits durch den Abschluss des Locarno-Abkommens aufs Höchste beunruhigt waren, eine neue Regelung des deutsch-sowjetischen Verhältnisses erreichen können – in dem von beiden Mächten im April 1926 unterzeichneten ›Berliner Vertrag‹. Wie war es dazu gekommen?

Seit dem Abschluss des Rapallo-Vertrags hatten sich zwar die wirtschaftlichen und politischen Beziehungen zwischen beiden Ländern intensiviert, dennoch waren infolge der von Moskau aus unterstützten politischen Wühlarbeit der KPD in Deutschland ständig neue Konflikte entstanden. Im Dezember 1923 etwa sah sich der deutsche Botschafter Brockdorff-Rantzau veranlasst, bei dem für die Außenpolitik zuständigen Volkskommissar Tschitscherin »schärfsten Protest gegen fortgesetzte Aufreizung deutscher Kommunisten« und gegen die illegale Einreise hoher Sowjetfunktionäre nach Deutschland zu erheben.[11] Im Mai 1924 musste sich der Vertreter des Reiches in Moskau gegenüber dem sowjetischen Volkskommissar gegen scharfe Angriffe verwahren, mit denen der deutsche Reichspräsidenten Ebert in der Sowjetpresse verunglimpft worden war. Im gleichen Monat wurden von der preußischen Polizei nach einem Zwischenfall Räume der russischen Handelsvertretung in Berlin durchsucht, wobei »Stapel von Flugblättern gefunden« wurden, die, wie es hieß, »sich an die Reichswehr und die Schutzpolizeibeamten« wandten, um sie »zum Ungehorsam gegenüber den Vorgesetzten und zur Unterstützung der KPD«[12] aufzufordern. Stresemann ließ aus Gründen der diplomatischen Immunität diese Durchsuchung zwar sofort stoppen, doch der Schaden war bereits angerichtet; nur mit Mühe konnte eine größere Beschädigung des deutsch-sowjetischen Verhältnisses verhindert werden.[13]

Die von Moskau aus unterstützte politische Untergrundarbeit einerseits, die Vereinbarungen Deutschlands mit den Westmächten im Rahmen des Dawes-Plans andererseits verstärkten das gegenseitige Misstrauen, aber dennoch wünschte Stresemann aus allgemeinen politischen Erwägungen heraus »keinen Umschwung der deutschen Politik gegenüber der Sowjetunion«, wie er dem besorgten Brockdorff-Rantzau gegenüber ausdrücklich erklärte.[14] Trotz seines Abscheus vor dem Bolschewismus hielt auch Stresemann gewissermaßen aus Staatsräson an der Notwendigkeit einer aktiven deutschen Ostpolitik im Sinne einer partiellen deutsch-russischen Zusammenarbeit unbedingt fest: Erstens weil die Sowjetunion als eine Art »Widerlager« der gesamten deutschen Ost- und Südosteuropa-Politik, vor allem gegenüber Polen, fungieren konnte,[15] zweitens wegen der sich in dieser Zeit intensivierenden militärischen Kooperation zwischen Deutschland und der Sowjetunion, und drittens wegen des von deutscher Seite immer noch dringend erwünschten Ausbaus der deutsch-sowjetischen Wirtschaftsbeziehungen.

Die deutsche Annäherung an den Westen, die Verhandlungen im Vorfeld des Locarno-Abkommens schürten allerdings das sowjetische Misstrauen gegenüber der Reichsregierung;[16] seit Frühjahr 1925 drängten die Sowjets daher immer wieder auf neue deutsch-russische Verhandlungen – dabei gelegentlich sogar mit der Drohung spielend, die Rapallo-Politik zu beenden. Stresemann tat alles, um im Vorfeld der Verhandlungen mit den Westmächten, die möglichst nicht gestört werden sollten, mäßigend auf die östliche Seite einzuwirken. Die Moskauer Befürchtungen waren freilich kaum zu besänftigen; Tschitscherin kam sogar Ende September 1925, unmittelbar vor Beginn der Locarno-Konferenz, persönlich nach Berlin, um noch einmal die starken Vorbehalte seiner Regierung gegen das geplante Westabkommen zu artikulieren.[17] Und dennoch konnten die Verhandlungen über ein neues Wirtschaftsabkommen abgeschlossen werden; noch während der Locarno-Konferenz, am 12. Oktober, wurde in Moskau der neue deutsch-russische Handelsvertrag unterzeichnet.

Der Moskauer Regierung reichte dies freilich nicht. Stresemann hatte eigentlich eine Neuregelung des deutsch-sowjetischen Verhältnisses erst *nach* dem deutschen Völkerbundbeitritt vornehmen wollen, doch nach Lage der Dinge musste dieses Problem vorher gelöst werden. So kam der ›Berliner Vertrag‹ zustande, der auf einem noch gegen Ende 1925 unterbreiteten sowjetischen Entwurf für einen beiderseitigen Neutralitätsvertrag beruhte – denn nichts fürchtete die russische Seite so sehr wie eine von Deutschland möglicherweise (gemäß Artikel 16 der Völkerbundsatzung) unterstützte internationale Aktion gegen die Sowjetunion. Nicht zuletzt weil führende Kräfte in Politik, Militär und Wirtschaft eine ernsthafte Störung der deutsch-sowjetischen Beziehungen unter allen Umständen vermeiden wollten, ließ sich Stresemann schließlich – trotz großer Bedenken der Westmächte – auf ein weiteres Abkommen ein: Am 24. April

1926 unterzeichneten Stresemann und der sowjetische Botschafter Krestinskij in der deutschen Hauptstadt das neue deutsch-russische Abkommen über Neutralität und Zusammenarbeit.

Der bald so bezeichnete ›Berliner Vertrag‹[18] bekräftigte noch einmal das Rapallo-Abkommen als weiterhin gültige Grundlage der Beziehungen beider Staaten. Sodann hieß es im zentralen Artikel 2: »Sollte einer der vertragschließenden Teile trotz friedlichen Verhaltens von einer dritten Macht oder von mehreren dritten Mächten angegriffen werden, so wird der andere vertragschließende Teil während der ganzen Dauer des Konfliktes Neutralität beobachten«. Genau dies war es, was die Sowjets wollten, und die deutsche Seite stimmte vor allem aus dem Grund zu, um die seit 1922 mühsam aufgebauten beiderseitigen Beziehungen nicht scheitern zu lassen.

Völkerrechtlich war diese Bestimmung mit Blick auf den deutschen Völkerbundbeitritt wohl gerade noch akzeptabel; immerhin war die entscheidende Formulierung im Vertrag, die eine deutsche Neutralität nur für den Fall »friedlichen Verhaltens« versprach, durchaus auslegungsfähig. Tatsächlich hatte sich Deutschland mit diesem Abkommen »auf eine mit den westlichen Verbindungen verträgliche Form der spezifischen Neutralität gegenüber Rußland«[19] eingelassen. Der neue Vertrag mit Moskau war also alles andere als ein Signal für eine ›Abwendung vom Westen‹, sondern im Grunde die für das Deutsche Reich dringend notwendige *Ergänzung* des Locarno-Abkommens, denn hiermit hatte »die drohende Zange einer französisch-russischen Allianz gegen Deutschland ihr Scharnier verloren«.[20]

Die deutsch-sowjetischen Beziehungen gestalteten sich allerdings auch in der Folgezeit durchaus nicht konfliktfrei. Lediglich der Handel konnte ab 1926 zum beiderseitigen Nutzen weiter ausgebaut und intensiviert werden, wozu nicht zuletzt deutsche Warenkredite beitrugen, die den deutschen Export in Richtung Osten ankurbeln sollten.[21] Anders sah es dagegen bald mit den noch um die Mitte der zwanziger Jahre besonders intensiven Militärkontakten aus.[22] Das Reich unterhielt, um die einseitigen

Abrüstungsbestimmungen des Versailler Vertrages zu umgehen, eine Fliegerschule in Lipezk sowie eine Tankschule in Kasan, in denen künftige deutsche Militärflieger und Panzerfahrer ausgebildet wurden; zudem fanden in Podosinski bei Moskau sowie in der Nähe von Volsk streng geheime Gasversuche statt. Nach 1926 wurden die beiderseitigen Kontakte von deutscher Seite allerdings immer mehr reduziert; nicht nur Staatssekretär von Schubert war der Gedanke zunehmend unsympathisch, bei all diesen streng geheimen Unternehmungen »von den Russen abhängig zu sein, die gegebenenfalls auch einmal Indiskretionen begehen könnten«.[23]

Die diplomatischen Beziehungen verbesserten sich durch den Berliner Vertrag ebenfalls nicht unbedingt. Aus dem schweren britisch-sowjetischen Konflikt von 1927, der im Mai dieses Jahres zum Abbruch der diplomatischen Beziehungen zwischen London und Moskau führte, hielt sich Deutschland weitgehend heraus. Mehr als vorsichtige Vermittlungsversuche konnte die deutsche Außenpolitik in dieser Angelegenheit nicht unternehmen. So blieben also die deutsch-sowjetischen Beziehungen auch nach dem Berliner Vertrag kompliziert genug – der Partner im Osten musste gelegentlich auf Abstand gehalten werden.

Entspannungsversuche

Nach dem Völkerbundbeitritt des Deutschen Reiches schien auf den ersten Blick für Europa, nicht zuletzt auch für die deutsch-französischen Beziehungen, eine neue Zeit anzubrechen. Dem neuen ›Geist von Genf‹, der seinen sichtbaren Ausdruck in den eindrucksvollen Reden Stresemanns und Briands vor dem Plenum der Völkerbundversammlung gefunden hatte, sollten bald neue politische Taten folgen, und dieses Anliegen dürfte einer der zentralen Gründe für das zunächst streng geheime Zweiertreffen der beiden Politiker in dem kleinen Ort Thoiry in der Nähe von Genf gewesen sein, das am 17. September, kurz nach der Abreise von der Genfer Herbsttagung, stattfand. Mit dieser nachmals legendär gewordenen Zusammenkunft der beiden Außenminister beabsichtigte man nichts Geringeres als den Versuch, die wechselseitigen Bedingungen für eine Generalbereinigung aller noch bestehenden großen Streitfragen und Konflikte zwischen Deutschland und Frankreich auszuloten.[24]

Der konkrete Ausgangspunkt und Anlass für die Verhandlungen war nicht zuletzt das aktuelle französische Finanzbedürfnis, für dessen Deckung man in Paris nicht auf die kostspieligen Angebote der Finanzmärkte zurückgreifen, sondern sich aus dem deutschen Reparationstopf bedienen wollte. Dafür war jedoch ein deutliches Entgegenkommen der Reichsregierung erforderlich; in Paris erhoffte man sich eine Summe von etwa einer Milliarde Reichsmark. Der größere Teil sollte durch den Verkauf deutscher Eisenbahn-Obligationen (aus dem Dawes-Plan) finanziert werden, der Rest von etwa 300 Millionen sollte vom Reich für den von Frankreich zuvor zu genehmigenden Rückkauf der Kohlegruben im Saargebiet gezahlt werden. Dafür jedoch erwartete man in Berlin einige nicht unerhebliche Gegenleistungen: Erstens die vorzeitige Rückgabe des Saargebiets ohne (wie im Versailler Vertrag festgelegt) vorherige Volksabstimmung, zweitens eine möglichst umgehende Beendigung der alliierten Militärkontrollen in Deutschland, drittens die vorzeitige Räumung des Rheinlandes bis spätestens Ende September 1927, und viertens die stillschweigende Zustimmung Frankreichs zu deutsch-belgischen Verhandlungen über einen Rückkauf Eupen-Malmedys.

Um es gleich vorweg zu sagen: ›Thoiry‹ scheiterte, da Frankreich am Ende nicht bereit war, auf diese Forderungen einzugehen. Denn eine solche deutsch-französische ›Generalbereinigung‹ hätte zwar der französischen Republik vordergründig manche Vorteile verschafft, doch, und das war entscheidend: der Versailler Vertrag wäre an einer Stelle deutlich revidiert worden – und damit hätte man die Tür für weitere Revisionen weit geöffnet! Einen so hohen Preis wollte man in Paris, wo sich soeben die alten Spannungen zwischen dem erneut als Ministerpräsidenten amtierenden deutschfeindlichen Poincaré und dem gemäßigten Briand wieder bemerkbar machten,[25] schließlich doch nicht bezahlen.

Indessen konnten wenigstens auf der unteren Ebene kleinere Entspannungsschritte gemacht werden. Der eine betraf die deutsch-französischen Wirtschaftsbeziehungen:[26] Nach längeren Verhandlungen kam es am 17. August 1927 zum Abschluss des deutsch-französischen Handelsabkommens, um dessen Inhalte lange gerungen worden war.[27] Einen weiteren Erfolg konnte man im Bereich der Militärkontrolle erreichen, eine Maßnahme, die nach deutscher Vorstellung eigentlich eng mit einer allgemeinen Abrüstung verknüpft sein sollte, aus alliierter, vor allem französischer Perspektive sich jedoch ausschließlich auf die im Versailler Vertrag festgelegte deutsche Entwaffnung bezog. Immerhin konnte sich die deutsche Seite darauf berufen, dass nicht nur nach dem Geist, sondern auch nach dem Buchstaben des Friedensvertrags die deutsche Entwaffnung nur »den Anfang einer allgemeinen Beschränkung der Rüstungen aller Nationen«[28] bilden sollte. Genau dies aber machte, da die Siegermächte zu einer wirklichen Abrüstung aus unterschiedlichen Gründen nicht bereit waren, diese Verhandlungen so schwierig.[29]

Jedenfalls hatten die Alliierten noch im Vorfeld von Locarno, im Juni 1925, der deutschen Regierung eine neue Entwaffnungsnote zukommen lassen, in der eine Reihe von teilweise schwerwiegenden deutschen Verstößen gegen die Abrüstungsauflagen namhaft gemacht wurde;[30] zudem erinnerte man noch einmal daran, dass die einzige Funktion des kleinen deutschen Heeres lediglich in der Aufrechterhaltung der Ordnung im Reich und im Grenzschutz zu bestehen habe. Erst nach ›Locarno‹ gelangte man in dieser Frage zu einer vorläufigen Einigung. Das Locarno-Abkommen mit seinen Sicherheitsbestimmungen, auch mit dem nun fest vereinbarten Eintritt des Reiches in den Völkerbund vermochte die deutsche Position in der Abrüstungsfrage deutlich zu verbessern, denn – und darauf zielte Stresemanns zäh verfolgte Taktik – »sobald es gelang, die Restverpflichtungen

Deutschlands in ein Verhältnis zum alliierten Abrüstungsversprechen zu setzen, war die Verantwortung auf die Verbündeten abgewälzt«.[31] Doch die Siegermächte ließen sich auf solch ein Junktim zwischen deutscher und allgemeiner Abrüstung nicht ein. Am 16. November 1925 erreichte man eine Einigung, die vorsah, dass Deutschland vor allem in der Polizeifrage und der Organisation der militärischen Befehlsrangfolge den alliierten Wünschen partiell entgegenkommen musste.[32]

Damit war das Hauptziel der deutschen Seite, die Beendigung der als äußerst demütigend empfundenen alliierten Militärkontrolle innerhalb des Reichsgebiets, aber noch nicht erreicht; noch einmal wurde ein ganzes Jahr lang zäh darum gerungen.[33] Erst im Dezember 1926 konnten in Genf alle Schwierigkeiten überwunden werden; am 12. Dezember vereinbarte man im Rahmen eines Protokolls das endgültige Ende der alliierten Militärkontrollen:[34] Es wurde u.a. festgelegt, dass die internationale Militärische Kontrollkommission (IMKK) Deutschland am 31. Januar 1927 zu verlassen habe und dass alle anderen noch ungeregelten Fragen, sollte eine baldige Einigung nicht zu erzielen sein, auf internationaler Ebene, etwa durch Hinzuziehung des Völkerbundrats, geregelt werden sollten. Noch während ihres Aufenthaltes in Genf erfuhren Stresemann, Briand und Chamberlain, dass ihnen der Friedensnobelpreis zuerkannt worden sei.[35]

Revision und Beharrung

Deutsche Sicherheitspolitik auf internationaler Ebene musste allerdings, wollte sie erfolgreich sein, mehr bieten als ständige Klagen über die einseitigen Abrüstungsbestimmungen des Friedens von 1919. Hierzu war freilich ein ausgesprochen schwieriger Spagat vonnöten: Es musste darum gehen, dem Reich einerseits alle Optionen für eine *friedliche* Revision der Versailler Grenzregelungen im Osten – etwa mittels einer internationalen Konferenz[36] – offenzuhalten, es war andererseits jedoch nötig, diesen erklärten Revisionismus mehr oder weniger in den Rahmen der neuen internationalen Bindungen einzufügen, die Deutschland seit dem Locarno-Vertrag und dem Beitritt zum Völkerbund eingegangen war.

Das Problem bestand aus deutscher Sicht darin, so brachte es Staatssekretär von Schubert im November 1927 auf den Punkt, »daß die Sieger des Weltkrieges den allgemein bestehenden Wunsch nach Ausbau der sécurité dazu ausnutzen, um die aus dem Weltkrieg hervorgegangene Ordnung Europas neu zu befestigen, und daß wir vor die Wahl gestellt werden sollen, hierbei entweder freiwillig mitzuwirken oder als der Staat zu erscheinen, der die Herstellung eines allgemeinen Weltfriedens verhindert«; es war für Schubert, den nach Stresemann wichtigsten Gestalter der deutschen Außenpolitik, vollkommen klar, »daß wir keinerlei Maßnahmen zur Stabilisierung der jetzigen Gesamtverhältnisse in Europa mitmachen können, die uns den Weg für die Revision der Ostgrenzen und den Anschluß Österreichs verbauen würden«.[37]

Ausgangspunkt dieser Reflexionen und neuer deutscher Initiativen für eine gesamteuropäische Sicherheitspolitik, die den deutschen Interessen nicht zuwider lief, war ein von Frankreich zuerst unterstützter Vorschlag Polens für einen allgemeinen Nichtangriffspakt im Rahmen des Völkerbundes gewesen.[38] Eine solche Regelung ging nach deutscher Auffassung jedoch viel zu weit, weil er darauf angelegt schien, die Versailler Ordnung in Europa zu zementieren. Die deutschen Außenpolitiker reagierten in dieser Angelegenheit indessen sehr geschickt, denn zusammen mit den Briten, die einem solchen Vorschlag ebenfalls ablehnend gegenüberstanden, setzten sie durch, dass es nur zu einer sehr allgemein formulierten Erklärung des Völkerbundes kam, die eine Verurteilung des Angriffskriegs und eine Mahnung zur friedlichen Schlichtung von internationalen Streitfragen enthielt.[39]

Die Dauerhaftigkeit und Verlässlichkeit außenpolitischer Strategien und Entscheidungen hing nicht zuletzt von der personellen und institutionellen Kontinuität der jeweiligen Regierungen ab – in Deutschland also von der Permanenz des seit 1923 amtierenden, inzwischen über ein bedeutendes internationales Ansehen verfügenden Gustav Stresemann. Im Mai 1928 fanden die vierten Reichstagswahlen der Weimarer Republik statt; sie ergaben bedeutende Verschiebungen der politischen Gewichte im Reich und beendeten zugleich die seit dem Januar 1927 bestehende vierte und letzte Regierung des Reichskanzlers Wilhelm Marx. Die bisher regierenden Parteien der rechten Mitte büßten deutlich an Stimmen und Parlamentssitzen ein. Als Gewinner der Wahl erwies sich die SPD, die mit nicht weniger als 153 Reichstagsmandaten zur unerreichbar stärksten Partei in Deutschland avancierte.

Dementsprechend erhielt der Partei- und Fraktionsvorsitzende der SPD, der frühere Außenminister und kurzzeitige Reichskanzler des Jahres 1920, Hermann Müller, vom Reichspräsidenten den Auftrag zur Regierungsbildung. Doch die Koalitionsverhandlungen im Mai und Juni 1928 gestalteten sich als ausgesprochen schwierig; Müller kam es vor allem darauf an, Stresemann im Amt zu halten. Nach längeren und komplizierten Verhandlungen einigte man sich schließlich auf eine Neuauflage der Großen Koalition, dieses Mal unter sozialdemokratischer Führung, gebildet aus SPD, DDP, DVP, Zentrum und BVP. Das wohl Wichtigste war: Stresemann blieb Außenminister. Am 28. Juni 1928 begann das zweite Kabinett Müller mit der Arbeit.[40]

Zur gleichen Zeit, im Frühjahr und Sommer 1928, stand die Unterzeichnung eines neuen internationalen Abkommens, des sogenannten ›Briand-Kellogg-Pakts‹ unmittelbar bevor; er verfolgte das Ziel einer allgemeinen Verurteilung des Krieges als Mittel nationaler Politik.[41] Am Anfang dieses Projekts stand eigentlich nur die von Briand im Juni 1927 aufgebrachte und der US-Regierung vorgeschlagene Idee eines französisch-amerikanischen Kriegsverzichtvertrags, dessen Motivation als unklar gilt: Eventuell, so hat man vermutet, wollte der französische Außenminister die Riege der Verständigungspolitiker im eigenen

Land gegen seinen Rivalen Poincaré stärken,[42] vermutlich aber ging es für Frankreich eher darum, ein besonders enges Verhältnis zu den USA herzustellen, was sich gerade mit Blick auf die anstehenden Auseinandersetzungen um Reparationen und alliierte Schuldenrückzahlung auszahlen konnte.[43] Die Amerikaner antworteten am 28. Dezember 1927 mit einem Gegenvorschlag ihres Außenministers Frank B. Kellogg: Statt eines bloß zweiseitigen Abkommens schlug dieser einen internationalen Pakt vor, in dem zuerst die Großmächte, später auch alle anderen Staaten der Welt ihren Verzicht auf Krieg als Mittel nationaler Politik sowie eine Verpflichtung zu friedlicher Konfliktregelung erklären sollten.[44]

Ein solcher Vorschlag entsprach allerdings nicht dem, was die Franzosen eigentlich wollten, denn ein allgemeiner internationaler Kriegsverzicht hätte das von Frankreich seit 1919 so zielstrebig aufgebaute eigene Sicherheitssystem, bestehend vor allem aus »hohem Rüstungsstand, Völkerbund, Militärbündnissen und Locarnoverträgen«,[45] das zudem die Möglichkeit eines Krieges sowie kriegsähnlicher Interventionen nicht ausschloss (das hatte die Ruhrbesetzung gezeigt), deutlich entwertet und vielleicht sogar in seiner Substanz gefährdet. Insofern saßen die Franzosen nun in der Klemme; sie hätten das Ganze wohl am liebsten ungeschehen gemacht.[46] Doch es war bereits zu spät: Die anderen Mächte hatten inzwischen von den Verhandlungen zwischen Washington und Paris erfahren, und schon am 4. Januar 1928 machte Kellogg seinen Vertragsentwurf öffentlich.[47]

Als Mitte April 1928 die erwartete Note der amerikanischen Regierung an die deutsche Reichsregierung mit einem Vertragsentwurf und der Anfrage eintraf, ob die Reichsregierung bereit wäre, einen Vertragsabschluss »in günstige Erwägung zu ziehen«,[48] zögerte der deutsche Außenminister nicht mit einer sofortigen Antwort, in der er das Projekt ausdrücklich begrüßte: Gerade Deutschland habe »kein höheres Interesse, als die Möglichkeiten kriegerischer Konflikte ausgeschaltet und im Leben der Völker eine Entwicklung gesichert zu sehen, die den friedlichen Ausgleich aller Gegensätze zwischen den Staaten gewährleistet«,[49] deshalb sei das Reich zur Unterzeichnung eines solchen Vertrages bereit. Schon am 9. Juli erklärte die neue Reichsregierung unter Hermann Müller ihre Bereitschaft zur »vorbehaltlosen Unterzeichnung des amerikanischen Paktentwurfes«;[50] ein von Paris gewünschtes Zusatzprotokoll, in dem festgelegt werden sollte, dass die bestehenden internationalen Verträge (darunter eben auch der Versailler Vertrag!) vom neuen Pakt nicht berührt würden, lehnte die Reichsregierung hingegen strikt ab.

Unter den Großmächten vermochten Frankreich und Großbritannien dem Vertrag – von dessen Unterzeichnung man sich aus vielerlei Gründen nicht fernhalten konnte – nur unter Vorbehalt zuzustimmen. Die britische Regierung gab in einer Note an Kellogg vom 19. Mai 1928 deutlich zu verstehen, dass ein Abkommen dieser Art der außenpolitischen »Handlungsfreiheit« Londons, vor allem mit Blick auf das Empire, keinen Abbruch tun dürfe, denn es gebe nun einmal »gewisse Gebiete auf der Welt ..., deren Wohlfahrt und Unversehrtheit ein besonderes und lebenswichtiges Interesse für unseren Frieden und unsere Sicherheit darstellen«. Die Franzosen wiederum stellten die Gültigkeit der bestehenden internationalen Abkommen stark heraus und betonten das Recht auf Selbstverteidigung. Diesem Vorbehalt schlossen sich auch die Polen in einer eigenen Note vom 17. Juli an.[51]

Unter den beteiligten Großmächten war es neben den USA allein Deutschland, das dem Vertrag *ohne* schriftliche Vorbehaltserklärungen zustimmte.[52] Der allgemein und etwas unpräzise als »Kriegsächtungspakt« bezeichnete Vertrag[53] wurde am 27. August 1928 in Paris von insgesamt fünfzehn Staaten unterzeichnet; neben den fünf Großmächten USA, Frankreich, Großbritannien, Italien und Deutschland waren dies in Europa: Belgien, Irland, Polen und die Tschechoslowakei; außerhalb Europas: Japan sowie die britischen Dominions Australien, Indien, Kanada, Neuseeland und Südafrika.[54] In Artikel 1 des Vertrages erklärten die vertragschließenden Parteien, »daß sie den Krieg als Mittel für die Lösung internationaler Streitfragen verurteilen und auf ihn als Werkzeug nationaler Politik in ihren gegenseitigen Beziehungen verzichten«,[55] und im Artikel 2 vereinbarten sie, im Fall eines Streits grundsätzlich eine friedliche Konfliktregelung anzustreben.

Der Wert dieses Dokuments sollte im Rückblick nicht allzu hoch eingeschätzt werden; der Briand-Kellogg-Pakt hat keinen der folgenden kleineren und größeren Kriege verhindern, begrenzen oder beenden können – weder den Krieg Japans gegen China, noch den italienischen Angriff auf Abessinien und erst recht nicht den von Deutschland ausgehenden Beginn des Zweiten Weltkriegs. Die Juristen haben später zu Recht eingewandt, dass von »Ächtung« des Krieges im Vertrag nicht die Rede war; man »verurteilte« ihn eben nur.[56] Und im Weiteren sprach der Pakt durchaus kein absolutes Kriegsverbot aus, sondern lediglich einen »begrenzten Kriegsverzicht«.[57]

Insofern wird dieser Pakt bis heute kontrovers beurteilt. Während die einen darauf hinweisen, dass gerade das damals militärisch und politisch schwache Deutschland davon profitieren musste, wenn sich durch ein solches Abkommen »die Kriegsmöglichkeiten Frankreichs und sein Bündnissystem einschränken ließen«,[58] betonen die anderen, dass Deutschland auch nach Unterzeichnung des Paktes weiterhin »den Maßnahmen ausgesetzt blieb, die die westlichen Großmächte auch bei dem Abschluß des neuen Gewaltverzichtvertrags durch das vielgestaltige und schwer durchschaubare Vorbehaltssystem in seiner Verbindung mit dem Versailler Vertragssystem für sich in Anspruch nahm«.[59]

Zeitgenössische Kritiker wiederum, so etwa der Völkerrechtler Carl Schmitt, machten darauf aufmerksam, dass der universalistische, potenziell auf Herstellung eines Weltfriedens gerichtete Ansatz des Briand-Kellogg-Pakts gegebenenfalls kaum kalkulierbare Risiken in sich barg: Es bestehe, argumentierte er, zumindest die Möglichkeit, dass der bei weitem mächtigste Vertragspartner, in diesem Fall also die USA, dazu übergehen könnten, eigene unerklärte Kriege im nationalen Interesse unter dem Deckmantel von »Strafaktionen« gegen vermeintliche »Friedensbrecher« zu führen. Da der jeweils Mächtigste nun einmal in der Lage sei, ein Abkommen im Lichte des eigenen Interesses zu interpretieren, könne er auch entscheiden, »wann etwas Krieg ist oder ein friedliches Mittel internationaler Politik, ein friedliches Mittel zur Aufrechterhaltung der Ordnung und Sicherheit in einem Staat, der selber dazu nicht imstande ist, ... überhaupt zur Pazifierung der Erde«.[60]

Freilich: Eine ernsthafte Option zur Ablehnung des Briand-Kellogg-Paktes gab es für Deutschland damals nicht; es hätte sich sofort den keineswegs ungefährlichen Vorwurf zugezogen, ein »Friedensfeind« zu sein. So aber war es möglich, den deutschen Friedenswillen in überzeugender Weise vor aller Welt zu demonstrieren; auch brachte die vorbehaltlose Unterzeichnung des Vertrags eine deutliche politische Annäherung an die USA, die dem Reich in der gegebenen Lage, gerade mit Blick auf die anstehende Regelung internationaler Finanzfragen und Reparationsprobleme, nur von Nutzen sein konnte.[61] Und schließlich musste Deutschland als die damals in militärischer Hinsicht eindeutig schwächste Großmacht von einer Regelung profitieren, deren Ziel es war, das Recht auf Kriegführung wenigstens zu begrenzen, denn mit den USA im Rücken ließen sich aus deutscher Sicht die eigenen Interessen entschiedener und selbstbewusster vertreten.[62] Und allein das bedeutete schon einen Erfolg.

8 Erfolge und Fehlschläge (1929/30)

Im Zuge des Dawes-Plans erhielt die Reichsbank zwei Millionen Dollar aus den Vereinigten Staaten. Am 23. Dezember 1924 traf das Gold auf dem Lehrter Bahnhof in Berlin ein.

Der Weg zum Young-Plan

Nachdem der von Gustav Stresemann und Aristide Briand 1926 in Thoiry angestrebte Versuch einer einvernehmlichen Generalbereinigung aller deutsch-französischen Streitfragen gescheitert war, schoben sich die alten Probleme sehr rasch wieder in den Vordergrund. Die von der deutschen Außenpolitik vorrangig zu klärenden Probleme bestanden in einer möglichst abschließenden und für das Reich günstigen Regelung der Reparationsfrage sowie in der Durchsetzung einer vorzeitigen und raschen Räumung des Rheinlandes. Dabei galt es taktisch geschickt vorzugehen und eine Verknüpfung beider deutscher Forderungen möglichst zu verhindern. Denn die Alliierten, vor allem die Franzosen, sahen in der Rheinlandbesetzung nicht nur einen Aspekt der Sicherheit Frankreichs, sondern vor allem eine Garantie für die von Deutschland weiterhin zu leistenden, immer noch immensen Reparationszahlungen.

Vor allem eine baldige Räumung des Rheinlands, die nach Thoiry für kurze Zeit realisierbar erschien, wurde von Stresemann im Jahr 1927 immer wieder aufs Neue angemahnt.[1] Er insistierte nicht zuletzt deshalb jetzt und auch in den folgenden beiden Jahren so sehr auf dieser Forderung,[2] weil er seine Außenpolitik immer wieder scharfen Attacken der politischen Gegner in Deutschland ausgesetzt sah; ein vorzeitiger Abzug – oder doch wenigstens zuerst eine sichtbare Reduzierung – der Besatzungstruppen im Rheinland wäre ein für alle Deutschen sichtbares Zeichen des Erfolges gewesen – ein Zeichen, auf das Stresemann auch angesichts der prekären politischen Stabilität im Reich dringend angewiesen war. Doch er sollte den endgültigen Truppenabzug nicht mehr erleben.

Inzwischen nahte Anfang 1928 die Fälligkeit der ersten im Dawes-Plan festgelegten deutschen Reparationszahlung in der vollen vereinbarten Höhe – und dies in einer Zeit, in der die deutsche Konjunktur erneut zu schwächeln begann und gleichzeitig neue hohe Auslandsanleihen in den Vereinigten Staaten benötigt wurden.[3] Es half nichts: Das Reparationsproblem musste wieder auf die Tagesordnung der europäisch-amerikanischen Außenpolitik. Nach einer eingehenden, alle Probleme offen ansprechenden Unterredung zwischen Stresemann und Parker Gilbert, dem amerikanischen Generalagenten für Reparationsfragen,[4] wurde Ende des Jahres von allen beteiligten Regierungen eine Sachverständigenkommission eingesetzt, die den Auftrag erhielt, »Vorschläge für eine vollständige und endgültige Regelung des Reparationsproblems auszuarbeiten«.[5]

Zwischen dem 11. Februar und dem 7. Juni 1929 verhandelte diese Kommission, die den amerikanischen Finanzfachmann Owen Young zu ihrem Vorsitzenden gewählt hatte, in Paris.[6] Es kam im Verlauf dieser sehr harten Unterhandlungen mehrmals fast zum Eklat, vor allem als einer der deutschen Verhandlungsführer, der neue Reichsbankpräsident Hjalmar Schacht, die Neuregelung der Reparationen mit Revisionsforderungen zu verknüpfen versuchte.[7] Dennoch konnte man sich Ende Mai schließlich auf einen Kompromissvorschlag einigen, der im ›Young-Bericht‹ zusammengefasst und schließlich von den Bevollmächtigten aller beteiligten Regierungen am 7. Juni 1929 unterzeichnet wurde – in formaler Hinsicht nichts mehr als eine Empfehlung zur Ersetzung des Dawes-Abkommens von 1924.[8]

Was sah der Young-Plan vor? Es wurden darin insgesamt 54 Jahreszahlungen Deutschlands vereinbart, beginnend am 1. September 1929 und endend am 31. März 1987. Die Annuitäten sollten in gestaffelter Form zwischen 1,7 und 2,4 Milliarden Goldmark betragen. Wichtig war eine weitere Bestimmung: Im Falle ungewöhnlich großer wirtschaftlicher und finanzieller Probleme sollte Deutschland die Möglichkeit erhalten, die Aufbringung der Jahreszahlungen in gewissem Umfang zu verschieben; außerdem sollten die bisherigen, außerordentlich lästigen Kontrollmaßnahmen künftig fortfallen. Es versteht sich, dass der Young-Plan in Deutschland sofort außerordentlich kontrovers beurteilt wurde; vor seiner Inkraftsetzung kam es zu heftigen politischen Auseinandersetzungen. Immerhin konnte man es als Fortschritt ansehen, dass jetzt endlich eine klar bestimmte Gesamtsumme der von Deutschland insgesamt noch zu zahlenden Reparationen genannt und vereinbart worden war. Dagegen wirkte sich die Nennung eines konkreten Zeitraums verhängnisvoll aus. Die Reichsregierung musste den Deutschen erst einmal klarmachen, dass sie im Begriff stand, eine Vereinbarung zu unterzeichnen, die zwei Generationen von Deutschen an extrem hohe Zahlungsverpflichtungen band; das konnte nach damaliger Wahrnehmung kaum etwas anderes bedeuten, als dass die Deutschen die kommenden sechs Jahrzehnte in Armut zu leben hätten – also keine besonders erfreuliche Zukunftsperspektive.

Und dennoch endeten die Reparationsverhandlungen wenigstens mit einem kleinen Erfolg;[9] so sahen es damals auch nüchtern analysierende und sachlich argumentierende deutsche Beobachter, von denen die Tatsache anerkannt wurde, »daß die deutschen Unterhändler erreicht haben, was unter den obwaltenden Umständen erreichbar war«.[10] Die Jahreszahlungen, die nach dem Dawes-Plan noch 2,5 Milliarden jährlich betragen sollten, waren deutlich reduziert worden; schon das bedeutete in Zeiten zunehmender Konjunkturverschlechterung eine Erleichterung. Und außerdem: Wenn *eine* Revision möglich war, dann konnte unter anderen Umständen eine *zweite*, dann vielleicht noch günstigere Neuregelung der Reparationen folgen – der Präzedenzfall lag nun vor.

Von Stresemann zu Curtius

Nach der Vorvereinbarung für eine neue Reparationsregelung, die der Young-Plan im Kern enthielt, konnte die deutsche Seite in den jetzt anstehenden Detailverhandlungen endlich auch die Frage der Räumung des Rheinlandes erneut angehen. Beide Probleme wurden endgültig auf zwei, jeweils in Den Haag abgehaltenen internationalen Konferenzen zwischen dem 6. und dem 31. August 1929 sowie dem 3. und 20. Januar 1930 geregelt; zu den Teilnehmern gehörten neben den sechs Großmächten (inklusive Japan) auch Vertreter der fünf größten Mitgliedsländer des britischen Empire (Kanada, Australien, Neuseeland, Südafrika und Indien) sowie sechs kleinere europäische Staaten, die ebenfalls den Versailler Vertrag unterzeichnet hatten (Polen, Tschechoslowakei, Jugoslawien, Rumänien, Griechenland und Portugal). Die Vereinigten Staaten waren, als Nichtunterzeichner des Friedensvertrags, lediglich durch einen ›Beobachter‹ auf der Konferenz vertreten.

Die erste Haager Konferenz[11] – dominiert von den drei Außenministern Stresemann, Briand und Henderson – entwickelte sich zu einem überaus zähen Ringen zwischen den jeweiligen Kontrahenten. Zuerst stritten sich Briten und Franzosen mehrere Wochen lang um einen neuen Verteilerschlüssel für die von Deutschland nach dem Young-Plan noch zu zahlenden Reparationsgelder, dann gab es einen Konflikt zwischen Deutschland und Frankreich über die weiteren Modalitäten eines neuen Abkommens, etwa über die noch vorhandenen Sanktionsmöglichkeiten gegen Deutschland. Ein weiteres zwischen Stresemann und Briand stark umstrittenes Verhandlungsthema war die Rheinlandräumung: Ausgerechnet Briand, der Exponent der Locarno-Politik und der Gesprächspartner von Thoiry, sperrte sich (wohl vornehmlich aus innenpolitischen Gründen) lange dagegen, sich auf ein konkretes Datum hierfür einzulassen.

In dieser Frage hatte Stresemann allerdings die Briten auf seiner Seite, die sich im Verlauf einer ausgesprochen temperamentvollen Verhandlungsrunde scharf gegen die Verzögerungstaktik von Briand stellten.[12] Erst als in anderen Bereichen eine Einigung erzielt worden war, vor allem über die künftige Verteilung der Reparationsgelder, lenkte Briand ein, und am Schluss der Konferenz konnte man sich endlich auf den 30. Juni 1930 als Enddatum der Rheinlandbesetzung verständigen.[13] Freilich waren noch einzelne, zum Teil nicht unwichtige Detailfragen zu klären; dies sollte im Rahmen einer zweiten Haager Konferenz im Januar 1930 geschehen. Vorher aber brachte ein Todesfall einen tiefen Einschnitt in die deutsche Politik. Der bereits seit Längerem schwer erkrankte Gustav Stresemann, der sein Amt schon seit 1928 nur noch mit halber Kraft hatte ausüben können, starb am 3. Oktober 1929 an den Folgen eines Schlaganfalls.[14] Mit seinem Tod endete eine Ära der deutschen Außenpolitik. Das überragende Ansehen, das er zuletzt in Deutschland genossen hatte, zeigte sich auch darin, dass ihm das letzte große Staatsbegräbnis der Republik zuteil wurde; dem Trauerzug vom Reichstag über das Auswärtige Amt in der Wilhelmstraße bis zum Friedhof gaben nicht weniger als 200 000 Menschen das Geleit.[15] Kurz vor seinem Tod hatte er sich tief deprimiert über die allgemeine politische Lage sowie über Briands Verhalten in Den Haag gezeigt,[16] darüber hinaus auch über das Scheitern der Locarno-Politik an der – wie er es sah – mangelnden Bereitschaft der Alliierten, der deutschen Zwangslage mit größerem Verständnis zu begegnen.[17] Einem britischen Diplomaten und Journalisten sagte er in dieser Zeit, bereits von schwerer Krankheit gezeichnet: »Es ist nun fünf Jahre her, seit wir Locarno unterzeichnet haben. Wenn ihr mir nur ein einziges Zugeständnis gemacht hättet, würde ich mein Volk überzeugt haben. Ich könnte es noch heute. Aber ihr habt nichts gegeben, und die winzigen Zugeständnisse, die ihr gemacht habt, sind immer zu spät gekommen.«[18]

Die wahrlich nicht einfache Nachfolge im Amt des Außenministers, dem Stresemann immerhin sechs Jahre lang seinen Stempel aufgedrückt hatte, übernahm am 11. November 1929 der ebenfalls der DVP angehörende bisherige Wirtschaftsminister Julius Curtius.[19] Er besaß durchaus Ansehen als tüchtiger, verlässlicher und kompetenter Politiker, doch über die große Erfahrung seines Vorgängers und vor allem über dessen parteipolitischen Einfluss und dessen Durchsetzungsfähigkeit verfügte er nicht.[20] Im Auswärtigen Amt wurde er zwar geachtet, doch beliebt war er kaum; mit Staatssekretär Carl von Schubert – der im Frühjahr 1930 durch Bernhard Wilhelm von Bülow abgelöst wurde – harmonierte Curtius nicht.[21] Wenn man seinen Erinnerungen trauen darf, dann verstand er sich, wenigstens am Beginn seiner Amtszeit, als »Stresemanns Testamentsvollstrecker«.[22]

Ein gleich zu Beginn seiner Amtszeit auftauchendes Problem bestand in einem von den Parteien der radikalen Rechten auf den Weg gebrachten Volksbegehren gegen den Young-Plan.[23] Innerhalb der DNVP hatte sich der Vertreter der radikalen Richtung, Alfred Hugenberg, gegen seinen gemäßigten Vorgänger Kuno Graf Westarp durchgesetzt; Hugenberg verfocht den Kurs einer kompromisslosen ›nationalen Opposition‹ gegen die Große Koalition unter Kanzler Hermann Müller und näherte seine Partei der NSDAP an. Die erste Frucht dieser neuen Kooperation der beiden Rechtsparteien sollte eben jenes Volksbegehren sein. Nach Artikel 73 der Weimarer Verfassung war es möglich, per Volksbegehren und anschließendem Volksentscheid Gesetze gegebenenfalls auch gegen den Reichstag durchzusetzen; die Hürden dafür waren allerdings sehr hoch. Wollte man also gegen den Young-Plan vorgehen, bedurfte es eines ›Volksgesetzes‹.

Der von Angehörigen der DNVP, des ›Stahlhelm‹ (Bund der Frontsoldaten) und der NSDAP gebildete ›Reichsausschuss für das Volksbegehren‹ veröffentlichte am 11. September 1929 den Text eines ›Gesetzes gegen die Versklavung des deutschen Volkes‹.[24] Durch dieses ›Freiheitsgesetz‹, wie es von seinen Urhebern missverständlich bezeichnet wurde, sollte die Reichsregierung verpflichtet werden, den anderen Mächten anzuzeigen, dass Deutschland den Kriegsschuldartikel des Versailler Vertrages fortan als völkerrechtlich ungültig ansehe, dementsprechend hinzuwirken auf die Außerkraftsetzung der die Rheinlandbesetzung legitimierenden Artikel des Friedensvertrages sowie auf die umgehende Räumung der besetzten Gebiete und zugleich keine weiteren, auf der Grundlage des Kriegsschuldartikels vereinbarten Reparationszahlungen zu akzeptieren. Letzteres bedeutete im Klartext: die Regelungen des Young-Plans und der ersten Haager Konferenz sollten für Deutschland nicht in Kraft treten. Zuletzt wurde gefordert, deutschen Politikern und Diplomaten, die entgegen den Bestimmungen dieses ›Freiheitsgesetzes‹ handelten, strafrechtliche Maßnahmen anzudrohen.

Ungeachtet der verfassungsrechtlichen Fragwürdigkeit dieses ›Freiheitsgesetzes‹[25] wurde das Volksbegehren zugelassen. Mit 4 135 300 Listeneintragungen wurden die benötigten zehn Prozent der Stimmberechtigten am 25. November 1929 knapp überschritten; im Reichstag wurde der Gesetzentwurf jedoch, wie zu erwarten, mit großer Mehrheit verworfen. Der hierdurch notwendig gewordene Volksentscheid, an dem nach den gesetzlichen Bestimmungen wenigstens die Hälfte aller Stimmberechtigten teilnehmen musste, scheiterte bereits an dieser Hürde; insgesamt stimmten nur etwa 14 Prozent aller Wahlberechtigten (knapp sechs Millionen) dem Gesetzentwurf zu. Damit war das ›Freiheitsgesetz‹ endgültig gescheitert.

Die zweite Haager Konferenz, die zwischen dem 3. und dem 20. Januar tagte,[26] erlebte noch einmal einige ausgesprochen harte und bis an den Rand der Krise führende Verhandlungsrunden, doch am Ende konnte Einigkeit über die Neuregelung der Reparationen erzielt werden: Deutschland wurde das Recht auf ein Moratorium im Fall akuter Zahlungsschwierigkeiten zugestanden, dafür musste das Reich akzeptieren, dass die Siegermächte sich für den Extremfall einer deutschen Missachtung des neuen Abkommens auch weiterhin Sanktionsmaßnahmen vorbehielten; insgesamt aber endete die Konferenz in gegenseitigem Einvernehmen.[27] Der Abschluss des Ratifizierungsverfahrens führte in Deutschland, da der Reichstag zustimmen musste, im Februar und im März 1930 noch einmal zu einer heftigen Auseinandersetzung; dennoch wurden die entsprechenden Gesetze am 12. März mit der großen Mehrheit der Regierungsparteien – gegen das geschlossene Votum der DNVP, der NSDAP und der KPD – mit 265 gegen 192 Stimmen angenommen.[28] Auch Reichspräsident von Hindenburg warf sein Ansehen in die Waagschale, als er sich kurz danach in einem »Aufruf an das deutsche Volk« für den Young-Plan aussprach, da dieser im Vergleich zum Dawes-Plan »eine Besserung und Entlastung darstellt und wirtschaftlich und politisch einen Fortschritt auf dem schweren Wege der Befreiung und des Wiederaufbaues Deutschlands bedeutet«.[29]

Briands Europaplan

Im Frühjahr 1930 trat die französische Regierung mit einem aufsehenerregenden europapolitischen Memorandum an die Öffentlichkeit. Dieser Text, der als Briands ›Europaplan‹ bekannt ist, gilt heute als wichtiges historisches Dokument auf dem Weg zu einer Einigung Europas. Freilich hatte Briand seine hier ausführlich formulierten Ideen bereits vorher mehrfach ausgesprochen, so etwa in einem seiner letzten Gespräche mit Stresemann im Juni 1929. Wenn es – so Briand – tatsächlich gelinge, so etwas wie »eine Art Liquidation des Krieges« zustande zu bringen und die Lage innerhalb Europas zu stabilisieren, dann sei es die nächste Aufgabe, daran zu denken, wie man die europäischen Verhältnisse sowohl politisch als auch wirtschaftlich konsolidieren könne. Briand dachte hierbei bereits an eine vertiefte europäische Zusammenarbeit im Rahmen einer Art »fédération européenne« mit allerdings kaum verhüllter antiamerikanischer Grundtendenz; denn der französische Außenminister fügte hinzu, es sei notwendig, »daß den Amerikanern das Gefühl genommen werden müßte, daß sie die absoluten Herrscher in der Welt seien«.[30]

Die Veröffentlichung des französischen Europa-Memorandums am 17. Mai 1930 erlebte Stresemann nicht mehr.[31] Es handelte sich dabei um ein sehr merkwürdiges Dokument: auf der einen Seite die kühne Vision einer »europäischen Bundesorganisation«, beruhend auf der »gemeinsame[n] Zivilisation« der Europäer, ein friedenssichernder »Verband« innerhalb des größeren Völkerbundes, auf der anderen Seite aber – schaute man etwas genauer hin – ein rhetorisch und programmatisch sehr geschickt verkleidetes Dokument französischer Realpolitik. Einerseits Proklamation der »Notwendigkeit eines allgemeinen, wenn auch noch so elementaren Vertrags zur Aufstellung des Grundsatzes der moralischen Einheit Europas und zur feierlichen Bekräftigung der zwischen europäischen Staaten geschaffenen Solidarität«, andererseits das Insistieren darauf, dass eine zu schaffende europäische Verbindung »elastisch genug« sein müsse, »um die Unabhängigkeit und die nationale Souveränität jedes Staates zu wahren«. Auch sonst blieb das Dokument ausgesprochen vage; angedacht wurde lediglich eine »europäische Konferenz«, deren ständiges Organ ein »politischer Ausschuss« mit einem »Sekretariat« sein sollte.[32]

Betrachtet man diesen Plan in langfristiger Perspektive, dann bot er fraglos manche bemerkenswerte Entwicklungsmöglichkeit, aber unter den Bedingungen der politischen Gesamtlage Europas um 1930 konnte er im Grunde nur auf Missverstehen oder auf kaum verhüllte Ablehnung stoßen. Im Kern handelte es sich um ein Modell des Ausbaus kollektiver Sicherheit in Europa unter französischer Dominanz. Hinzu kam eine ausgesprochen kontinentaleuropäische Perspektive, denn die besonderen Belange des weltweit agierenden britischen Empire fanden keine Berücksichtigung. Schon aus diesen beiden Gründen konnte das Europa-Memorandum weder bei den Deutschen noch bei den Briten auf Zustimmung stoßen. In einer ersten Reaktion analysierte Staatssekretär von Bülow die strategische Komponente des Pariser Europaplans: Dieser laufe zuerst und vor allem darauf hinaus, »uns neue Fesseln anzulegen unter Ausnutzung der Tatsache, dass nach herrschender Ansicht die Konsolidierung Europas nur auf der Basis des Status quo möglich ist ... Zugleich sollen unsere außereuropäischen Beziehungen (Amerika und Rußland) abgeschnürt werden, die uns bisher eine gewisse Rückendeckung gewährten.«[33]

Die deutsche Antwort auf den Plan, die nach längeren Beratungen im Auswärtigen Amt und auch im Reichskabinett[34] erst am 11. Juli 1930 erfolgte, musste natürlich diplomatisch ausfallen, d.h. freundlich und sachlich zugleich. Zwar ließ Außenminister Curtius anfangs eine gewisse Kooperationsbereitschaft erkennen,[35] doch die von Bülow vertretene harte Linie im Auswärtigen Amt konnte sich – deutlich unterstützt auch vom neuen Reichskanzler Heinrich Brüning – schließlich durchsetzen.[36] Im offiziellen Antwortschreiben[37] hieß es, die Reichsregierung werde »bereitwillig an der Lösung des Problems«, nämlich einer Beseitigung der noch vorhandenen Strukturmängel Europas, mitarbeiten. Doch andererseits war man bestrebt, der Gegenseite noch einmal den besonderen deutschen Standpunkt zu verdeutlichen: »Alle Versuche einer Besserung der politischen Lage in Europa werden davon abhängen, daß die Grundsätze der vollen Gleichberechtigung, der gleichen Sicherheit für alle und des friedlichen Ausgleichs der natürlichen Lebensnotwendigkeiten der Völker zur Anwendung kommen.«[38]

Die Briten waren in ihrer Ablehnung des Plans, dessen ›kontinentaler‹, unterschwellig antibritischer Akzent ihnen natürlich nicht verborgen geblieben war, noch konsequenter als die Deutschen. Damit war der Plan vom Tisch; nur um die Franzosen nicht zu brüskieren, wurde, ausgehend von einer Initiative des

Auswärtigen Amts, kurz darauf ein »Studienkomitee für die Europäische Union im Rahmen des Völkerbundes« gegründet, das indessen schon 1931 wieder einschlief.[39]

Vor der Krise

Die politischen und diplomatischen Beziehungen des Deutschen Reiches zu Polen gehörten in den Jahren nach 1918/19 infolge der neuen östlichen Grenzziehungen zu den am stärksten belasteten und schwierigsten innerhalb Europas. Die zumeist außerhalb Deutschlands immer wieder erörterte Frage eines möglichen ›Ost-Locarno‹ stand allerdings niemals auf der Tagesordnung der deutschen Außenpolitik;[40] schon angesichts der allgemeinen Stimmung innerhalb der deutschen Bevölkerung hätte kein deutscher Außenminister auch nur einen kleinen Schritt in eine solche Richtung wagen können. Dagegen war und blieb eine auf *friedlichem* Wege zu erreichende Revision der Ostgrenzen das offizielle Ziel der deutschen Regierungen bis zu den Präsidialkabinetten.[41]

Dennoch zeigte sich gegen Ende der 1920er Jahre immer stärker die Notwendigkeit, das prekäre deutsch-polnische Verhältnis wenigstens partiell neu zu regeln und auf eine tragfähige, gemeinschaftlich vereinbarte Rechtsgrundlage zu stellen, vor allem, was die Wirtschaftsbeziehungen und die noch immer nicht abschließend geregelten Vermögensverhältnisse in den früher deutschen, jetzt polnischen Gebieten anbetraf. In erster Linie waren es drei Gründe, die aus deutscher Sicht für eine solche Vereinbarung sprachen: Erstens sollte eine leichte Entspannung im Osten die noch bevorstehenden Abschlussverhandlungen der zweiten Haager Konferenz über den Young-Plan fördernd flankieren, indem von deutscher Seite Ausgleichsbereitschaft gerade gegenüber Polen gezeigt wurde, zweitens konnte eine partielle Entspannung im Osten die französische Taktik, den eigenen Verbündeten Polen gegen Deutschland auszuspielen, wenigstens etwas einschränken, und drittens – das war sicher der wichtigste

Aspekt – sollte die in Polen lebende, zahlenmäßig zwar immer noch bedeutende, dennoch langsam zurückgehende deutsche Minderheit wirtschaftlich gestärkt und möglichst im Lande gehalten werden. Denn es war klar, dass deutsche Grenzrevisionsforderungen gegenüber Polen nur dann einen Sinn machen konnten, wenn sie im gegebenen Fall mit der Existenz starker nationaler Minderheiten in den strittigen Grenzregionen begründet wurden (wie Polen dies nach 1918 umgekehrt ja ebenfalls getan hatte).

Über mehrere Monate hinweg wurde im Sommer und Herbst 1929 sehr hart über ein deutsch-polnisches Liquidationsabkommen verhandelt, in dem es um die Frage einer finanziellen Entschädigung für den vom polnischen Staat ersatzlos enteigneten deutschen Haus- und Grundbesitz, aber auch um polnische Ansprüche an Deutschland ging.[42] Nach zähem Ringen gab die deutsche Seite schließlich hinsichtlich ihrer finanziellen Forderungen nach und ermöglichte auf diese Weise den Abschluss des – innerhalb Deutschlands allerdings außerordentlich stark umstrittenen – Liquidationsabkommens, das am 31. Oktober 1929 unterzeichnet wurde.[43] Deutschland verzichtete darin auf sämtliche finanziellen Rechte und Forderungen an den polnischen Staat; Polen tat umgekehrt das Gleiche, außerdem verpflichtete sich die Warschauer Regierung, alle noch laufenden Liquidationsverfahren, die deutsche Vermögenswerte oder Rechte betrafen, umgehend zu beenden.

Politisch gesehen wurde der Vertrag von den deutschen Außenpolitikern durchaus als Erfolg aufgefasst: Das Liquidationsabkommen dürfe, so der deutsche Botschafter in Warschau, Ulrich Rauscher, »als der größte Dienst bezeichnet werden, den das Deutsche Reich bis heute seiner Minderheit in Polen zu leisten in der Lage war«, eben weil deren Vermögenswerte nun gesichert seien. Und im Übrigen lasse die neue deutsch-polnische Vereinbarung »die prinzipiellen territorialen Streitfragen zwischen den zwei Staaten« völlig unberührt; das Hauptkennzeichen des Abkommens sei darin zu sehen, »daß wir in seinem Rahmen nur finanzielle Opfer bringen, während die von den Polen gewährten Kompensationen national-politischer Natur sind, wir also ... nur nationale Errungenschaften zu buchen haben. Damit scheidet aus dem Abkommen alles aus, was Gegenstand eines sogen. Ost-Locarno sein könnte.«[44]

Die letzte Frucht der Außenpolitik Stresemanns sollte die noch auf der ersten Haager Konferenz vereinbarte endgültige Räumung des Rheinlandes spätestens zum 30. Juni 1930 sein.[45] Die Franzosen hielten sich am Ende zwar an den vereinbarten Termin, obwohl der neue, seit Oktober 1929 amtierende Pariser Ministerpräsident André Tardieu von dem vorzeitigen Truppenabzug wenig begeistert war. Doch im Vorfeld und im Nachklang dieser Räumung kam es mehrfach zu Reibereien zwischen Berlin und Paris.[46] Die französische Seite bestand unmittelbar vor dem Abzug noch auf weiteren ›demilitarisierenden‹ Maßnahmen, die von den Deutschen als unnötige Schikanen empfunden werden mussten: So wurden etwa Landebahnen ehemaliger Flugplätze zerstört und Gebäude, die auch zivil nutzbar gewesen wären, abgerissen. Deutsche Einwände wurden von der Pariser Regierung mit Rücksicht auf die französische öffentliche Meinung beiseitegeschoben.

Umgekehrt ärgerte man sich in Frankreich darüber, dass nach dem Abzug Übergriffe auf das Eigentum frankreichhöriger Separatisten stattfanden; auch die von stark nationalistischen Tönen geprägten offiziellen Proklamationen und Befreiungsfeiern im Rheinland wurden von den Franzosen mit Verärgerung wahrgenommen. Reichspräsident und Reichsregierung gedachten in ihrem Aufruf vom 30. Juni 1930 zuerst all derjenigen, »die im Kampf für die Freiheit Deutschlands geblieben sind, die ihr Leben gaben für das Vaterland«; ebenfalls sollten, wie es hieß, die Leiden aller Männer und Frauen unvergessen bleiben, »die in der schweren Prüfungszeit seelisch und körperlich für Deutschland geduldet haben« und die »wegen ihrer Treue zum Vaterland und beschworener Pflicht durch fremde Machtwillkür von Haus und Hof vertrieben wurden«.[47] Wenngleich Curtius mit Rücksicht auf die Zukunft der deutsch-französischen Beziehungen vor allzu martialischen Tönen und Aktionen aus Anlass der Räumung vorsichtig gewarnt hatte, verweigerte er andererseits eine von Paris wohl erwartete ›freundliche Geste‹, also etwa einen offiziellen Dank für die vorzeitige Räumung.[48] Dass so etwas – mit Blick auf die öffentliche Stimmung in Deutschland – für Curtius politischer Selbstmord gewesen wäre, erkannte man in Paris wiederum nicht.[49] Stresemanns letzter außenpolitischer Erfolg endete in deutsch-französischer Verstimmung.

9 Außenpolitik in der Endkrise der Republik (1930–1932/33)

Im Schatten der Wirtschaftskrise – Verkauf von Wohlfahrtsbriefmarken und -postkarten auf der Straße durch die Deutsche Nothilfe im Jahr 1931.

Kurswechsel

Die Regierung der Großen Koalition unter dem Sozialdemokraten Hermann Müller, die sich trotz mancher interner Konflikte fast zwei Jahre lang hatte halten können, brach im März 1930 auseinander, nachdem sie zuletzt nur noch durch den gemeinsamen Kampf für die Verabschiedung des Young-Plans im Reichstag (12. März 1930) und gegen den von den radikalen Rechtsparteien initiierten Volksentscheid zusammengehalten worden war. Rückblickend gesehen begann mit dem Ende der Großen Koalition – der letzten Reichsregierung, an der auch die SPD beteiligt war – die Endkrise der Weimarer Republik.[1]

Der Zentrumspolitiker Heinrich Brüning bildete noch im gleichen Monat ein bürgerliches Minderheitskabinett – das erste der bis zum Ende der Republik bestehenden ›Präsidialkabinette‹ –, dem Politiker der DVP (darunter weiterhin Curtius als Außenminister), der DDP, der Wirtschaftspartei, der BVP und der kleinen ›Volkskonservativen Vereinigung‹ (einer Abspaltung der DNVP) angehörten; die inzwischen von Hugenberg geführte DNVP, die das Volksbegehren gegen den Young-Plan mit zu verantworten hatte, blieb ausgeschlossen. Bereits nach knapp drei Monaten kam es zum vorhersehbaren Konflikt der neuen Regierung mit dem Reichstag: Als Brüning versuchte, die dringend erforderliche Haushaltssanierung mit Hilfe von Notverordnungen des Reichspräsidenten zu erreichen, verweigerte ihm der Reichstag am 16. Juli 1930 die Gefolgschaft; noch am gleichen Tag löste Hindenburg das Parlament auf.[2]

Die Neuwahlen vom 14. September 1930 entwickelten sich zum Desaster für die parlamentarische Demokratie:[3] Die NSDAP verachtfachte ihren Stimmenanteil (107 statt bisher 12 Mandate), auch die KPD gewann deutlich hinzu (77 statt 54 Mandate). Die beiden extremen Parteien hatten damit fast ein Drittel aller deutschen Wählerstimmen errungen; die Bildung einer parlamentarisch abgesicherten Koalitionsregierung demokratischer Parteien war damit kaum noch möglich. In der Folge dieser Entwicklung blieb die Minderheitsregierung Brüning ohne personelle Veränderungen bestehen, nunmehr toleriert von der SPD und allein gestützt auf das Vertrauen des Reichspräsidenten. Außenminister Julius Curtius, der zum Unwillen Hindenburgs vorläufig noch im Amt blieb,[4] sah sich jedenfalls, so seine spätere Erinnerung, seit dem verheerenden Wahlausgang zu einer konsequenten Weiterführung der Locarnopolitik nicht mehr in der Lage;[5] der ›Erbe Stresemanns‹ mutierte gewissermaßen zum unfreiwilligen Nachlassverwalter seines Vorgängers.

Die Rückwirkungen der mit dem Ausgang der Septemberwahlen neu entstandenen innenpolitischen Lage auf die deutsche Außenpolitik zeigten sich sofort. Bereits im Vorfeld der Herbsttagung der Völkerbundversammlung empfahl Staatssekretär von Bülow dem Außenminister, in Genf ganz offen bei der Erklärung des desaströsen Wahlergebnisses die »Mitschuld des Auslands an derzeitiger Lage in Deutschland darzulegen«, denn »die langjährige außenpolitische Erfolgsarmut unserer Politik habe eine Reaktion herbeigeführt, wie sie bei allen Völkern notwendig eingetreten wäre«. In den anstehenden Verhandlungen solle die deutsche Seite deshalb deutlich härter auftreten als bisher, und im Übrigen müsse das in der Vergangenheit verwendete »Wort Verständigungspolitik vermieden werden«.[6]

Immerhin bot sich jetzt für die deutsche Außenpolitik nicht nur die Möglichkeit, vor dem Hintergrund drohender innenpolitischer Radikalisierung ein stärkeres Entgegenkommen der früheren Siegermächte einfordern zu können, sondern es deuteten sich auch, wie Brüning wohl erkannte, seit der Verschärfung der Wirtschaftskrise weitere Möglichkeiten zu »revisionistischen Erfolgen ganz anderen Formats« an, als sie Stresemann unter den Bedingungen des internationalen Systems bis 1929 vergönnt gewesen waren, nämlich die Liquidierung der beiden Hauptbelastungen von »Versailles«, also eine völlige Streichung der Reparationen ebenso wie eine Anerkennung der militärischen Gleichberechtigung Deutschlands[7] – mit dem Endziel allerdings einer künftigen Sicherung des Friedens durch Errichtung eines neuen europäischen Gleichgewichts.[8]

In der Tat bot sich die Abrüstungsfrage als neuer Ansatzpunkt einer entschiedener und selbstbewusster als bisher auftretenden deutschen Außenpolitik aus mehreren Gründen an. Hier konnte die deutsche Seite auf die von den früheren Siegermächten noch nicht einmal im Ansatz erfüllten Abrüstungsforderungen des Versailler Vertrages und der Völkerbundsatzung pochen, denn die hier als Vorleistung für eine allgemeine Rüstungsverminderung verstandene *deutsche* Abrüstung hatte bereits stattgefunden. Doch alle bisherigen Verhandlungen über eine gemeinsame Abrüstung aller Großmächte waren mehr oder weniger erfolglos geblieben; Briten und vor allem Franzosen hatten die entsprechenden deutschen Vorstöße durch Verschleppung und allerlei Geschäftsordnungskonflikte immer wieder systematisch verzögert.[9]

Man darf in diesem Zusammenhang nicht vergessen, dass Deutschland, trotz der seit dem Young-Abkommen beseitigten alliierten Finanz- und Militärkontrollen, noch immer alles andere als gleichberechtigt war. Das Ziel, Deutschland wenigstens in absehbarer Zeit von der »diskriminierenden Rüstungsungleichheit« zu befreien, erschien deshalb als legitimes Anliegen der Regierungen der Präsidialkabinette.[10] Vor allem Staatssekretär von Bülow schärfte der deutschen Delegation, die im September 1930 zur alljährlichen Völkerbundversammlung in Genf weilte, nachdrücklich ein, dass »in der Abrüstungsfrage ... das Hauptgewicht auf Gleichberechtigung in bezug auf Sicherheit, also auf Angleichung der Sicherheitsforderungen aller Länder und damit Gleichstellung Deutschlands«[11] gelegt werden müsse.

Im Herbst 1930, kurz nach den verhängnisvollen Reichstagswahlen, kamen derartige Forderungen in Genf allerdings nicht besonders gut an; vor allem die Franzosen widersprachen unter Berufung auf die eigenen Sicherheitsinteressen entschieden. Im Rahmen eines aufsehenerregenden Rededuells zwischen Briand und Curtius musste der deutsche Außenminister seinen französischen Kollegen darauf hinweisen, dass »eine der Hauptursachen« für das Anwachsen des politischen Radikalismus in Deutschland »in der Nichteinhaltung der Verträge« durch die ehemaligen Siegermächte, vor allem in der »Nicht-Abrüstung zu suchen sei«.[12] Auch dieses – in der Sache zutreffende, freilich stark polarisierend wirkende – Argument blieb wirkungslos; die Verhandlungen traten weiterhin auf der Stelle; einem im Dezember 1930 verabschiedeten Vorentwurf für eine Abrüstungskonvention, der immer noch eine massive Benachteiligung der Weltkriegsverlierer enthielt, widersprach Deutschland entschieden.

Immerhin konnte es aus deutscher Sicht als kleiner Erfolg gelten, dass der Völkerbundrat nach jahrelangen Verhandlungen am 23. Januar 1931 endlich die Einberufung einer allgemeinen Abrüstungskonferenz beschloss – allerdings erst für den 2. Februar 1932.[13]

Zollunion mit Österreich?

Der Regierung Brüning blieben im ersten Jahr ihres Bestehens sichtbare außenpolitische Erfolge versagt. Erst im Januar 1931 konnte ein Prestigeerfolg ausgerechnet beim Völkerbund erzielt werden: Nach dem Scheitern des deutsch-polnischen Handelsabkommens hatte sich die Lage der deutschen Minderheit in Polen erneut rapide verschlechtert; Massenentlassungen, Schikanen und Übergriffe aller Art waren an der Tagesordnung. Die deutsche Regierung erhob deshalb Ende 1930 Protest beim Völkerbundrat, der Anfang 1931 tatsächlich die Angelegenheit verhandelte und schließlich am 24. Januar dem polnischen Staat eine scharfe Rüge erteilte mit der Begründung, die Bestimmungen der Genfer Konvention zum Minderheitenschutz seien durch Polen massiv verletzt worden.[14]

Vielleicht durch diesen unerwarteten Erfolg beflügelt, nahm Curtius Anfang des Jahres ein weiteres Projekt erneut auf, das er bereits seit Längerem verfolgte – eine deutsch-österreichische Zollunion.[15] Auch dieses Vorhaben gehört in den Zusammenhang der von der Wilhelmstraße ins Werk gesetzten Bestrebungen, das Thema der Gleichberechtigung des Deutschen Reiches künftig forciert auf die Tagesordnung der internationalen Politik zu setzen, denn gerade im öffentlichen Bewusstsein erschien der deutsche Anspruch auf internationale Gleichberechtigung durch die Vorenthaltung des nationalen Selbstbestimmungsrechts in der österreichisch-deutschen Frage[16] in besonders starkem Maße beeinträchtigt. Freilich wussten die deutschen Politiker seit Jahren sehr genau, dass eine Umgehung des in den Verträgen von Versailles und St. Germain ausgesprochenen Anschlussverbots wenigstens vorerst kaum möglich sein werde.[17] Deshalb barg der Versuch, es wenigstens mit einer deutsch-österreichischen Zollunion zu versuchen, ein keineswegs geringes Risiko, da jede auch nur vorsichtige Annäherung beider Staaten von den früheren Siegermächten mit Argusaugen beobachtet wurde.

Bereits Anfang 1930, noch in den letzten Wochen der Regierung Müller, hatten Curtius und der österreichische Kanzler und spätere Außenminister Johannes Schober mit den ersten, natürlich streng vertraulichen Gesprächen über eine Zollunion begonnen.[18] Am 19. März stimmten beide Regierungen dem Entwurf eines Vorvertrags zu, in dem die Einzelheiten des angestrebten Projekts genau geregelt waren.[19] Es war geplant, die Vereinbarung erst im Mai im Rahmen einer Tagung des ›Paneuropäischen Studienkomitees‹ bekannt zu geben, um sie auf diese Weise als regionalen Beitrag zu einer künftigen gesamteuropäischen Einigung darzustellen.[20] Diese recht durchsichtige Taktik, die Zollunion gewissermaßen für die anderen Mächte dadurch akzeptabel zu machen, dass man sie ›europäisch‹ zu drapieren versuchte, war der erste Fehler, der am Ende zum kläglichen Scheitern des Vorhabens beitrug. Der zweite bestand in mangelnder zeitlicher Koordination und fehlender Diskretion, denn bereits Mitte März berichtete ausgerechnet die französische Presse vorzeitig über das geplante deutsch-österreichische Projekt, und endlich begann die österreichische Regierung – das war der dritte Fehler – bald gefährlich zu wackeln; Curtius hätte hiermit wenigstens rechnen müssen, denn noch am 21. Februar hatte ein Mitarbeiter des Auswärtigen Amtes in einer Denkschrift betont, die »möglichen Widerstände« gegen das Projekt müssten »im Auge ... behalten« werden, gerade weil »ein mögliches Scheitern der Aktion nicht nur einen Prestigeverlust der deutschen Politik, sondern auch eine ernsthafte Gefährdung des Anschlußgedankens für die Zukunft bedeuten würde«.[21]

Nun blieb den beiden Regierungen nichts anderes mehr übrig, als die Flucht nach vorn anzutreten und das Vorhaben sofort international bekannt zu machen.[22] In Paris herrschte bereits »große Bestürzung und Unwillen«, wie Botschafter von Hoesch nach Berlin telegraphierte,[23] und auch in London war man über die Angelegenheit verärgert; der britische Außenminister Henderson, zu dieser Zeit auch Vorsitzender des Völkerbundrats, kündigte an, die Angelegenheit durch dieses Gremium verhandeln und entscheiden zu lassen.[24] Von da an nahmen die Dinge ihren Lauf, ohne dass sie von Berlin oder Wien aus noch in irgendeiner Weise beeinflusst werden konnten. Als der Völkerbundrat Ende Mai zu seiner Frühjahrstagung zusammentraf, stellte Henderson, wie erwartet, den Antrag, das Zollunionsprojekt vom Internationalen Gerichtshof in Den Haag im Hinblick auf seine Vereinbarkeit mit den bestehenden internationalen Verträgen prüfen zu lassen,[25] und Curtius ebenso wie Schober blieb nichts anderes übrig, als dieser Prüfung zuzustimmen. Im Sommer begannen, da das negative Ergebnis der Entscheidung abzusehen war, in Wien und Berlin bereits die um Gesichtswahrung bemühten Rückzugsgefechte. Es half nur wenig, dass Brüning in einem französischen Zeitungsinterview noch einmal ausdrücklich erklärte, »die geplante Zollunion sei eine rein wirtschaftliche Maßnahme, die natürlich nur im Rahmen der ganzen europäischen Wirtschaftsentwicklung gesehen werden könnte«.[26] Der Druck wurde bald so stark, dass die deutsche und die österreichische Regierung bereits vor der Verkündung der Entscheidung des Haager Gerichtshofs am 3. September 1931 öffentlich den Verzicht auf die Zollunion bekanntgaben. Damit war nicht nur das Projekt überaus kläglich gescheitert, beide Länder hatten dazu auch noch eine ausgesprochen blamable diplomatische Niederlage hinnehmen müssen. Nun konnte sich Curtius, der nicht umhin kam, die politische Verantwortung für das außenpolitische Desaster zu übernehmen,[27] nicht mehr im Amt halten: am 3. Oktober trat er zurück; Brüning übernahm jetzt selbst das Außenministerium.

Wirtschaftskrise und Außenpolitik

Der für das Deutsche Reich so fatal endende Streit um das Zollunionsprojekt wurde begleitet von einem geradezu atemberaubenden, in dieser Form kaum vorhersehbaren ökonomisch-sozialen Niedergang. Schon seit der zweiten Hälfte des Jahres 1930 hatte sich die allgemeine wirtschaftliche Lage in Deutschland kontinuierlich verschlechtert; die Einnahmen sanken, die Ausgaben stiegen dagegen aufgrund der rasch wachsenden

Arbeitslosigkeit kontinuierlich an. Etwa ein Jahr nach dem ›Schwarzen Freitag‹ der New Yorker Börse (24. Oktober 1929) war auch Deutschland von der Wirtschaftskrise in vollem Umfang erfasst worden; es folgten Absatzstockungen, Rückgang der Produktion, Firmeninsolvenzen und schließlich Massenarbeitslosigkeit.[28] Bald wurde klar, dass der soeben erst ausgehandelte und im Frühjahr 1930 unter Dach und Fach gebrachte Young-Plan, dessen Voraussetzungen auf der Annahme einer ungleich positiveren Wirtschaftsentwicklung beruht hatten, wohl schon recht bald einer Revision bedurfte. Erste vorsichtige Sondierungen der deutschen Regierung in dieser Hinsicht[29] ergaben, dass wenigstens die Amerikaner ein gewisses Verständnis für ein erneutes Anschneiden der Reparationsfrage aufbrachten.[30]

Im Frühjahr 1931 verschärfte sich die Krise noch weiter; die Kurse der deutschen Aktien sanken ins Bodenlose, außerdem drohten Bankenzusammenbrüche, und nicht zuletzt nahm die politische Radikalisierung zu. Am 5. Juni 1931 erließ Reichspräsident von Hindenburg eine Notverordnung, in der einerseits Steuererhöhungen, andererseits weitere Gehalts- und Leistungskürzungen verfügt wurden, um auf diese Weise die letzten Reserven zur Aufrechterhaltung der Zahlungsfähigkeit des Reiches zu mobilisieren.[31] Schon seit Ende 1930 war die Berliner Regierung entschlossen, baldmöglichst neue Schritte in der Reparationsfrage zu unternehmen,[32] vornehmlich bei den beiden angelsächsischen Mächten, bei denen Brüning und Curtius noch am ehesten Verständnis für das deutsche Anliegen zu finden hofften. Während bereits diskrete Sondierungen in den USA stattfanden, boten deutsch-britische Regierungsgespräche, die zwischen dem 5. und dem 9. Juni 1931 auf dem Landsitz des Premierministers in Chequers stattfanden, eine weitere Gelegenheit.[33]

Zur Überraschung der deutschen Regierung gestalteten sich die Sondierungen in den USA am Ende sogar noch erfolgreicher: Dem US-Botschafter in Berlin war es gelungen, den amerikanischen Präsidenten Hoover und seinen Außenminister Stimson von der Notwendigkeit eines aktiven Eingreifens in die europäische Politik zu überzeugen.[34] Allerdings erbat die amerikanische Seite zuvor noch eine amtliche Kundgebung der, wie es hieß, »höchsten deutschen Stelle«.[35]

Bereits am 19. Juni erreichte den US-Präsidenten ein Schreiben Hindenburgs, in dem der deutsche Reichspräsident mit dramatischen Formulierungen um Vermittlung bat: Da die »Not des deutschen Volkes ... auf das höchste gestiegen« sei und sich das Reich am Rande der ökonomischen Katastrophe befinde, bedürfe Deutschland »zur Aufrechterhaltung seines Lebensmutes und des Zutrauens der Welt in seine Leistungsfähigkeit dringend einer Entlastung«. Hoover möge daher diejenigen »Schritte ... tun, durch die eine sofortige Änderung der gefahrdrohenden Lage herbeigeführt werden kann«.[36] Die Antwort folgte prompt: Schon am 20. Juni trat der amerikanische Präsident mit einer Erklärung an die Öffentlichkeit, in der er einen einjährigen Aufschub aller Zahlungen auf Schulden der Regierungen und auf Reparationszahlungen vorschlug.[37]

Aus deutscher Perspektive handelte es sich hierbei nicht nur um die dringend benötigte Atempause, ohne die das Reich politisch und wirtschaftlich am Ende gewesen wäre, sondern das Moratorium zeigte ebenfalls die Entschlossenheit der Amerikaner, erneut in die europäischen Angelegenheiten aktiv einzugreifen. Und weiterhin erschien es bereits jetzt, im Sommer 1931, mehr als zweifelhaft, ob nach dem Ablauf der von Hoover verkündeten Jahresfrist weitere Zahlungen überhaupt wieder aufgenommen werden konnten.[38] In Paris freilich schlugen die Wogen der Empörung hoch; man empfand dort, nach einem Bericht des deutschen Botschafters, »das Vorgehen Amerikas als eine unerhörte Anmaßung und als beispiellosen Eingriff in französische Rechte«, deren offenkundige Missachtung als »brutale Rücksichtslosigkeit« gegenüber Frankreich aufgefasst wurde. Weite Kreise vermuteten, dass hier »letzten Endes ein deutsch-angelsächsisches Komplott vorliege«.[39]

Doch es half nichts: Nachdem Deutschland und auch Großbritannien dem Moratorium sofort zugestimmt hatten, blieb auch Frankreich nichts anderes übrig, als sich wenigstens in den Hauptpunkten auf Hoovers Vorschlag einzulassen; nach zähen Verhandlungen erreichte Paris immerhin, dass Deutschland einen Teil seiner Schuld kreditfinanziert weiterzahlen musste. Die positiven Wirkungen des Moratoriums verpufften jedoch rascher als erwartet; die Krise spitzte sich schon Mitte Juli 1931 erneut zu, als eines der größten deutschen Geldinstitute, die ›Darmstädter und Nationalbank‹ (Danatbank) zusammenbrach. Die Berliner Regierung musste, um weitere Insolvenzen zu vermeiden, die Einlagen der Danatbank garantieren und zugleich die Devisenbewirtschaftung einführen. Das waren Alarmzeichen, die vom Ausland nicht mehr ignoriert werden konnten. Wiederum auf Vorschlag Hoovers fand schon Ende Juli eine Krisenkonferenz in London statt, als deren Resultat einige Erleichterungen für Deutschland (darunter ein dreimonatiges finanzielles Stillhalteabkommen und eine Kreditverlängerung) erreicht wurden.[40]

Die Londoner Konferenz hatte zudem empfohlen, die ›Bank für Internationalen Zahlungsausgleich‹ (BIZ) in Basel aufzufordern, den deutschen Kreditbedarf noch einmal genau zu prüfen und gegebenenfalls neue Vorschlage für kreditverlängernde Maßnahmen zugunsten des Reiches zu machen.[41] Am 19. August wurde schließlich das sogenannte Basler Stillhalteabkommen geschlossen, das Deutschland einen halbjährigen Zahlungsaufschub gewährte sowie neue Kredite vermittelte. Die deutsche Finanzwirtschaft wurde hiermit vorerst bis März 1932 abgesichert; ein finanzieller Zusammenbruch war aufs Erste noch einmal vermieden worden.[42]

Tatsächlich setzte auf der außenpolitischen Ebene nach diesem begrenzten Erfolg des internationalen finanziellen Krisenmanagements für einige Monate eine leichte Entspannung ein.[43] Dennoch verschärfte sich die politische Radikalisierung innerhalb Deutschlands, und in der erregten Stimmung des Sommers und Herbstes 1931 nahmen die inneren Unruhen und gewaltsamen Übergriffe zu; am Horizont begann sich bereits die

Gefahr eines Bürgerkriegs abzuzeichnen.[44] Mit Hilfe zweier neuer Notverordnungen des Reichspräsidenten zur Eindämmung staats- und verfassungsgefährdender Umtriebe (vom 17. Juli und 6. Oktober 1931) vermochte die Staatsgewalt nur mühsam gegenzusteuern. Während nach den Worten von Curtius im Herbst 1931 »Deutschlands außenpolitisches Barometer eine aufwärtssteigende Tendenz zeigte«,[45] sah es im Reich selbst zunehmend düster aus.

Ende der Reparationen – Ende der Republik

Es gehört zu den besonders tragischen Paradoxien der neuesten deutschen Geschichte, dass die Weimarer Republik genau in dem Moment scheiterte, als sich im Bereich der Außenpolitik die ersten beiden großen Erfolge einstellten, um die jahrelang gerungen worden war. Worum Stresemann und die Kanzler Marx, Luther, Müller und andere vergeblich gekämpft hatten, das Ende der Reparationen und die politisch-militärische Gleichberechtigung mit den anderen Mächten – damit faktisch die Außerkraftsetzung der für Deutschland widrigsten Bestimmungen des Versailler Vertrags –, das fiel den beiden letzten Kanzlern der Republik, Franz von Papen und Kurt von Schleicher, unverdientermaßen in den Schoß. Und Adolf Hitler schließlich, der die erste deutsche Republik am Ende liquidierte, kam genau in dem Moment an die Macht, »als nach dem tiefen Absturz der wirtschaftliche Aufschwung, wenn auch zögerlich, ... schon wieder in Gang gekommen war«.[46] Ausgerechnet er fuhr damit die Ernte einer Politik ein, die er in den Jahren zuvor rigoros bekämpft hatte.

Heinrich Brüning konnte sein Ziel nicht mehr erreichen; er – dessen Maxime stets darauf gerichtet gewesen war, die volle »außenpolitische Handlungsfähigkeit des Reiches« wiederzugewinnen[47] – hatte seine Strategie allerdings sehr genau vorbereitet. Seine revisionistische Politik, die »von der Beseitigung der Reparationen zur rüstungspolitischen Gleichberechtigung und dann erst zu territorialen Forderungen führen« sollte, wurde am Ende allerdings, wie treffend gesagt worden ist, torpediert durch eine radikale »Revisionspropaganda, die alle Ziele zur gleichen Zeit proklamierte«.[48] Aus deutscher Sicht war um die Jahreswende 1931/32 klar, dass auch nach Ablauf des im Herbst 1931 geschlossenen Basler Stillhalteabkommens mit einer Wiederaufnahme der deutschen Reparationszahlungen nicht zu rechnen sein würde. Dies hatte Brüning den Briten bereits zu Jahresanfang 1932 klar zu machen versucht,[49] als die nächste Reparationskonferenz in Lausanne unmittelbar bevorzustehen schien. Bei den Briten traf er dabei auf Verständnis, doch die zu erwartende negative Reaktion der Franzosen warf große Probleme auf. Als kurz darauf Brünings Stellungnahme durch Indiskretion öffentlich bekannt wurde, hagelte es Proteste aus Paris. Doch Brüning hatte damit mehr oder weniger erreicht, was er wollte: Die deutsche Forderung lag auf dem Tisch, und die französischen Proteste führten neben anderem dazu, dass die Verhandlungen erst einmal verschoben wurden.[50]

Das war Brüning aus doppeltem Grund recht: Denn zum einen wollte er vorher unbedingt die Wiederwahl des Reichspräsidenten hinter sich bringen – tatsächlich wurde Hindenburg am 10. April im zweiten Wahlgang gegen seinen schärfsten Konkurrenten Hitler wiedergewählt[51] –, und zum anderen schien eine weitere innen- und wirtschaftspolitische Zuspitzung der Lage in Deutschland die Verhandlungsposition des Reichs auf der nächsten Reparationskonferenz nur noch zu stärken. Doch der sich weiter verschärfenden Krise in Deutschland fiel der nervenstarke Taktiker Brüning am Ende selbst zum Opfer – wie er sagen sollte, buchstäblich während der letzten einhundert Meter vor dem Ziel.[52] Reichspräsident von Hindenburg, der bestimmte Maßnahmen von Brünings Innenpolitik nicht mehr mittragen wollte, entließ den verdienten Kanzler am 30. Mai; zum Nachfolger wurde der dem äußersten rechten Flügel des Zentrums entstammende Franz von Papen ernannt; das Außenministerium übernahm jetzt der Berufsdiplomat Konstantin von Neurath.[53]

Etwas länger als drei Wochen tagte zwischen dem 16. Juni und dem 9. Juli 1932 die seit Längerem vorbereitete letzte Reparationskonferenz in Lausanne; neben Deutschland, Großbritannien und Frankreich waren Italien, Belgien und Japan beteiligt.[54] Als prominenteste Teilnehmer waren neben Papen und Neurath der britische Premierminister MacDonald, Schatzkanzler Neville Chamberlain sowie der französische Ministerpräsident und Außenminister Edouard Herriot in die Schweiz gereist. Noch einmal wurde um eine abschließende Regelung der Reparationsfrage hart gerungen. Den hartnäckigsten Widerstand leistete, wie zu erwarten, Frankreich, und der neue deutsche Kanzler von Papen unternahm sogar einen höchst abenteuerlichen Vorstoß, um die Franzosen umzustimmen: Er bot Frankreich eine Generalbereinigung des beiderseitigen Verhältnisses an; Kernstück sollte eine feste deutsch-französische Allianz auf politischem und militärischem Gebiet mit antisowjetischer Stoßrichtung sein.[55] Herriot möge, so Papen, »einen historischen Augenblick und die sich bietende Gelegenheit zu einer deutsch-französischen Einigung«[56] nicht verpassen.

War dieses Angebot wirklich so abwegig, wie man später (natürlich stets in Kenntnis der weiteren unrühmlichen Rolle Papens) oft geurteilt hat? Wenn das Ende der Reparationen und, wie sich bald zeigen sollte, auch die Wiederherstellung der militärpolitischen Gleichberechtigung Deutschlands ohnehin nicht aufzuhalten war, warum ergriff man dann nicht die Gelegenheit zu einem fundamentalen, beide Seiten begünstigenden und entlastenden Ausgleich? Papen war ausdrücklich bereit, den Franzosen gerade auf militärischem Gebiet besonders weit entgegenzukommen, um den Pariser Sicherheitsbedürfnissen zu genügen,[57] während andererseits in Kooperation mit Frankreich eine ganz neue, den friedlichen Revisionsinteressen des Reiches entgegenkommende Ostpolitik eventuell möglich gewesen wäre.

Doch dem neuen Kanzler von Papen waren hierbei zwei kapitale Fehler unterlaufen: Zum einen hatte er das tiefe und nach den vorherigen Ereignissen auch nicht unberechtigte Misstrauen der Franzosen unterschätzt, denn Herriot sah in diesem überraschenden Angebot nur den plumpen Versuch, Frankreichs Zustimmung zu einer deutschen militärischen Gleichberechtigung zu erlangen.[58] Und zum anderen hatte es Papen versäumt, in seine Initiative die Briten mit einzubeziehen, um naheliegende Irritationen in London von Anfang an auszuschließen. Natürlich ergriff Herriot, der das Angebot sogleich abgelehnt hatte, die günstige Gelegenheit, von sich aus umgehend die Briten und sogar die (hierüber ebenfalls nicht sonderlich erfreuten) Russen von Papens Initiative zu unterrichten – »mit dunklen Andeutungen über die finsteren Absichten, die ihm der Reichskanzler vertraulich kundgetan habe«.[59]

Immerhin konnten die Verhandlungen nach weiterem Ringen schließlich abgeschlossen werden: Am 8. Juli 1932 einigten sich die Delegationen auf die vollständige Streichung aller von Deutschland zu zahlenden Reparationen – bis auf eine vom Reich noch zu entrichtende Restzahlung von drei Milliarden Reichsmark. Das umfangreiche und detaillierte Abkommen von Lausanne wurde am 9. Juli unterzeichnet.[60] Diese Vereinbarung wurde anschließend jedoch von keiner der beteiligten Regierungen ihrem jeweiligen Parlament vorgelegt; sie blieb damit unratifiziert und trat deshalb, streng juristisch betrachtet, niemals wirklich in Kraft. Immerhin wurden ihre Bestimmungen von allen Beteiligten weiterhin akzeptiert und respektiert, und das bedeutete zuerst: Deutschland zahlte fortan keine Reparationen mehr!

Das war der erste große Erfolg der deutschen Außenpolitik des Jahres 1932; der zweite wurde noch kurz vor Jahresende erreicht. Doch währenddessen näherten sich die inneren Zustände im Reich dem politischen Chaos;[61] die Gewalttaten, Zusammenstöße und bürgerkriegsähnlichen Zustände nahmen von Tag zu Tag fast allerorten zu. Kurz vor den Reichstagswahlen am 31. Juli 1932 wurde zudem die geschäftsführende preußische Regierung vom Reichskanzler abgesetzt, über Berlin und Brandenburg wurde der Ausnahmezustand verhängt. Im Ergebnis der Juliwahlen deutete sich bereits das Ende der Demokratie an, denn die radikalen Parteien NSDAP und KPD erhielten zusammen rund 52 Prozent der Stimmen; das Parlament war damit vollends handlungsunfähig. Der soeben erst gewählte Reichstag wurde am 12. September erneut aufgelöst, und die Neuwahlen am 6. November änderten an der Gesamtlage – trotz leichter Verluste der NSDAP (bei gleichzeitig geringem Zugewinn der KPD) – überhaupt nichts. Knapp zwei Wochen später war auch die Regierung Papen am Ende; der Reichswehrgeneral Kurt von Schleicher bildete am 3. Dezember das letzte der Präsidialkabinette der Weimarer Republik; Konstantin von Neurath blieb als Außenminister im Amt.

Unter diesen chaotischen innenpolitischen Rahmenbedingungen konnten in Genf tatsächlich die Abrüstungsverhandlungen mit einem großen Erfolg für Deutschland wenigstens zu einem vorläufigen Abschluss gebracht werden. Die seit mehreren Jahren vorbereitete große internationale Abrüstungskonferenz der Völkerbundmächte war am 2. Februar 1932 endlich eröffnet worden.[62] Ungeachtet aller komplizierten Detailverhandlungen ging es hier im Kern um die Frage, ob es Deutschland gelingen werde, die im Versailler Vertrag festgelegte Regelung einer einseitigen deutschen Abrüstungspflicht zu Fall zu bringen und an deren Stelle die Maxime vom »Recht der Völker auf die gleiche Sicherheit Aller und der daraus folgenden Pflicht zur allseitigen gleichmäßigen Abrüstung« zu setzen, – oder aber, ob Frankreich weiterhin sein bisheriges Festhalten an der Auffassung eines »Vorrangs der Sicherheit der Sieger des Weltkriegs vor der Rechtsgleichheit«[63] werde behaupten können.

Die Standpunkte prallten wochenlang ergebnislos aufeinander, und die Franzosen gaben auch dann noch keinen Zentimeter nach, als sich der italienische und der sowjetische Außenminister ostentativ der deutschen Auffassung, Abrüstung müsse auf Gleichberechtigung beruhen, anschlossen. Die Konferenz endete letztlich ohne konkretes Ergebnis; in diversen Ausschüssen der Sachverständigen wurde weiterverhandelt.[64] Erst im Juli, als bereits Papen regierte, gab es neuen Auftrieb in Genf; vielleicht vom gleichzeitigen Erfolg in Lausanne beflügelt, erhob die deutsche Seite erneut entschieden die Forderung nach Gleichberechtigung. Als Frankreich jedoch in der entscheidenden Frage nicht nachgab, verließ die deutsche Delegation im September die Abrüstungskonferenz, die damit faktisch blockiert war und auf der Stelle trat.[65] Erst im November begannen die Franzosen einzulenken, und als Anfang Dezember – Schleicher war soeben Reichskanzler geworden – in Genf eine neue, lediglich auf die Hauptmächte beschränkte Abrüstungskonferenz zusammentrat, wurde in der Tat nur noch über die Modalitäten einer deutschen Gleichberechtigung in Militär- und Abrüstungsfragen verhandelt; ein »langes Verwirrspiel«[66] war zu Ende gegangen. Am 11. Dezember 1932 unterzeichneten die Vertreter der fünf beteiligten Mächte (USA, Großbritannien, Frankreich, Italien und Deutschland) eine Vereinbarung, in der erklärt wurde, »daß einer der Grundsätze, die die Konferenz leiten sollen, darin bestehen muß, Deutschland und den anderen durch Vertrag abgerüsteten Staaten die Gleichberechtigung zu gewähren in einem System, das allen Nationen Sicherheit bietet«;[67] dieser Grundsatz sollte für alle künftigen Abrüstungsverhandlungen gelten. Außenminister von Neurath erklärte einige Tage später, dass damit die Deutschland einseitig belastenden Abrüstungsbestimmungen des Versailler Vertrages hinfällig seien.[68]

Hierbei handelte es sich in der Tat um einen überaus bedeutenden außenpolitischen Erfolg für Deutschland, auch wenn diese Regelungen nur vorbereitenden, d.h. lediglich auf künftige Abrüstungsmaßnahmen bezogenen Charakter besaßen. Wenigstens folgte aus den Bestimmungen dieses Abkommens eine entschiedene Stärkung der deutschen Position für die im nächsten Jahr anstehenden Genfer Abrüstungsverhandlungen. Auch dieser Erfolg war letzten Endes vor allem den ebenso geduldigen wie beharrlichen Vorbereitungen und vertrauensbildenden Maßnahmen Brünings zu verdanken, der sich zu dieser Zeit freilich schon im politischen Abseits befand. Sein zweiter

Nachfolger Kurt von Schleicher konnte am 15. Dezember in einer Rundfunkrede, in der er sein Regierungsprogramm vorstellte, mit Blick auf das Genfer Abkommen bemerken, das deutsche Volk werde künftig »als freie, gleichberechtigte und geachtete Nation im Kreise der Völker den Platz einnehmen, auf den es nach seiner Größe, seiner Vergangenheit und seiner Leistungsfähigkeit Anspruch hat«.[69] Aber es war bereits zu spät. Der so lange angestrebte und endlich erreichte Erfolg der deutschen Außenpolitik im Dezember 1932 wurde im Reich selbst kaum noch wahrgenommen. Die Deutschen, die in ihrer Mehrheit inzwischen im Strudel der katastrophalen Wirtschaftslage, der innenpolitischen Zerrissenheit und der – mit der Jahreswende 1932/33 sich bedrohlich zuspitzenden – Verfassungskrise um ihr soziales Überleben kämpfen mussten, hatten andere Sorgen.

Hätte die Weimarer Republik – aus der Perspektive der Außenpolitik, der internationalen Beziehungen gesehen – überleben können? Die Frage nach den tieferen Ursachen des Scheiterns der 1919 begründeten ersten deutschen Demokratie wird wohl niemals ausreichend beantwortet werden können. Eines kann jedoch gesagt werden: Neben einer außergewöhnlichen Ballung von ungünstigen Umständen und Fehlentwicklungen war es auch die Ungeduld der Deutschen, die den langen Atem für eine umfassende Revision des in der Tat ungerechten und verfehlten Friedensvertrages von 1919 nicht aufbrachten. Hätte sich Deutschland langfristig aktiv an der Etablierung eines neuen europäischen Sicherheitssystems beteiligt und damit als verlässlicher Partner der anderen europäischen Mächte erwiesen, wäre eine Revision des Versailler Vertrags inklusive bestimmter Grenzkorrekturen im Osten – etwa einer friedlichen Wiederangliederung überwiegend deutsch besiedelter Gebiete an das Reich – eventuell möglich gewesen; eben dieses Fernziel hatte Gustav Stresemann angestrebt. Andere, darunter der ehemalige türkische Verbündete Deutschlands im Ersten Weltkrieg, hatten hierbei mehr Glück: Nach hartnäckigen Verhandlungen gelang es den Nachfolgern Atatürks im Jahr 1939, wichtige Teile der rein türkisch besiedelten Gebiete am östlichen Mittelmeer auf friedlichem Weg für die Türkei zurückzugewinnen.

Aber eine neue Friedensordnung für Europa wäre auch ohne wirkliche Zugeständnisse der Sieger an den Verlierer des Weltkriegs nicht möglich gewesen. Die Verweigerung von Friedensverhandlungen, die Diskriminierung Deutschlands durch den Kriegsschuldartikel des Versailler Vertrages, die brutale Besatzungspolitik an Rhein und Ruhr, die verspätete Aufnahme des Reichs in den Völkerbund (erst acht Jahre nach Kriegsende) – dies alles trug dazu bei, das politische Klima in Deutschland weiter zu vergiften, und es machte zudem das Handeln derjenigen unter den deutschen Außenpolitikern, die – gerade auch im wohlverstandenen deutschen Interesse – eine Politik des vernünftigen Ausgleichs, der Verständigungsbereitschaft und des Aufbaus einer neuen dauerhaften Friedensordnung in Europa erstrebten, unendlich schwierig. Stresemanns viel zu früher Tod gehört zu den großen Tragödien der Epoche.

Kurz vor Kriegsende 1918 hatte der bedeutende Staatsrechtler Hugo Preuß, bald darauf Schöpfer der Weimarer Reichsverfassung, einmal bemerkt, eine künftige friedliche Ordnung im Rahmen einer »internationalen Gemeinschaft« könne nur »auf der Grundlage der völligen Freiheit und Gleichberechtigung aller ihrer nationalen Glieder errichtet sein«. Jeder Verstoß gegen diesen Grundsatz müsse zwangsläufig »die feindliche Leidenschaft nationaler Gegensätze« erneut anfachen, weil »mit seiner Nation ... auch der einzelne unfrei und entrechtet«[70] werde. Das war eine Einsicht, die sich eigentlich von selbst verstand, deren grobe Missachtung durch die Schöpfer des Friedensvertrags von Versailles jedoch unabsehbare Folgen haben sollte. Manchmal nimmt die Geschichte, wenn eine verfehlte Entwicklung begonnen oder ein abschüssiger Weg beschritten wird, an einem bestimmten Punkt die schlimmstmögliche Wendung. Dies war am 30. Januar 1933 in Deutschland der Fall.

10 Anhang

Anmerkungen

Einleitung (S. 7–14)

1 Siehe den vorzüglichen Forschungsbericht von Wolfgang Elz, Die Weimarer Republik und ihre Außenpolitik, in: Historisches Jahrbuch 119 (1999), S. 307–375.

2 Anthony McElligott, Introduction, in: Ders. (Hrsg.), Weimar Germany, Oxford 2010, S. 5.

3 Edward Hallett Carr hat die Zeit zwischen den Kriegen schon 1939 als »zwanzigjährige Krise« bezeichnet: Edward Hallett Carr, The Twenty Years' Crisis 1919–1939, New York 1964 [zuerst 1939].

4 Jürgen Osterhammel, Die Verwandlung der Welt. Eine Geschichte des 19. Jahrhunderts, München 2009, S. 1300.

5 Die Zitate: Peter Krüger, Die Außenpolitik der Republik von Weimar, Darmstadt [2]1993, S. 5f.

6 Klaus Hildebrand, Das vergangene Reich. Deutsche Außenpolitik von Bismarck bis Hitler, Stuttgart 1995, S. 389.

7 Aufschlussreiche Informationen hierzu liefern die Beiträge des Bandes: Jost Dülffer / Gerd Krumeich (Hrsg.), Der verlorene Frieden. Politik und Kriegskultur nach 1918, Essen 2002.

8 Andreas Hillgruber, »Revisionismus« – Kontinuität und Wandel in der Außenpolitik der Weimarer Republik, in: Ders., Die Last der Nation. Fünf Beiträge über Deutschland und die Deutschen, Düsseldorf 1984, S. 59–85, hier S. 61.

9 Krüger, Die Außenpolitik der Republik von Weimar (wie Anm. 5), S. 77.

10 Aufschlussreich zu den »verletzten und geschundenen Gesellschaften« beiderseits des Rheins nach 1918 auch die Bemerkungen bei Nicolas Beaupré, Das Trauma des großen Krieges 1918–1932/33 (Deutsch-Französische Geschichte, 8), Darmstadt 2009, S. 109–124.

11 Gerd Krumeich, Nach dem Waffenstillstand der Krieg, in: Frankfurter Allgemeine Zeitung, Nr. 265, 14.11.1998, Wochenendbeilage, S. IV.

12 Friedrich Meinecke, Nationalsozialismus und Bürgertum (1930), in: Ders., Werke, Bd. II: Politische Schriften und Reden, hrsg. v. Georg Kotowski, Darmstadt 1958, S. 441.

13 Darauf hat zu Recht hingewiesen Hillgruber, »Revisionismus« (wie Anm. 8), S. 84.

14 Nach dem Abdruck der Rede Hitlers vom 30.1.1941 in: Archiv der Gegenwart 11 (1941), S. 4871–4875, hier S. 4873.

15 Interview mit Henry Kissinger, in: Der Spiegel, Nr. 28, 6.7.2009, S. 54.

Misslungener Frieden (S. 15–33)

1 Vgl. hierzu grundlegend: Winfried Baumgart, Deutsche Ostpolitik 1918 – Von Brest-Litowsk bis zum Ende des Ersten Weltkrieges, München 1966, sowie Gerhard Ritter, Staatskunst und Kriegshandwerk, Bd. IV: Die Herrschaft des deutschen Militarismus und die Katastrophe von 1918, München 1968, S. 90 ff., 215 ff. u. passim. Text des Vertrags von Brest-Litowsk in UF II, S. 178–180 (Nr. 293).

2 Vgl. hierzu Gunther Mai, Das Ende des Kaiserreichs. Politik und Kriegführung im Ersten Weltkrieg, München 1987, S. 140 ff.

3 Vgl. Erich Ludendorff, Meine Kriegserinnerungen 1914–1918, Berlin 1919, S. 582 f.

4 Vgl. hierzu und zum Folgenden die ausführlichen Darstellungen bei Ritter, Staatskunst und Kriegshandwerk, Bd. IV, S. 388–470; Ernst Rudolf Huber, Deutsche Verfassungsgeschichte seit 1789, Bd. V, Stuttgart u.a. 1978, S. 529–584.

5 UF II, S. 378 f. (Nr. 400; Note an Präsident Wilson, 3.10.1918).

6 Abdruck u.a. in: UF II, S. 374–376 (Nr. 399), und in Schwabe, Quellen, S. 47–49 (Nr. 3).

7 Vgl. dazu u.a. Mai, Das Ende des Kaiserreichs (wie Anm. 2), S. 151 ff.; Peter Krüger, Die Außenpolitik der Republik von Weimar, Darmstadt [2]1993, S. 33 f.; Horst Möller, Die Weimarer Republik. Eine unvollendete Demokratie, München [7]2004, S. 69 ff.; ausführlich auch Boris Barth, Dolchstoßlegenden und politische Desintegration. Das Trauma der deutschen Niederlage im Ersten Weltkrieg 1914–1933, Düsseldorf 2003.

8 Paul von Hindenburg, Aus meinem Leben [1919], Leipzig 1929, S. 403.

9 Dazu sehr detailliert Huber, Deutsche Verfassungsgeschichte (wie Anm. 4), Bd. V, S. 535 ff.

10 Vgl. Ernst Rudolf Huber (Hrsg.), Dokumente zur deutschen Verfassungsgeschichte, Bd. II, Stuttgart u.a. [3]1986, S. 389, Anm. 10 (Nr. 261).

11 Krüger, Die Außenpolitik (wie Anm. 7), S. 34.

12 Die Dokumente in: UF II, S. 378 ff. und (in Auswahl) auch in: Schwabe, Quellen, S. 54 ff.

13 Abdruck in: UF II, S. 467 f. (Nr. 446), und Schwabe, Quellen, S. 67 f. (Nr. 17).

14 Text in: UF II, S. 482–487 (Nr. 457); siehe zur politischen und staatsrechtlichen Bedeutung auch Huber, Deutsche Verfassungsgeschichte (wie Anm. 4), Bd. V, S. 760 ff.

15 Max von Baden, Erinnerungen und Dokumente, Berlin-Leipzig 1927, S. 631.

16 Text in: UF II, S. 570 (Nr. 512; Erklärung Prinz Max von Badens, 9.11.1918).

17 Philipp Scheidemann, Memoiren eines Sozialdemokraten, Bd. II, Dresden 1928, S. 312.

18 Vgl. Klaus Epstein, Matthias Erzberger und das Dilemma der deutschen Demokratie, München 1976, S. 307–321.

19 Werner Conze, Deutschlands weltpolitische Sonderstellung in den zwanziger Jahren, in: Vierteljahrshefte für Zeitgeschichte 9 (1961), S. 166–177, hier S. 172.

20 Vgl. hierzu und zu den Folgen Ernst Nolte, Der europäische Bürgerkrieg 1917–1945. Nationalsozialismus und Bolschewismus, Frankfurt a.M.–Berlin 1987, S. 84 ff., 106 ff.

21 Conze, Deutschlands weltpolitische Sonderstellung (wie Anm. 19), S. 172.

22 Vgl. zum Auswärtigen Amt in dieser Phase auch: Peter Grupp, Deutsche Außenpolitik im Schatten von Versailles 1918–1920. Zur Politik des Auswärtigen Amts vom Ende des Ersten Weltkriegs und der Novemberrevolution bis zum Inkrafttreten des Versailler Vertrags, Paderborn 1988, sowie Udo Wengst, Graf Brockdorff-Rantzau und die außenpolitischen Anfänge der Weimarer Republik, Bern–Frankfurt a.M. 1973, S. 9–31; Christiane Scheidemann, Ulrich Graf Brockdorff-Rantzau (1869–1928). Eine politische Biographie, Frankfurt a.M. 1998, S. 360–387.

23 Siehe dazu die Dokumente in: UF III, S. 304–326 (Nrn. 689–703), sowie Gotthold Rhode, Kleine Geschichte Polens, Darmstadt 1965, S. 456 ff.

24 UF III, S. 318 (Nr. 696; Aufruf der Reichsregierung, 7.1.1919).

25 Vgl. Krüger, Die Außenpolitik (wie Anm. 7), S. 61.

26 Vgl. dazu die Dokumente in: UF III, S. 148–151 (Nr. 631–634).

27 Einen vorzüglichen, prägnant zusammenfassenden Abriss des Verlaufs dieser ausgesprochen problematischen Konferenz und ihrer Ergebnisse liefert Klaus Schwabe in der Einleitung seiner wichtigen Quellenauswahl: Schwabe, Quellen, S. 1–38. Vgl. ebenfalls Peter Krüger, Versailles. Deutsche Außenpolitik zwischen Revisionismus und Friedenssicherung, München 1986, S. 9–44, Theodor Schieder, Europa im Zeitalter der Weltmächte, in: Ders. (Hrsg.), Handbuch der europäischen Geschichte, Bd. 7, Stuttgart 1979, S. 1–351, hier S. 113–138. – Partiell anregend, allerdings stark einseitig aus angelsächsischer Perspektive:

Margaret MacMillan, Paris 1919 – Six Months That Changed the World, New York 2003; vorzüglich und perspektivenreich dagegen: Patrick O. Cohrs, The Unfinished Peace after World War I – America, Britain and the Stabilisation of Europe, 1919–1932, Cambridge 2006; knapp und prägnant: Zara Steiner, The Lights That Failed. European International History 1919–1933, Oxford 2005, S. 15–79.

28 Vgl. hierzu grundlegend: Heinz Duchhardt, Gleichgewicht der Kräfte, Convenance, Europäisches Konzert. Friedenskongresse und Friedensschlüsse vom Zeitalter Ludwigs XIV. bis zum Wiener Kongress, Darmstadt 1976; Winfried Baumgart, Vom europäischen Konzert zum Völkerbund. Friedensschlüsse und Friedenssicherung von Wien bis Versailles, Darmstadt 1974. – Klassisch zur Tradition des alten europäischen Völkerrechts: Carl Schmitt, Der Nomos der Erde im Völkerrecht des Jus Publicum Europaeum, Berlin ^{3}1988.

29 Krüger, Die Außenpolitik (wie Anm. 7), S. 2.

30 Vgl. Raymond Poidevin/Jacques Bariéty, Frankreich und Deutschland. Die Geschichte ihrer Beziehungen 1815–1975, München 1982, S. 314ff.

31 Vgl. etwa Schwabe, Quellen, S. 191–193 (Nr. 67, Walter Loeb an Arthur Conger, 31.3.1919), ebenfalls in: UF III, S. 344–346 (Nr. 713).

32 Vgl. dazu den Ausschnitt aus dem Protokoll der vertraulichen Besprechung der deutschen Delegation am 8.5.1919, in: Schwabe, Quellen, S. 246–248 (Nr. 94); der sozialdemokratische Justizminister Otto Landsberg bemerkte u.a.: »Dieser Friede ist ein langsamer Mord des deutschen Volkes, die Nichtunterzeichnung ist der Selbstmord« (ebd., S. 248).

33 Beide Texte in: UF III, S. 346–350 (Nr. 714–715), die Zitate auf S. 346, 350; vgl. auch Wengst, Graf Brockdorff-Rantzau (wie Anm. 22), S. 47–52; Scheidemann, Ulrich Graf Brockdorff-Rantzau (wie Anm. 22), S. 461–465.

34 Abdruck der Gegenvorschläge in: [Ulrich] Graf Brockdorff-Rantzau, Dokumente und Gedanken um Versailles, Berlin ^{3}1925, S. 82–117; Auszüge auch in Schwabe, Quellen, S. 278–291 (Nr. 110–111).

35 Vgl. Karl Dietrich Erdmann, Die Weimarer Republik (Gebhardt Handbuch der deutschen Geschichte, 19), München ^{4}1983, S. 116.

36 ADAP, A 1, S. 205 (Nr. 116, Aufzeichnung Brockdorff-Rantzaus, 21.1.1919).

37 Dazu, in der Argumentation etwas überspitzt, aber aufschlussreich: Arno J. Mayer, Politics and Diplomacy of Peacemaking. Containment and Counterrevolution at Versailles, 1918–1919, London 1968.

38 Scheidemann, Memoiren (wie Anm. 17), Bd. II, S. 367, die Rede im Auszug auch in: UF III, S. 350–353 (Nr. 715); vgl. Ekkehard Felder, Handlungsleitende Konzepte in der Nationalversammlungsdebatte über die Unterzeichnung des Versailler Vertrages im Jahre 1919, in: Armin Burkhardt/Kornelia Pape (Hrsg.), Sprachen des deutschen Parlamentarismus, Wiesbaden 2000, S. 111–131.

39 Abdruck u.a. in: Schwabe, Quellen, S. 357–369 (Nr. 130).

40 Ebd., S. 369.

41 Vgl. dazu die aufschlussreichen Aufzeichnungen Brockdorff-Rantzaus, in: AdR, Kabinett Scheidemann, S. 500–507 (Nr. 118).

42 Vgl. ausführlich Huber, Deutsche Verfassungsgeschichte (wie Anm. 4), Bd. V, S. 1159 ff.

43 Vgl. die »Ultimative Note« Clemenceaus vom 22.6.1919, in: UF III, S. 385 f. (Nr. 727).

44 Vgl. Schwabe, Quellen, S. 384–389 (Nr. 135, Dolmetscherprotokoll, Rat der Vier, 20. 6. 1919).

45 Die Rede Bauers auszugsweise in: UF III, S. 386 f. (Nr. 730), und in Schwabe, Quellen, S. 390 ff. (Nr. 137).

46 Neuere Gesamtedition des Vertragstextes in: Der Vertrag von Versailles. Mit Beiträgen von Sebastian Haffner, Gregory Bateson u.a., Frankfurt a.M. u.a. 1988, hier S. 117–375; ein Auszug mit den wichtigsten Bestimmungen in: UF III, S. 388–415 (Nr. 733).

47 Zur Analyse und zum Verständnis des Friedensvertrags siehe pars pro toto – mit durchaus verschiedenen Bewertungen und Akzentsetzungen: Krüger, Die Außenpolitik (wie Anm. 7), S. 72 ff., 84 ff., 95 ff.; Hagen Schulze, Weimar – Deutschland 1917–1933, Berlin 1982, S. 192 ff.; Huber, Deutsche Verfassungsgeschichte, Bd. V, S. 1174 ff.; Klaus Hildebrand, Das vergangene Reich. Deutsche Außenpolitik von Bismarck bis Hitler, Stuttgart 1995, S. 399 ff.; grundlegend ebenfalls Baumgart, Vom europäischen Konzert zum Völkerbund, S. 56–143, neuerdings Eberhard Kolb, Der Frieden von Versailles, München 2005.

48 ADAP, A 2, S. 121 (Nr. 73).

49 So die späteren Äußerungen von John Foster Dulles aus dem Jahr 1938; im Auszug bei Schwabe, Quellen, S. 133 f. (Nr. 53).

50 Vgl. Léon Victor Bougeois, La Traité de Paix de Versailles, Paris 1919, S. 11 ff.

51 Vgl. hierzu und zum Folgenden auch die präzisen Aufstellungen bei Huber, Deutsche Verfassungsgeschichte, Bd. V, S. 1174–1176.

52 Huber, Deutsche Verfassungsgeschichte (wie Anm. 4), Bd. V, S. 1174.

53 Diese Zahlen nach Hildebrand, Das vergangene Reich (wie Anm. 47), S. 400.

54 Huber, Deutsche Verfassungsgeschichte (wie Anm. 4), Bd. V, S. 1176.

55 Siehe dazu unten, S. 38.

56 Dieses und das folgende Zitat: Schmitt, Der Nomos der Erde (wie Anm. 28), S. 235; vgl. zur völkerrechtlichen Problematik jener Artikel des Versailler Vertrags auch die Reflexionen: ebd., S. 234–240.

57 Schwabe, Quellen, S. 367 (Nr. 130, Mantelnote vom 16. 6. 1919, Punkt VI).

58 Vgl. dazu etwa Hildebrand, Das vergangene Reich (wie Anm. 47), S. 401 f.

59 Herbert Hoover, Memoiren, Bd. I, Mainz 1951, S. 413.

60 John Maynard Keynes, Die wirtschaftlichen Folgen des Friedensvertrages, München-Leipzig 1920, S. 242.

61 Ders., Der Friedensvertrag von Versailles, Berlin 1921, S. 45, 49.

62 E. D. Morel, Die Siegesfrüchte. Haben unsere Staatsmänner den Frieden erlangt, für den unsere Soldaten kämpften?, Berlin 1920, S. 30.

63 Vgl. Daniela Neri-Ultsch, Sozialisten und Radicaux – eine schwierige Allianz, München 2005, S. 457.

64 Alle Zitate aus: Alcide Ebray, Der unsaubere Frieden (Versailles), Berlin 1925, S. 359f.

65 Das betont durchaus mit Recht Schulze, Weimar (wie Anm. 47), S. 21.

66 Wichtig hierzu: Schieder, Europa im Zeitalter der Weltmächte, S. 125ff. u. passim.

67 So treffend Eberhard Kolb, Vom Kaiserreich zur Weimarer Republik, in: Ders., Umbrüche deutscher Geschichte 1866/71 – 1918/19 – 1929/33, München 1993, S. 235.

Ringen um Stabilität (S. 34–52)

1 Vgl. Karl Dietrich Erdmann, Die Weimarer Republik (Gebhardt Handbuch der deutschen Geschichte, 19), München [4]1983, S. 120.

2 Hierzu und zum Folgenden siehe vor allem: Ernst Rudolf Huber, Deutsche Verfassungsgeschichte seit 1789, Bd. VI, Stuttgart u.a. 1978, S. 451–475.

3 Abdruck in: Hermann-Josef Blanke (Hrsg.), Deutsche Verfassungen. Dokumente zu Vergangenheit und Gegenwart, Paderborn u.a. 2003, S. 247–276.

4 Detailliert hierzu: Huber, Deutsche Verfassungsgeschichte (wie Anm. 2), Bd. VI, S. 462ff.

5 Vgl. dazu aus der zeitgenössischen Literatur: Hans Gerber, Die Beschränkung der deutschen Souveränität nach dem Versailler Vertrage, Berlin 1927, sowie die Bemerkungen bei Huber, Deutsche Verfassungsgeschichte (wie Anm. 2), Bd. VI, S. 471ff.

6 Grundlegend hierzu Jürgen Heideking, Areopag der Diplomaten. Die Pariser Botschafterkonferenz der alliierten Hauptmächte und die Probleme der europäischen Politik 1920–1931, Husum 1979.

7 Eingehend hierzu: Walter Mühlhausen, Friedrich Ebert 1871–1925. Reichspräsident der Weimarer Republik. Bonn [2]2007, S. 486–526.

8 Huber, Deutsche Verfassungsgeschichte (wie Anm. 2), Bd. VI, S. 455.

9 Peter Krüger, Die Außenpolitik der Republik von Weimar, Darmstadt [2]1993, S. 15.

10 Michael Salewski, Das Weimarer Revisionssyndrom, in: Aus Politik und Zeitgeschichte 30 (1980), S. 14–25.

11 Vgl. hierzu statt vieler Hagen Schulze, Weimar – Deutschland 1917–1933, Berlin 1982, S. 211–221; Heinrich August Winkler, Weimar 1918–1933. Die Geschichte der ersten deutschen Demokratie, München 1998, S. 119–127.

12 AdR, Kabinett Bauer, S. 692 (Nr. 196; Bericht vom 15. 3. 1920).

13 Vgl. hierzu und zum Folgenden Winkler, Weimar (wie Anm. 11), S. 133 ff., Krüger, Die Außenpolitik (wie Anm. 9), S. 101 ff.

14 Zu den Hintergründen der französischen Rheinlandpolitik, die bereits um 1916/17 konzipiert worden war, sehr aufschlussreich: Jacques Bariéty, Deutschland, Frankreich und das Europa von Versailles, in: Karl Otmar von Aretin / Jacques Bariéty / Horst Möller (Hrsg.), Das deutsche Problem in der neueren Geschichte, München 1997, S. 59–74, bes. S. 61–64.

15 Vgl. Alan Kramer, Versailles, deutsche Kriegsverbrechen und das Auslieferungsbegehren der Alliierten 1919/20, in: Wolfram Wette / Gerd R. Ueberschär (Hrsg.), Kriegsverbrechen im 20. Jahrhundert, Darmstadt 2001, S. 72–84, sowie Huber, Deutsche Verfassungsgeschichte (wie Anm. 2), Bd. VII, S. 22–27.

16 Vgl. ebd, S. 23; Kramer, Versailles (wie Anm. 15), S. 80.

17 Kramer, Versailles (wie Anm. 15), S. 81.

18 Siehe hierzu die wichtige Aufzeichnung (ohne Unterschrift) vom 10.7.1920, in: ADAP, A 3, S. 377–379 (Nr. 193); vgl. auch Kramer, Versailles (wie Anm. 15), S. 81 f.

19 Vgl. zu den Details Huber, Deutsche Verfassungsgeschichte (wie Anm. 2), Bd. VII, S. 25 ff.; zu den Leipziger Verfahren jetzt ausführlich Gerd Hankel, Die Leipziger Prozesse. Deutsche Kriegsverbrechen und ihre strafrechtliche Verfolgung nach dem Ersten Weltkrieg, Hamburg 2003.

20 ADAP, A 4, S. 4 (Nr. 2; Bericht Botschafter Mayers an das Auswärtige Amt, 2.10.1920).

21 Krüger, Die Außenpolitik (wie Anm. 9), S. 91.

22 Vgl. dazu Schulze, Weimar (wie Anm. 11), S. 222 ff.; Winkler, Weimar (wie Anm. 11), S. 138 ff.; Huber, Deutsche Verfassungsgeschichte (wie Anm. 2), Bd. VII, S. 142 ff.

23 Vgl. Horst Gründer, Walter Simons als Staatsmann, Jurist und Kirchenpolitiker, Neustadt/Aisch 1975, S. 106–214.

24 Hierzu detailliert Krüger, Die Außenpolitik (wie Anm. 9), S. 103–116; Huber, Deutsche Verfassungsgeschichte (wie Anm. 2), Bd. VII, S. 148–159; Gründer, Walter Simons (wie Anm. 23), S. 109–128.

25 Vgl. den Text des Abkommens in: UF IV, S. 244–246 (Nr. 930, 9.7.1920).

26 In das Abkommen vom 16. Juli 1920 war allerdings eine Klausel eingefügt,

die den Alliierten für den Fall zu geringer deutscher Kohlelieferungen bis Ende 1920 das Recht »zur Besetzung eines neuen deutschen Gebietsteils, des Ruhrgebiets oder irgend eines anderen«, ausdrücklich zusicherte; Text des Abkommens in: UF IV, S. 293 f. (Nr. 946 g), das Zitat S. 294.

27 Die Zahlen nach: Erdmann, Die Weimarer Republik (wie Anm. 1), S. 147; Huber, Deutsche Verfassungsgeschichte (wie Anm. 2), Bd. VII, S. 155.

28 Vgl. Huber, Deutsche Verfassungsgeschichte (wie Anm. 2), Bd. VII, S. 170.

29 Text der Rede in: UF IV, S. 311–316 (Nr. 952 a), das Zitat S. 315.

30 Vgl. Krüger, Deutsche Außenpolitik (wie Anm. 9), S. 121 f.

31 Ausführlich dargestellt und analysiert bei Krüger, Die Außenpolitik (wie Anm. 9), S. 122–127, und Gründer, Walter Simons (wie Anm. 23), S. 177–193; zu den Hintergründen der britischen Politik siehe auch Anne Orde, British Policy and European Reconstruction After the First World War, Cambridge 1990, S. 146 ff., sowie Patrick O. Cohrs, The Unfinished Peace after World War I – America, Britain and the Stabilisation of Europe, 1919–1932, Cambridge 2006, S. 172 ff.

32 Vgl. UF IV, S. 323 f. (Nr. 954, Deutsche Gegenvorschläge, 1.3.1921).

33 Siehe hierzu auch den detaillierten offiziellen Bericht des Auswärtigen Amts an die Reichsregierung über den Verlauf der Konferenz, in: AdR, Kabinett Fehrenbach, S. 564–578 (Nr. 206, 16.3.1921).

34 Vgl. hierzu Krüger, Die Außenpolitik (wie Anm. 9), S. 127 ff.; Gründer, Walter Simons (wie Anm. 23), S. 193 ff.

35 Text (Auszug) in: UF IV, S. 339–344 (Nr. 959, 959 a, Ultimatum und Zahlungsplan, 5. 5. 1921); vgl. hierzu auch Krüger, Die Außenpolitik (wie Anm. 9), S. 129 ff., Huber, Deutsche Verfassungsgeschichte (wie Anm. 2), Bd. VII, S. 189 ff.

36 Vgl. ebd., S. 197.

37 Auszug aus der Reichstagsrede Wirths von 28.3.1922 in: UF IV, S. 390 (Nr. 976).

38 Text in: Pommerin-Fröhlich, S. 59–63 (Nr. 13). Grundlegend und materialreich zu den deutsch-amerikanischen Beziehungen nach 1921: Werner Link, Die amerikanische Stabilisierungspolitik in Deutschland 1921–32, Düsseldorf 1970.

39 Vgl. Christian Höltje, Die Weimarer Republik und das Ostlocarno-Problem. Revision oder Garantie der deutschen Ostgrenze von 1919, Würzburg 1958, S. 64 ff.

40 Dazu allgemein: Harald von Riekhoff, German-Polish Relations, 1918–1933, Baltimore-London 1971.

41 ADAP, A 1, S. 394–399 (Nr. 209; Groener an Brockdorff-Rantzau, 11.4.1919), hier S. 396.

42 Vgl. Linke, Deutsch-sowjetische Beziehungen, S. 108 f.; Krüger, Die Außenpolitik (wie Anm. 9), S. 114 f.

43 Gründer, Walter Simons (wie Anm. 23), S. 155.

44 Vgl. ebd., S. 151 f.

45 Vgl. hierzu und zum Folgenden auch Heideking, Areopag der Diplomaten (wie Anm. 6), S. 84–101; Riekhoff, German-Polish Relations (wie Anm. 40), S. 39–47.

46 Ausführlich hierzu: Hannsjoachim W. Koch, Der deutsche Bürgerkrieg. Eine Geschichte der deutschen und österreichischen Freikorps 1918–1923, Berlin-Frankfurt a. M.-Wien 1977, S. 242 ff.

47 Vgl. UF IV, S. 46–50 (Nr. 826–828, Deutsche Protestnoten vom 4.1., 7.1. und 18.3.1921).

48 Die genaue Stimmenzahl u.a. bei Huber, Deutsche Verfassungsgeschichte (wie Anm. 2), Bd. VII, S. 186, und in UF IV, S. 51 (Nr. 830).

49 Vgl. Heideking, Areopag der Diplomaten (wie Anm. 6), S. 93 ff.

50 Ebd., S. 95.

51 Huber, Deutsche Verfassungsgeschichte (wie Anm. 2), Bd. VII, S. 218; vgl. auch Riekhoff, German-Polish Relations (wie Anm. 40), S. 47 ff.; Krüger, Die Außenpolitik (wie Anm. 9), S. 135.

52 Text in: UF IV, S. 65 f. (Nr. 843).

53 Text in: UF IV, S. 366 f. (Nr. 967 a, 22. 10. 1921); auch in: AdR, Kabinett Wirth I, S. 340 f. (Nr. 120).

54 Vgl. Riekhoff, German-Polish Relations (wie Anm. 40), S. 52 ff.; Huber, Deutsche Verfassungsgeschichte (wie Anm. 2), Bd. VII, S. 248; Krüger, Die Außenpolitik (wie Anm. 9), S. 136.

55 Text (Auszug) in: UF VI, S. 576 f. (Nr. 1401); zum Zusammenhang ausführlich Linke, Deutsch-sowjetische Beziehungen, S. 125 ff.

56 Text in: UF IV, S. 369 f. (Nr. 970); vgl. dazu auch Krüger, Die Außenpolitik (wie Anm. 9), S. 157 f.

57 UF IV, S. 370 f. (Nr. 970 a, 16.10.1921).

58 Vgl. Krüger, Die Außenpolitik (wie Anm. 9), S. 157.

59 Vgl. dazu eingehend: Krüger, Die Außenpolitik (wie Anm. 9), S. 162 ff.; Dokumente in: UF IV, S. 375–381 (Nrn. 972 a–c).

60 Huber, Deutsche Verfassungsgeschichte (wie Anm. 2), Bd. VII, S. 231.

61 Siehe dazu v.a. ADAP, A 6, S. 68 f. (Nr. 33), S. 76 ff. (Nrn. 38–40); vgl. auch Linke, Deutsch-sowjetische Beziehungen, S. 165 ff., sowie die einschlägigen Quellen zur Vorgeschichte des Rapallo-Vertrags in: Linke, Quellen, S. 78–105.

62 Krüger, Die Außenpolitik (wie Anm. 9), S. 166.

63 AdR, Kabinette Wirth I/II, S. 674–683 (Nr. 241 a, 5.4.1922), das Zitat S. 677.

64 Vgl. Huber, Deutsche Verfassungsgeschichte (wie Anm. 2), Bd. VII, S. 236.

65 Vgl. Krüger, Die Außenpolitik (wie Anm. 9), S. 167.

66 Zur unmittelbaren Vorgeschichte des Vertrages siehe die sehr aufschlussreichen Aufzeichnungen von Maltzans in: ADAP, A 6, S. 122–130 (Nr. 59).
67 Vorgeschichte und Geschichte dieses Vertragsschlusses sind von der Forschung mehrfach eingehend untersucht worden; wichtig immer noch: Karl Dietrich Erdmann, Deutschland, Rapallo und der Westen, in: Vierteljahreshefte für Zeitgeschichte 11 (1963), S. 105–165, und vor allem: Theodor Schieder, Die Entstehungsgeschichte des Rapallo-Vertrages (1967), in: Ders., Einsichten in die Geschichte, Frankfurt a. M.-Berlin-Wien 1980, S. 349–410; ausführlich Linke, Deutsch-sowjetische Beziehungen, S. 198–214; Horst Günther Linke, Der Weg nach Rapallo. Strategie und Taktik der deutschen und sowjetischen Außenpolitik, in: Historische Zeitschrift 264 (1997), S. 55–109.
68 Zara Steiner, The Lights That Failed. European International History 1919–1933, Oxford 2005, S. 166, bezeichnet den Vertrag als »bombshell«.
69 Text des Vertrages in Linke, Quellen, S. 109–111 (Nr. 51), und in: UF VI, S. 579 f. (Nr. 1402 b).
70 Klaus Hildebrand, Das vergangene Reich. Deutsche Außenpolitik von Bismarck bis Hitler, Stuttgart 1995, S. 422; vgl. auch Gottfried Niedhart, Die Außenpolitik der Weimarer Republik, München [2]2000, S. 15. Vgl. auch Andreas Hillgruber, »Revisionismus« – Kontinuität und Wandel in der Außenpolitik der Weimarer Republik, in: Ders., Die Last der Nation. Fünf Beiträge über Deutschland und die Deutschen, Düsseldorf 1984, S. 68: Er bezeichnet den Rapallo-Vertrag als »die erste größere außenpolitische Handlung des Reiches seit 1919«.

Am Rand der Katastrophe (S. 53–64)

1 Sebastian Haffner, Geschichte eines Deutschen. Die Erinnerungen 1914–1933, Stuttgart-München 2001, S. 53.
2 Vgl. zum Zusammenhang und zum Folgenden die detaillierten Darstellungen bei Peter Krüger, Die Außenpolitik der Republik von Weimar, Darmstadt [2]1993, S. 184 ff.; Ernst Rudolf Huber, Deutsche Verfassungsgeschichte seit 1789, Bd. VII, Stuttgart u. a. 1978, S. 243 ff., 262 ff.; Zara Steiner, The Lights That Failed. European International History 1919–1933, Oxford 2005, S. 213 ff.
3 Die Zahlen nach Huber, Deutsche Verfassungsgeschichte (wie Anm. 2), Bd. VII, S. 262.
4 Dazu Martin Sabrow, Der Rathenaumord. Rekonstruktion einer Verschwörung gegen die Republik von Weimar, München 1994.
5 Siehe vor allem Poincarés scharfe Note an die Reichsregierung vom 26. Juli 1922, in: UF IV, S. 404–407 (Nr. 981); zur Einschätzung der Politik Poincarés im

Sommer 1922 siehe auch die Bemerkungen bei Krüger, Die Außenpolitik (wie Anm. 2), S. 187 f., in Auseinandersetzung mit den Thesen von Jacques Bariéty, Les relations franco-allemandes après la première guerre mondiale. 10 Novembre 1918 – 10 Janvier 1925, Paris 1977, S. 91 ff.

6 Vgl. zum Zusammenhang auch Denise Artaud, Die Hintergründe der Ruhrbesetzung, in: Vierteljahrshefte für Zeitgeschichte 27 (1979), S. 241–259, hier S. 250 ff.

7 Siehe die Kabinettsliste bei Huber, Deutsche Verfassungsgeschichte (wie Anm. 2), Bd. VII, S. 274; zum Wechsel Wirth / Cuno siehe auch Krüger, Die Außenpolitik (wie Anm. 2), S. 192 ff., sowie Hermann J. Rupieper, The Cuno Government and Reparations 1922–1923. Politics and Economics, Den Haag u. a. 1979, S. 13 ff.

8 Vgl. Winfried Becker, Frederic von Rosenberg (1874–1937). Diplomat vom späten Kaiserreich bis zum Dritten Reich, Außenminister der Weimarer Republik, Göttingen 2011, sowie Ders. (Hrsg.), Frederic von Rosenberg. Korrespondenz und Akten des deutschen Diplomaten und Außenministers 1913–1937, München 2011.

9 Die Zitate aus Cunos Reichstagsrede vom 24.11.1922, in: UF IV, S. 419–422 (Nr. 990 a).

10 Siehe Cunos Schreiben an Bonar Law vom 9.12.1922, in: UF IV, S. 433–435 (Nr. 991); zu den Details jetzt auch Becker, Frederic von Rosenberg (wie Anm. 8), S. 119 ff.

11 Vgl. Marie-Luise Recker, Demokratische Neuordnung oder »Prussianism« in neuem Gewand? Großbritannien und die Weimarer Republik, in: Adolf M. Birke / Marie-Luise Recker (Hrsg.), Das gestörte Gleichgewicht. Deutschland als Problem britischer Sicherheit im neunzehnten und zwanzigsten Jahrhundert, München u. a. 1990, S. 97–112, hier S. 102.

12 Allgemein hierzu Ludwig Zimmermann, Frankreichs Ruhrpolitik von Versailles bis zum Dawesplan, Göttingen u. a. 1971; Ders., Deutsche Außenpolitik in der Ära der Weimarer Republik, Göttingen u. a. 1958, S. 133 ff.; Rupieper, The Cuno Government (wie Anm. 7), S. 97 ff. Für den Überblick auch Raymond Poidevin / Jacques Bariéty, Frankreich und Deutschland. Die Geschichte ihrer Beziehungen 1815–1975, München 1982, S. 332 ff.; Steiner, The Lights that Failed (wie Anm. 2), S. 223 ff.; neuerdings auch Stanislas Jeannesson, Poincaré, la France et la Ruhr 1922–1924. Histoire d'une occupation, Straßburg 1998, S. 151 ff. Wichtige Einzelbeiträge, auch zur britischen und amerikanischen Politik des Jahres 1923, enthält: Klaus Schwabe (Hrsg.), Die Ruhrkrise 1923. Wendepunkt der internationalen Beziehungen nach dem Ersten Weltkrieg, Paderborn 1985.

13 Die Angaben nach: Huber, Deutsche Verfassungsgeschichte (wie Anm. 2), Bd. VII, S. 279 f., 284.

14 Vgl. UF V, S. 18–20 (Nr. 998 b, 11.1.1922).

15 Vgl. Steiner, The Lights that Failed (wie Anm. 2), S. 226 f.

16 Hier zitiert nach: Nicolas Beaupré, Das Trauma des großen Krieges 1918–1932/33 (Deutsch-Französische Geschichte, 8), Darmstadt 2009, S. 63 f.; im französischen Original bei Jacques Bariéty, Aristide Briand et la sécurité de la France en Europe, 1919–1932, in: Stephen A. Schuker (Hrsg.), Deutschland und Frankreich – Vom Konflikt zur Aussöhnung. Die Gestaltung der westeuropäischen Sicherheit 1914–1963, München 2000, S. 117–134, hier S. 123.

17 Vgl. dazu aufschlussreich: Ludwig Zimmermann, Frankreichs Ruhrpolitik von Versailles bis zum Dawesplan, Göttingen u.a. 1971, S. 162 ff., das Zitat S. 164.

18 So auch Jacques Bariéty, Les relations franco-allemandes après la première guerre mondiale. 10 Novembre 1918 – 10 Janvier 1925, Paris 1977, S. 108 f.

19 Krüger, Die Außenpolitik (wie Anm. 2), S. 200.

20 Poidevin / Bariéty, Frankreich und Deutschland (wie Anm. 12), S. 332.

21 Beaupré, Das Trauma (wie Anm. 16), S. 67; vgl. auch Jeannesson, Poincaré, la France et la Ruhr (wie Anm. 12), S. 191 ff., 217 ff.

22 ADAP, A 7, S. 65–67 (Nr. 27, 16.1.1923), das Zitat S. 67; Hoesch warnte einen Monat später ebenfalls vor einem übereilten Abbruch der diplomatischen Beziehungen zu Frankreich, vgl. ebd., S. 185–188 (Nr. 84, 10.2.1923).

23 ADAP, A 7, S. 68 (Nr. 28).

24 Vgl. Rupieper, The Cuno Government (wie Anm. 7), S. 103 ff.; Huber, Deutsche Verfassungsgeschichte (wie Anm. 2), Bd. VII, S. 282 ff.

25 Becker (Hrsg.), Frederic von Rosenberg (wie Anm. 8), S. 270 ff. (Nr. 172, Cuno an Bonar Law, 11.3.1923), das Zitat S. 272.

26 Hierzu und zum Folgenden siehe neben Huber, Deutsche Verfassungsgeschichte (wie Anm. 2), Bd. VII, S. 294 ff., auch Hannsjoachim W. Koch, Der deutsche Bürgerkrieg. Eine Geschichte der deutschen und österreichischen Freikorps 1918–1923, Berlin-Frankfurt a.M.-Wien 1977, S. 327 ff.

27 Diese Zahlen nach Koch, Der deutsche Bürgerkrieg (wie Anm. 26), S. 346.

28 Dazu siehe besonders ebd., S. 337 ff.

29 Vgl. Huber, Deutsche Verfassungsgeschichte (wie Anm. 2), Bd. VII, S. 297; auch in Paris protestierte Deutschland am 29. Mai 1923 »feierlich gegen diesem Mißbrauch der Gewalt, für den die Französische Regierung die Verantwortung trägt«, Text der Protestnote in: UF V, S. 137 (Nr. 1047).

30 Neudruck der Note, versehen mit wichtigen Informationen, bei Becker (Hrsg.), Frederic von Rosenberg (wie Anm. 8), S. 295–300 (Nr. 188, 1.5.1923); vgl. dazu auch Rupieper, The Cuno Government (wie Anm. 7), S. 147 ff.

31 Vgl. Huber, Deutsche Verfassungsgeschichte (wie Anm. 2), Bd. VII, S. 300.

32 Vgl. Krüger, Die Außenpolitik (wie Anm. 2), S. 204; Anne Orde, British Policy and European Reconstruction After the First World War, Cambridge 1990, S. 237 ff.; Steiner, The Lights that Failed (wie Anm. 2), S. 228 f.; Patrick O. Cohrs, The Unfinished Peace after World War I – America, Britain and the Stabilisation of Europe, 1919–1932, Cambridge 2006, S. 101 f.

33 Vgl. dazu Hagen Schulze, Weimar – Deutschland 1917–1933, Berlin 1982, S. 262 ff.; Heinrich August Winkler, Weimar 1918–1933. Die Geschichte der ersten deutschen Demokratie, München 1998, S. 223 ff.; Horst Möller, Die Weimarer Republik. Eine unvollendete Demokratie, München [7]2004, S. 167 ff.

34 Erklärung der Reichsregierung, in: UF V, S. 152 (Nr. 1054).

35 Alle Zitate aus d'Abernons Bericht an Curzon vom 11.8.1923, in: British Documents on Foreign Affairs, II, Ser. F, Bd. 34, S. 266 (Nr. 233); auch abgedruckt bei Becker (Hrsg.), Frederic von Rosenberg (wie Anm. 8), S. 370 f. (Nr. 244).

36 Vgl. Orde, British Policy (wie Anm. 32), S. 241 f.; siehe auch die Bemerkungen Rosenbergs in seiner Autobiographie; Becker, Frederic von Rosenberg (wie Anm. 8), S. 301.

37 Vgl. den Bericht des Londoner Botschafters Sthamer an das Auswärtige Amt, in: Becker (Hrsg.), Frederic von Rosenberg (wie Anm. 8), S. 371–375 (Nr. 246, 12.8.1923).

38 Zu den Vorgängen in Berlin Mitte August 1923 siehe vor allem die detaillierte Darstellung bei Huber, Deutsche Verfassungsgeschichte (wie Anm. 2), Bd. VII, S. 302 ff., 330 ff., sowie Rupieper, The Cuno Government (wie Anm. 7), S. 211 ff.

39 Vgl. Gustav Stresemann, Vermächtnis. Der Nachlaß in drei Bänden, hrsg. v. Henry Bernhard, 3 Bde., Berlin 1932–1933, hier Bd. I, S. 101 ff., 105 f.

40 Die Zitate nach dem Abdruck der Erklärung in: UF V, S. 203 f. (Nr. 1089).

41 UF V, S. 205 f. (Nr. 1080); vgl. dazu auch: Walter Mühlhausen, Friedrich Ebert 1871–1925. Reichspräsident der Weimarer Republik, Bonn [2]2007, S. 625 ff.

42 Klaus Hildebrand, Das vergangene Reich. Deutsche Außenpolitik von Bismarck bis Hitler, Stuttgart 1995, S. 444.

43 ADAP, A 8, S. 423 (Nr. 167; Bericht Botschafter Sthamers an das Auswärtige Amt, 27.9.1923).

44 ADAP, A 8, S. 499 (Nr. 193, Hoesch an das Auswärtige Amt, 17.10.1923); vgl. auch ebd., S. 502 (Nr. 194, Aufzeichnung Köpkes, 18.10.1923); siehe zu Poincarés Politik auch Bariéty, Les relations franco-allemandes (wie Anm. 5), S. 237 ff.; Jeannesson, Poincaré, la France et la Ruhr (wie Anm. 12), S. 297 ff.

45 Vgl. dazu den Überblick bei Huber, Deutsche Verfassungsgeschichte (wie Anm. 2), Bd. VII, S. 432 ff.; ebenfalls Jeannesson, Poincaré, la France et la Ruhr (wie Anm. 12), S. 329 ff.; zahlreiche einschlägige Dokumente zur zeitweiligen Separatistenherrschaft am Rhein in: UF V, S. 289–338 (Nr. 1107–1123).

46 Vgl. Schulze, Weimar (wie Anm. 33), S. 268 ff.; Winkler, Weimar (wie Anm. 33), S. 234 ff.

47 Aus der sehr reichhaltigen Stresemann-Literatur sei an dieser Stelle nur auf die neueste umfassende Biographie verwiesen: Jonathan Wright, Gustav Stresemann 1878–1929. Weimars größter Staatsmann, München 2006.

48 Text des Antrags in: UF VI, S. 59 f. (Nr. 1249); vgl. auch Huber, Deutsche Verfassungsgeschichte (wie Anm. 2), Bd. VII, S. 459; zum Zusammenhang auch Krüger, Die Außenpolitik (wie Anm. 2), S. 224 ff.

49 Vgl. Krüger, Die Außenpolitik (wie Anm. 2), S. 226.

50 Vgl. Eckhard Wandel, Die Bedeutung der Vereinigten Staaten von Amerika für das deutsche Reparationsproblem 1924–1929, Tübingen 1971, S. 9 ff.; zum Zusammenhang siehe auch Cohrs, The Unfinished Peace (wie Anm. 32), S. 112 ff.

51 Vgl. dazu Heike Knortz, Wirtschaftsgeschichte der Weimarer Republik. Eine Einführung in Ökonomie und Gesellschaft der ersten Deutschen Republik, Göttingen 2010, S. 56–60.

52 Vgl. Huber, Deutsche Verfassungsgeschichte (wie Anm. 2), Bd. VII, S. 461.

53 ADAP, A 9, S. 184–187 (Nr. 73), die Zitate S. 187. – Zum außenpolitischen Kurswechsel in Paris und zu dessen Hintergründen siehe auch Bariéty, Les relations franco-allemandes (wie Anm. 5), S. 266 ff.; Poidevin/Bariéty, Frankreich und Deutschland (wie Anm. 12), S. 337 ff.; Jeannesson, Poincaré, la France et la Ruhr (wie Anm. 12), S. 379 ff.

Auf dem Weg nach Locarno (S. 65–85)

1 Horst Möller, Die Weimarer Republik. Eine unvollendete Demokratie, München [7]2004, S. 172.

2 Text der Ansprache in: UF VI, S. 60 f. (Nr. 1250); vgl. auch Peter Krüger, Die Außenpolitik der Republik von Weimar, Darmstadt [2]1993, S. 237 f.; Zara Steiner, The Lights That Failed. European International History 1919–1933, Oxford 2005, S. 240 f.; zum Folgenden ebenfalls Werner Link, Die amerikanische Stabilisierungspolitik in Deutschland 1921–32, Düsseldorf 1970, S. 201 ff.

3 Vgl. AdR, Kabinette Marx I/II, S. 555, Anm. 2; Ernst Rudolf Huber, Deutsche Verfassungsgeschichte seit 1789, Bd. VII, Stuttgart u. a. 1978, S. 493 f.

4 Das Protokoll in: AdR, Kabinette Marx I/II, S. 555–565 (Nr. 175); wichtig im Vorfeld auch Stresemanns programmatische Reichstagsrede vom 28.2.1924, Teildruck in: UF VI, S. 61–67 (Nr. 1251 a).

5 Die Zitate: AdR, Kabinette Marx I/II, S. 556 f.

6 Vgl. Jacques Bariéty, Les relations franco-allemandes après la première guerre mondiale. 10 Novembre 1918 – 10 Janvier 1925, Paris 1977, S. 353 ff.

7 Vgl. Hagen Schulze, Weimar – Deutschland 1917–1933, Berlin 1982, S. 288 ff.; Heinrich August Winkler, Weimar 1918–1933. Die Geschichte der ersten deutschen Demokratie, München 1998, S. 260 ff.

8 Vgl. Bariéty, Les relations franco-allemandes (wie Anm. 6), S. 513 ff.; Anne Orde, British Policy and European Reconstruction After the First World War, Cambridge 1990, S. 253 ff.; sehr eingehend auch: Patrick O. Cohrs, The Unfinished Peace after World War I – America, Britain and the Stabilisation of Europe, 1919–1932, Cambridge 2006, S. 129–186.

9 Vgl. zum Folgenden Huber, Deutsche Verfassungsgeschichte (wie Anm. 3), Bd. VII, S. 517 ff.; äußerst detaillierte Darstellung der Verhandlungen in: Bariéty, Les relations franco-allemandes (wie Anm. 6), S. 607–716.

10 Auszug hieraus in UF VI, S. 93–95 (Nr. 1261 b); siehe auch Bariéty, Les relations franco-allemandes, S. 707 ff.

11 Schulze, Weimar (wie Anm. 7), S. 274.

12 Vgl. Huber, Deutsche Verfassungsgeschichte (wie Anm. 3), Bd. VII, S. 508.

13 Krüger, Die deutsche Außenpolitik (wie Anm. 2), S. 244; vgl. zum Zusammenhang auch ebd., S. 243 ff., und vor allem Cohrs, The Unfinished Peace (wie Anm. 8), S. 169 ff., 178 ff.

14 Vgl. Steiner, The Lights That Failed (wie Anm. 2), S. 243 ff.

15 Teildruck der Erklärung in: UF VI, S. 98–102 (Nr. 1263 a), die Zitate S. 99.

16 Cohrs, The Unfinished Peace (wie Anm. 8), S. 154, 178, bezeichnet den »Wirtschaftsfrieden« von 1924 sogar als die erste »wirkliche« Friedensregelung nach dem Krieg.

17 So die Formulierung in der Präambel zum V. Teil des Versailler Vertrages.

18 UF IV, S. 371 ff. (Nr. 971, Aide-Memoire einer von Lloyd George an Briand abgegebenen Erklärung, 4.1.1922), das Zitat S. 373 (Hervorhebung von H.-C. K.).

19 Vgl. vor allem Michael Salewski, Entwaffnung und Militärkontrolle in Deutschland 1919–1927, München 1966, S. 40 ff., 173 ff.; Huber, Deutsche Verfassungsgeschichte (wie Anm. 3), Bd. VI, S. 472 ff.

20 Die Zitate aus: UF IV, S. 256 (Nr. 937, Reichstagsrede Geßlers, 10.3.1922); vgl. zum Zusammenhang auch Otto Geßler, Reichswehrpolitik in der Weimarer Zeit, hrsg. v. Kurt Sendtner, Stuttgart 1958, S. 202 ff.

21 Reinhold Lütgemeier-Davin, Die illegale Rüstungspolitik der Weimarer Republik und das Sicherheitsbedürfnis ›von unten‹, in: Jost Dülffer (Hrsg.), Parlamentarische und öffentliche Kontrolle von Rüstung in Deutschland 1700–1970, Düsseldorf 1992, S. 127–149, hier S. 127.

22 Vgl. die Kollektivnote der Alliierten Regierungen an Reichskanzler Wirth

vom 29.9.1922, in: UF IV, S. 259f. (Nr. 939); zum Zusammenhang siehe auch Jürgen Heideking, Areopag der Diplomaten. Die Pariser Botschafterkonferenz der alliierten Hauptmächte und die Probleme der europäischen Politik 1920–1931, Husum 1979, S. 239ff.; Salewski, Entwaffnung und Militärkontrolle (wie Anm. 19), München 1966, S. 189ff.

23 Hierzu und zum Folgenden vgl. Heideking, Areopag der Diplomaten (wie Anm. 22), S. 244ff.; Salewski, Entwaffnung und Militärkontrolle (wie Anm. 19), S. 240ff.; Huber, Deutsche Verfassungsgeschichte (wie Anm. 3), Bd. VII, S. 524ff.

24 Vgl. ausführlich: Heideking, Areopag der Diplomaten (wie Anm. 22), S. 257ff.

25 ADAP, A 12, S. 638–640 (Nr. 257, 28.12.1924), die Zitate S. 639.

26 Text in: UF VI, S. 317–318 (Nr. 1319 a); vgl. Salewski, Entwaffnung und Militärkontrolle (wie Anm. 19), S. 288ff.; Heideking, Areopag der Diplomaten (wie Anm. 22), S. 263ff.

27 Erschöpfend hierzu jetzt: Joachim Wintzer, Deutschland und der Völkerbund 1918–1926, Paderborn 2006.

28 Vgl. Jost Dülffer, Vom Internationalismus zum Expansionismus: Die Deutsche Liga für Völkerbund, in: Internationale Beziehungen im 19. und 20. Jahrhundert. Festschrift für Winfried Baumgart zum 65. Geburtstag, hrsg. v. Wolfgang Elz/Sönke Neitzel, Paderborn u.a. 2003, S. 251–266, sowie Wintzer, Deutschland und der Völkerbund (wie Anm. 27), S. 47ff.

29 Krüger, Die Außenpolitik (wie Anm. 2), S. 261.

30 Stellungnahme Simons' vor dem Reichstag, 29. 10. 1920, in: UF VI, S. 469f. (Nr. 1364); die Zitate S. 469; vgl. auch Christian Höltje, Die Weimarer Republik und das Ostlocarno-Problem. Revision oder Garantie der deutschen Ostgrenze von 1919, Würzburg 1958, S. 90ff.

31 Vgl. dazu Wintzer, Deutschland und der Völkerbund (wie Anm. 27), S. 243ff.

32 ADAP, A 6, S. 80–82 (Nr. 41, Aufzeichnung des Geh. Legationsrats Gaus, 3.4.1922), die Zitate S. 81.

33 Schreiben Wirths an den britischen Botschafter d'Abernon, 25.7. 1922, in: UF VI, S. 470ff. (Nr. 1365); die Zitate S. 470f.

34 UF VI, S. 474 (Nr. 1368; Rede Stresemanns, 28.2.1924).

35 UF VI, S. 474f. (Nr. 1370 a, Auszug aus der Genfer Rede MacDonalds); vgl. hierzu auch: Wintzer, Deutschland und der Völkerbund (wie Anm. 27), S. 408ff.; Krüger, Die Außenpolitik (wie Anm. 2), S. 262f.

36 Vgl. AdR, Kabinette Marx I/II, S. 1065, Anm. 2 zu Dok. Nr. 306 (25.9.1924); Text des Memorandums (mit falscher Datierung!) in: UF VI, S. 476–478 (Nr. 1371 b); vgl. auch Wintzer, Deutschland und der Völkerbund (wie Anm. 27), S. 417ff.; Jonathan Wright, Gustav Stresemann 1878–1929. Weimars größter Staatsmann, München 2006, S. 297.

37 UF VI, S. 477.

38 Krüger, Die Außenpolitik (wie Anm. 2), S. 265.

39 Teildruck in: UF VI, S. 312–317 (Nr. 1318); vgl. hierzu und zum Folgenden vor allem Krüger, Die Außenpolitik (wie Anm. 2), S. 263 f.; Klaus Hildebrand, Das vergangene Reich. Deutsche Außenpolitik von Bismarck bis Hitler, Stuttgart 1995, S. 389, S. 449 f.; Huber, Deutsche Verfassungsgeschichte (wie Anm. 3), Bd. VII, S. 551; Cohrs, The Unfinished Peace (wie Anm. 8), S. 202 ff.

40 Ausführlich hierzu Wintzer, Deutschland und der Völkerbund (wie Anm. 27), S. 435 ff.

41 Vgl. die Note der Reichsregierung an den Völkerbund vom 12.12.1924, in: UF VI, S. 480–483 (Nr. 1372 a) sowie die Antwortnote des Völkerbundrats vom 13.3.1925, ebd., S. 483 ff. (Nr. 1372 b).

42 Vgl. Bariéty, Les relations franco-allemandes (wie Anm. 6), S. 663 f.; Krüger, Die Außenpolitik (wie Anm. 2), S. 262, 264, 270.

43 Huber, Deutsche Verfassungsgeschichte (wie Anm. 3), Bd. VII, S. 551.

44 Zu den Details der Wahlen und des Regierungswechsels vgl. Winkler, Weimar (wie Anm. 7), S. 271 ff.; Huber, Deutsche Verfassungsgeschichte (wie Anm. 3), Bd. VII, S. 528 ff., 541 ff., ebenfalls Hans Luther, Politiker ohne Partei. Erinnerungen, Stuttgart 1960, S. 315 ff.

45 Vgl. Wolfram Pyta, Hindenburg – Herrschaft zwischen Hohenzollern und Hitler, München 2009, S. 441–476.

46 Vgl. ADAP, A 12, S. 626–628 (Nr. 244, Stresemann an die deutsche Botschaft in Washington, 9. 4. 1925); ebd., A13, S. 5 f. (Nr. 2, Runderlass des Auswärtigen Amts, 27.4.1925); aufschlussreich auch Stresemanns Brief aus Baden-Baden an den US-Botschafter in Berlin, Alanson B. Houghton, vom 4. 6. 1925, in: Stresemann, Vermächtnis, Bd. II, S. 257–264, hier S. 257–259; vgl. auch Wright, Gustav Stresemann, S. 309 ff.

47 Vgl. Peter Krüger, Carl von Schubert und die deutsch-französischen Beziehungen, in: Stephen A. Schuker/Elisabeth Müller-Luckner (Hrsg.), Deutschland und Frankreich – Vom Konflikt zur Aussöhnung. Die Gestaltung der westeuropäischen Sicherheit 1914–1963, München 2000, S. 73–96.

48 Der Weg zum Locarno-Vertrag ist vielfach ausführlich beschrieben und analysiert worden; hier sei statt vieler nur verwiesen auf die zusammenfassenden und scharfsinnig analysierenden Ausführungen von Krüger, Die Außenpolitik, S. 269 ff., und von Hildebrand, Das vergangene Reich, S. 452 ff., sowie auf die detailgesättigte Darstellung von Huber, Deutsche Verfassungsgeschichte, Bd. VII, S. 550 ff.; neuerdings ebenfalls Wright, Gustav Stresemann, S. 303 ff.

49 Text: UF VI, S. 334 f. (Nr. 1322, 9. 2. 1925).

50 Vgl. Krüger, Die Außenpolitik, S. 273.

51 Text in: UF VI, S. 310 (Nr. 1315, 13.12.1922).

52 Die Zitate aus: UF VI, S. 334 (Nr. 1322).

53 UF VI, S. 352–354 (Nr. 1333, Reichstagsrede Stresemanns, 18.5.1925), das Zitat S. 354; vgl. auch Wright, Gustav Stresemann (wie Anm. 36), S. 315 f.; zum Zusammenhang aufschlussreich auch Luther, Politiker ohne Partei (wie Anm. 44), S. 356 ff.

54 Siehe dazu vor allem den Bericht des deutschen Botschafters Hoesch vom 19.3.1925 an das Auswärtige Amt, der bereits eine Mächtekonferenz in den Blick nahm, gleichzeitig allerdings ankündigte, dass ein größeres Entgegenkommen Frankreichs in der Entwaffnungsfrage kaum zu erwarten sein werde, in: ADAP, A 12, S. 449–453 (Nr. 180).

55 Text: UF VI, S. 364–367 (Nr. 1337); dazu auch Huber, Deutsche Verfassungsgeschichte (wie Anm. 3), Bd. VII, S. 554; zusammenfassend Krüger, Die Außenpolitik (wie Anm. 2), S. 276 ff.

56 UF VI, S. 365.

57 ADAP, A 13, S. 473 f. (Nr. 177, 30.6.1925); vgl. auch Wright, Gustav Stresemann (wie Anm. 36), S. 315 ff.

58 Text: UF VI, S. 370–372 (Nr. 1341).

59 UF VI, S. 370; die Bemerkungen zur Frage eines deutschen Völkerbundbeitritts auf S. 372.

60 Dazu auch die Darstellung bei Cohrs, The Unfinished Peace (wie Anm. 8), S. 237 ff.

61 Text der Verbalnote in: UF VI, S. 376 (Nr. 1342 a); vgl. zum Hintergrund dieser erneuten Thematisierung der Kriegsschuldfrage auch Huber, Deutsche Verfassungsgeschichte (wie Anm. 3), Bd. VII, S. 520 ff., 556 f.

62 Die Noten, beide datiert auf den 29.9.1925, in: UF VI, S. 377 f. (Nrn. 1342 b–c); dazu auch die Bemerkungen bei Huber, Deutsche Verfassungsgeschichte (wie Anm. 3), Bd. VII, S. 557.

63 Vgl. zum Ablauf der Locarno-Konferenz Krüger, Die Außenpolitik (wie Anm. 2), S. 295 ff.; Cohrs, The Unfinished Peace (wie Anm. 8), S. 259 ff.; Wright, Gustav Stresemann (wie Anm. 36), S. 332 ff.; die sehr detaillierten deutschen Konferenzprotokolle in: AdR, Kabinette Luther I/II, S. 669–683, 687–692, 697–720, 729–734, 750–752, 773–779 (Nr. 173–175, 179, 181–182, 186, 193, 198–199), sowie die Erinnerungen des Kanzlers Luther, Politiker ohne Partei (wie Anm. 44), S. 368–385.

64 Vgl. Krüger, Die Außenpolitik (wie Anm. 2), S. 299 f.; Teildruck der Texte in: UF VI, S. 379–387 (Nr. 1344 a–d).

65 UF VI, S. 381.

66 UF VI, S. 387 (Hervorhebungen von H.-C. K.).

67 Vgl. Steiner, The Lights that Failed (wie Anm. 2), S. 397.

68 Vgl. Salewski, Entwaffnung und Militärkontrolle (wie Anm. 19), S. 315–321.

69 Der Runderlass Stresemanns zum Abkommen von Locarno gab sich in dieser Hinsicht und in seiner Hoffnung darauf, dass den in Locarno gegebenen mündlichen Zusagen bezüglich einer baldigen Räumung »Taten folgen werden«, jedenfalls ausgesprochen optimistisch; vgl. ADAP, A 14, S. 424–426 (Nr. 160, 20.10.1925).

70 Vgl. Huber, Deutsche Verfassungsgeschichte, Bd. VII, S. 560, der als Jurist feststellt, im Fall eines erneuten polnisch-sowjetischen Krieges wäre das Deutsche Reich als Völkerbundmitglied »verpflichtet gewesen, entgegen seinem elementaren Interesse wie entgegen dem Geist des ... Vertrags von Rapallo an etwaigen, vom Völkerbund beschlossenen Sanktionen gegen Rußland teilzunehmen«. Auch jene »dehnbare Klausel« der ›Anlage F‹, die eine Beteiligung an Sanktionen lediglich nach Maßgabe der geographischen Lage und der militärischen Situation vorsah, »hätte das Reich im Ernstfall schwerlich von der Pflicht zur Mitwirkung an Völkerbundsanktionen gegen Rußland befreit«; andere Deutung dagegen bei Krüger, Die Außenpolitik, S. 300 f.

71 Vgl. Huber, Deutsche Verfassungsgeschichte, Bd. VII, S. 560 f.; Winkler, Weimar, S. 308 f.; Wright, Gustav Stresemann, S. 342 ff.; aufschlussreiche Dokumente zum Austritt der DNVP aus der Regierung Luther auch in UF VI, S. 388–395 (Nr. 1345 a–f).

72 Äußerung Hugenbergs im ›Berliner Lokalanzeiger‹ vom 15.11.1925, in: UF VI, S. 398 (Nr. 1346 e).

73 Alle Zitate aus Stresemanns Rundfunkrede vom 3.11.1925, in: UF VI, S. 399–403 (Nr. 1347); vgl. auch Wright, Gustav Stresemann (wie Anm. 36), S. 344 ff.; ähnlich argumentierte auch Reichskanzler Luther, siehe dessen Reichstagsrede vom 23.11.1925, in: UF VI, S. 407–414 (Nr. 1352).

74 Vgl. Huber, Deutsche Verfassungsgeschichte (wie Anm. 3), Bd. VII, S. 561 ff.; in der Perspektive führender britischer Staatsmänner markierten die Abkommen von London und Locarno sogar »›the real dividing line between the years of war and the years of peace‹ in post-World War I Europe«, so Cohrs, The Unfinished Peace (wie Anm. 8), S. 279.

Strukturen, Tendenzen und Optionen (S. 86–101)

1 Vgl. Gottfried Niedhart, Die Außenpolitik der Weimarer Republik, München [2]2006, S. 50.

2 Diese Behauptung vor allem bei Peter Grupp, Deutsche Außenpolitik im Schatten von Versailles 1918–1920, Paderborn 1988, S. 289 ff.

3 Vgl. Peter Krüger, Die Außenpolitik der Republik von Weimar, Darmstadt [2]1993, S. 13.

4 So zu Recht Krüger, Die Außenpolitik (wie Anm. 3), S. 372.

5 Ebd., S. 42.

6 Vgl. Klaus Hildebrand, Das vergangene Reich. Deutsche Außenpolitik von Bismarck bis Hitler, Stuttgart 1995, S. 475.

7 So die These von Krüger, Die Außenpolitik (wie Anm. 3), S. 297.

8 So zutreffend Hildebrand, Das vergangene Reich (wie Anm. 6), S. 477.

9 So Theodor Schieder, Europa im Zeitalter der Weltmächte, in: Ders. (Hrsg.), Handbuch der europäischen Geschichte, Bd. 7, Stuttgart 1979, S. 180.

10 Siehe dazu die Hinweise bei Niedhart, Die Außenpolitik (wie Anm. 1), S. 49 f.; Krüger, Die Außenpolitik (wie Anm. 3), S. 207 ff.

11 So zutreffend Krüger, Die Außenpolitik (wie Anm. 3), S. 209; ähnlich bemerkt auch Hermann Graml, Zwischen Stresemann und Hitler. Die Außenpolitik der Präsidialkabinette Brüning, Papen und Schleicher, München 2001, S. 21, über Stresemann, dass sich »der Annexionist der Kriegsjahre zu einem realistischen Patrioten entwickelt [hatte], der Deutschland im europäischen Zusammenhang sah«.

12 Vgl. Krüger, Die Außenpolitik (wie Anm. 3), S. 208; Jonathan Wright, Gustav Stresemann 1878–1929. Weimars größter Staatsmann, München 2006, S. 501.

13 Vgl. hierzu und zum Folgenden Krüger, Die Außenpolitik (wie Anm. 3), S. 214 f.

14 Vgl. dazu Christian Höltje, Die Weimarer Republik und das Ostlocarno-Problem. Revision oder Garantie der deutschen Ostgrenze von 1919, Würzburg 1958, S. 113–116.

15 Das umstrittene, früher nur gekürzt abgedruckte Dokument, etwa in Gustav Stresemann, Vermächtnis. Der Nachlaß in drei Bänden, hrsg. v. Henry Bernhard, 3 Bde., Berlin 1932–1933, hier Bd. II, S. 553–555, und UF VI, S.487–489, findet sich ungekürzt in: ADAP, A 14, S. 139–142 (Nr. 52, 7.9.1925).

16 Die Zitate aus: ADAP, A 14, S. 140 f.

17 Anders die Interpretation bei Krüger, Die Außenpolitik (wie Anm. 3), S. 216 ff.

18 Hildebrand, Das vergangene Reich (wie Anm. 6), S. 459.

19 Vgl. hierzu und zum Folgenden die grundlegenden Studien und Überblicke von Krüger, Die Außenpolitik (wie Anm. 3), S. 24–29; Ders., Struktur, Organisation und außenpolitische Wirkungsmöglichkeiten der leitenden Beamten des Auswärtigen Dienstes 1921–1933, in: Klaus Schwabe (Hrsg.), Das Diplomatische Korps 1871–1945, Boppard a.Rh. 1985, S. 101–169; Ders., Die deutschen Diplomaten in der Zeit zwischen den Weltkriegen, in: Rainer Hudemann/Georges-Henri Soutou (Hrsg.), Eliten in Deutschland und Frankreich im 19. und 20. Jahrhundert. Strukturen und Beziehungen, Bd. 1, München 1994, S. 281–291.

20 Vgl. dazu Ernst Rudolf Huber, Deutsche Verfassungsgeschichte seit 1789, Bd. VI, Stuttgart u.a. 1978, S. 467f.; Krüger, Die deutschen Diplomaten, Bd. 1 (wie Anm. 19), München 1994, S. 285.

21 Vgl. dazu und zum Folgenden vor allem Krüger, Die Außenpolitik (wie Anm. 3), S. 27ff., sowie Kurt Düwell, Deutschlands auswärtige Kulturpolitik 1918–1932, Köln-Wien 1976, S. 78ff.

22 Krüger, Die Außenpolitik (wie Anm. 3), S. 27.

23 Vgl. Krüger, Die deutschen Diplomaten (wie Anm. 20), S. 286.

24 Vgl. hierzu und zum Folgenden Huber, Deutsche Verfassungsgeschichte (wie Anm. 20), Bd. VI, S. 458f.

25 Ebd., Bd. VI, S. 461; zum Folgenden vgl. auch ebd., S. 460ff.; zum Zusammenhang siehe besonders Krüger, Struktur, Organisation und außenpolitische Wirkungsmöglichkeiten (wie Anm. 19), passim.

26 Zum Thema grundlegend die Arbeiten von Düwell, Deutschlands auswärtige Kulturpolitik (wie Anm. 21), passim; sowie Ders., Zwischen Propaganda und Friedensarbeit – 100 Jahre Geschichte der deutschen auswärtigen Kulturpolitik, in: Kurt-Jürgen Maaß (Hrsg.), Kultur und Außenpolitik, Baden-Baden ^{2}2009, S. 61–111.

27 Vgl. Düwell, Zwischen Propaganda und Friedensarbeit (wie Anm. 26), S. 74.

28 Vgl. Krüger, Die Außenpolitik (wie Anm. 3), S. 61; ausführlich Düwell, Deutschlands auswärtige Kulturpolitik (wie Anm. 21), S. 78–102.

29 Vgl. hierzu und zum Folgenden vor allem Düwell, Deutschlands auswärtige Kulturpolitik (wie Anm. 21), S. 88ff.

30 Runderlass Außenminister Stresemanns vom 31.1.1928, abgedruckt in: Düwell, Deutschlands auswärtige Kulturpolitik (wie Anm. 21), S. 371–373 (Nr. 3), das Zitat S. 372.

31 Vgl. Düwell, Zwischen Propaganda und Friedensarbeit (wie Anm. 26), S. 72f.

32 Aufzeichnung Carl von Schuberts über die Tätigkeit des ›Schuldreferats‹ vom 26.4.1921, in: ADAP, A 4, S. 526–528 (Nr. 258), hier S. 527.

33 Vgl. hierzu den Überblick bei Sacha Zala, Geschichte unter der Schere politischer Zensur. Amtliche Aktensammlungen im internationalen Vergleich, München 2001, S. 57–77.

34 Vgl. Annelise Thimme (Hrsg.), Friedrich Thimme 1868–1938. Ein politischer Historiker, Publizist und Schriftsteller in seinen Briefen, Boppard a.Rh. 1994.

35 So Hermann Müller-Franken, Demokratische Außenpolitik, in: Die Gesellschaft 1924/I, S. 42–46; vgl. zu Müller als Außenpolitiker auch Rainer Behring, Wegbereiter sozialdemokratischer Außenpolitik, in: Frankfurter Allgemeine Zeitung, Nr. 97, 26.4.2006, S. 8.

36 Die Zitate: Müller-Franken, Demokratische Außenpolitik (wie Anm. 35), S. 43.

37 Vgl. Wolfgang Treue (Hrsg.), Deutsche Parteiprogramme seit 1861, Göttingen [4]1968, S. 112, 115 f. (SPD-Programm von 1921).

38 Das letztere Konzept wurde besonders von dem jungsozialistischen ›Hofgeismarer Kreis‹ vertreten; vgl. Stefan Vogt, Nationaler Sozialismus und soziale Demokratie. Die sozialdemokratische Junge Rechte 1918–1945, Bonn 2006, S. 263 ff.; Stefan Feucht, Die Haltung der Sozialdemokratischen Partei Deutschlands zur Außenpolitik während der Weimarer Republik (1918–1933), Frankfurt a. M. 1998, vor allem S. 67–113.

39 Treue (Hrsg.), Deutsche Parteiprogramme (wie Anm. 37), S. 136.

40 Ebd., S. 141 (Richtlinien der Deutschen Zentrumspartei, 16.1.1922); vgl. Torsten Oppelland, Matthias Erzberger und die Anfänge demokratischer Außenpolitik in Deutschland, in: Historisch-politische Mitteilungen 2 (1995), S. 25–47.

41 Treue (Hrsg.), Deutsche Parteiprogramme (wie Anm. 37), S. 128 (Grundsätze der Deutschen Volkspartei, 19.10.1919).

42 Ebd., S. 121 (Grundsätze der Deutschnationalen Volkspartei 1920).

43 Ebd., S. 156 (Programm der Nationalsozialistischen Deutschen Arbeiterpartei, 24.2.1920).

44 Ebd., S. 165 (Programmerklärung der Kommunistischen Partei, 24.8.1930).

45 Hermann Kantorowicz, Der Geist der englischen Politik und das Gespenst der Einkreisung Deutschlands, Berlin 1929, S. 10.

46 Vgl. Peter Alter, »Beschwerliche Reisen über den Kanal« – Großbritannien und Deutschland zwischen den Weltkriegen, in: Wolfgang J. Mommsen (Hrsg.), Die ungleichen Partner. Deutsch-britische Beziehungen im 19. und 20. Jahrhundert, Stuttgart 1999, S. 140–154.

47 Ernst Niekisch: Widerstand. Ausgewählte Aufsätze aus seinen ›Blättern für sozialistische und nationalrevolutionäre Politik‹, hrsg. v. Uwe Sauermann, Krefeld 1982, S. 42.

48 Arthur Moeller van den Bruck: Das Recht der jungen Völker, Berlin 1932, S. 66.

49 Hans von Seeckt: Wege deutscher Außenpolitik, Leipzig 1931, S. 16; vgl. auch Ders., Deutschland zwischen Ost und West, Hamburg 1933.

50 Vgl. zur Geschichte der Mitteleuropaidee Henry Cord Meyer, Mitteleuropa in German Thought and Action 1815–1945, Den Haag 1955; zu den deutschen Denkmodellen und Entwürfen der Zwischenkriegszeit vor allem Jürgen Elvert, Mitteleuropa! Deutsche Pläne zur europäischen Neuordnung (1918–1945), Stuttgart 1999, bes. S. 35–209.

51 Diese Idee wird ausführlich entfaltet und begründet bei Giselher Wirsing, Zwischeneuropa und die deutsche Zukunft, Jena 1932.

52 Die Zitate aus: ›Pan-Europäisches Manifest‹ (1924), abgedruckt in: Anita Zie-

gerhofer-Prettenthaler, Botschafter Europas. Richard Nikolaus Coudenhove-Calergi und die Paneuropa-Bewegung in den zwanziger und dreißiger Jahren, Wien u.a. 2004, S. 516–524, hier S. 517, 523; zum größeren Zusammenhang auch Peter Krüger, Europabewusstsein in Deutschland in der ersten Hälfte des 20. Jahrhunderts, in: Rauner Hudemann/Hartmut Kaelble/Klaus Schwabe (Hrsg.), Europa im Blick der Historiker, München 1995, S. 31–53.

53 Aufschlussreich hierzu: Karl Holl, Europapolitik im Vorfeld der deutschen Regierungspolitik. Zur Tätigkeit proeuropäischer Organisationen in der Weimarer Republik, in: Historische Zeitschrift 219 (1974), S. 33–94.

54 Vgl. hierzu, auch zum Folgenden, die zusammenfassende Darstellung bei Karl Holl, Pazifismus in Deutschland, Frankfurt a.M. 1988, S. 138–204, sowie die Beiträge in: Ders./Wolfram Wette (Hrsg.), Pazifismus in der Weimarer Republik, Paderborn 1981.

55 Holl, Pazifismus in Deutschland (wie Anm. 54), S. 141.

56 Ebd., S. 185ff.

Rückkehr zur Normalität? (S. 102–118)

1 Vgl. hierzu und zum Folgenden Hagen Schulze, Weimar – Deutschland 1917–1933, Berlin 1982, S. 300f.; Heinrich August Winkler, Weimar 1918–1933. Die Geschichte der ersten deutschen Demokratie, München 1998, S. 310f.; Ernst Rudolf Huber, Deutsche Verfassungsgeschichte seit 1789, Bd. VII, Stuttgart u.a. 1978, S. 568ff., 586ff.

2 Zusammenfassend hierzu Joachim Wintzer, Deutschland und der Völkerbund 1918–1926, Paderborn 2006, S. 531ff.

3 Vgl. Huber, Deutsche Verfassungsgeschichte (wie Anm. 1), Bd. VII, S. 572.

4 Text in: UF VI, S. 494 (Nr. 1380); vgl. auch Wintzer, Deutschland und der Völkerbund (wie Anm. 2), S. 554ff.

5 So die Formulierung eines Gutachtens über einen deutschen Völkerbundbeitritt (undatiert, Ende September 1925), in: ADAP, A 14, S. 278–283 (Nr. 108), hier S. 278.

6 Vgl. hierzu und zum Folgenden Peter Krüger, Die Außenpolitik der Republik von Weimar, Darmstadt [2]1993, S. 311ff.; Harald von Riekhoff, German-Polish Relations, 1918–1933, Baltimore-London 1971, S. 125ff.

7 Die Zitate aus: UF VI, S. 498–500 (Nr. 1383 b); vgl. auch den Augenzeugenbericht von Paul Schmidt, Statist auf diplomatischer Bühne 1923–1945. Erlebnisse des Chefdolmetschers im Auswärtigen Amt mit den Staatsmännern Europa, Frankfurt a.M.-Bonn 1961, S. 112–120.

8 Ebd., S. 500 (Nr. 1383 c); vgl. auch Jonathan Wright, Gustav Stresemann 1878–1929. Weimars größter Staatsmann, München 2006, S. 377 ff.

9 Carl Schmitt, Der Völkerbund und Europa [1927], in: Ders., Frieden oder Pazifismus? Arbeiten zum Völkerrecht und zur internationalen Politik 1924–1978, hrsg. v. Günter Maschke, Berlin 2005, S. 240–248, hier S. 248.

10 Vgl. hierzu und zum Folgenden Klaus Hildebrand, Das vergangene Reich. Deutsche Außenpolitik von Bismarck bis Hitler, Stuttgart 1995, S. 487, 491.

11 ADAP, A 9, S. 90 f. (Nr. 39; Brockdorff-Rantzau an das Auswärtige Amt, 4.12.1923).

12 ADAP, A 10, S. 140 f. (Nr. 56, Bericht des preußischen Innenministers an das Auswärtige Amt, 3.5.1924).

13 Vgl. dazu auch den Schriftwechsel des Auswärtigen Amtes mit der deutschen Botschaft in Moskau, in: ADAP, A 10, S. 143–145 (Nr. 58–59); siehe ebenfalls Krüger, Die Außenpolitik (wie Anm. 6), S. 267.

14 ADAP, A 10, S. 145, Anm. 5 (aus einem Telegramm Stresemanns an die deutsche Botschaft in Moskau, 6.5.1924).

15 Vgl. Krüger, Die Außenpolitik (wie Anm. 6), S. 269.

16 Vgl. Hildebrand, Das vergangene Reich (wie Anm. 10), S. 466 ff.; siehe auch die in UF VI, S. 625 ff. abgedruckten Dokumente, vor allem das Memorandum der Moskauer an die Berliner Regierung, übergeben am 2.6.1925, ebd., S. 629–632 (Nr. 1415).

17 Abdruck der Protokolle der Unterredungen Tschitscherins und Stresemanns am 30.9. und 2.10.1925, in: UF VI, S. 636–644 (Nr. 1417 a und b). Aufschlussreich ist, dass der sowjetische Volkskommissar im ersten Gespräch wenigstens die Möglichkeit einer gemeinsamen deutsch-sowjetischen Aktion gegen Polen zur Sprache brachte, indem er es als mögliches Ergebnis eines deutsch-russischen Zusammenwirkens bezeichnete, »Polen auf seine ethnographischen Grenzen zurückzudrängen« (ebd., S. 637). Es versteht sich, dass Stresemann hierauf nicht weiter einging.

18 Text in: UF VI, S. 645 f. (Nr. 1418).

19 Hildebrand, Das vergangene Reich (wie Anm. 10), S. 469; deutlich kritischer aus juristischer Sicht Huber, Deutsche Verfassungsgeschichte (wie Anm. 1), Bd. VII, S. 575. Zum Zusammenhang auch Krüger, Die Außenpolitik (wie Anm. 6), S. 315 ff.

20 Hildebrand, Das vergangene Reich (wie Anm. 10), S. 473.

21 Vgl. Krüger, Die Außenpolitik (wie Anm. 6), S. 322 f.

22 Siehe dazu den Überblick bei Francis L. Carsten, Reichswehr und Politik 1918–1933, Köln–Berlin 1965, S. 141–157, 253–259, 300–311, sowie vor allem, mit neuem russischem Quellenmaterial, Sergej A. Gorlow, Geheimsache Moskau – Berlin. Die militärpolitische Zusammenarbeit zwischen der Sowjetunion und

dem Deutschen Reich 1920–1933, in: Vierteljahrshefte für Zeitgeschichte 44 (1996), S. 133–165.

23 ADAP, B 4, S. 139–142 (Nr. 62; Aufzeichnung von Dirksens über den Stand der deutsch-russischen Militärbeziehungen, 24.1.1927), die Zitate S. 141; zum Zusammenhang siehe auch Krüger, Die Außenpolitik (wie Anm. 6), S. 384 ff.

24 Zu Thoiry und den Folgen siehe vor allem Krüger, Die Außenpolitik (wie Anm. 6), S. 356–361; Ludwig Zimmermann, Deutsche Außenpolitik in der Ära der Weimarer Republik, Göttingen-Berlin-Frankfurt a. M. 1958, S. 314–321; Hildebrand, Das vergangene Reich (wie Anm. 10), S. 488–490; Raymond Poidevin / Jacques Bariéty, Frankreich und Deutschland. Die Geschichte ihrer Beziehungen 1815–1975, München 1982, S. 356 f.; Wright, Gustav Stresemann (wie Anm. 8), S. 374–384; Patrick O. Cohrs, The Unfinished Peace after World War I – America, Britain and the Stabilisation of Europe, 1919–1932, Cambridge 2006, S. 172 ff., S. 385–398. Wichtigste Quelle zum Verlauf des Gesprächs ist eine Aufzeichnung Stresemanns, gedruckt in: Gustav Stresemann, Vermächtnis. Der Nachlaß in drei Bänden, hrsg. v. Henry Bernhard, 3 Bde., Berlin 1932–1933, hier Bd. III, S. 15–23, und UF VI, S. 501–505 (Nr. 1384 a); vgl. ebenfalls die Erinnerungen von Schmidt, Statist (wie Anm. 7), S. 124–126.

25 Dazu auch die aufschlussreichen Bemerkungen Briands über Poincaré zu Stresemann in Thoiry, in: Stresemann, Vermächtnis (wie Anm. 24), Bd. III, S. 21 f.

26 Vgl. hierzu und zum Folgenden auch Krüger, Die Außenpolitik (wie Anm. 6), S. 301, 368 ff.

27 Ebd., S. 369 f. Über den Abschluss des Vertrages und dessen Bedeutung siehe auch den Bericht des Botschafters von Hoesch an das Auswärtige Amt vom 17.8.1927, in: ADAP, B 6, S. 250 f. (Nr.120).

28 So der Text der Präambel zum V. Teil des Versailler Friedensvertrags.

29 Grundlegend hierzu immer noch die detaillierte Darstellung von Michael Salewski, Entwaffnung und Militärkontrolle in Deutschland 1919–1927, München 1966, S. 300 ff. u. passim; siehe auch Krüger, Die Außenpolitik (wie Anm. 6), S. 344 ff.

30 Vgl. hierzu und zum Folgenden vor allem Salewski, Entwaffnung und Militärkontrolle (wie Anm. 29), S. 302 ff.

31 Ebd., S. 316.

32 Vgl. ebd., S. 324.

33 Ausführlich hierzu ebd., S. 327 ff.; knapper Krüger, Die Außenpolitik (wie Anm. 6), S. 361 f.

34 Text des Protokolls in: Salewski, Entwaffnung und Militärkontrolle (wie Anm. 29), S. 363 f.

35 Vgl. Wright, Gustav Stresemann (wie Anm. 8), S. 384.

36 Vgl. Christian Höltje, Die Weimarer Republik und das Ostlocarno-Problem. Revision oder Garantie der deutschen Ostgrenze von 1919, Würzburg 1958, S. 113–116.

37 ADAP, B 7, S. 359–362 (Nr. 148, Schubert an Bernstorff, 26.1.1927), die Zitate S. 360.

38 Vgl. Krüger, Die Außenpolitik (wie Anm. 6), S. 380.

39 Ebd., S. 387.

40 Vgl. Schulze, Weimar (wie Anm. 1), S. 303; Winkler, Weimar (wie Anm. 1), S. 334–338; Huber, Deutsche Verfassungsgeschichte (wie Anm. 1), Bd. VII, S. 628–631.

41 Vgl. Eva Buchheit, Der Briand-Kellogg-Pakt von 1928 – Machtpolitik oder Friedensstreben?, Münster 1998; Bernhard Roscher: Der Briand-Kellogg-Pakt von 1928, Baden-Baden 2004; zur deutschen Politik im Vorfeld des Pakts bleibt noch wichtig Peter Krüger, Friedenssicherung und deutsche Revisionspolitik. Die deutsche Außenpolitik und die Verhandlungen über den Kellogg-Pakt, in: Vierteljahrshefte für Zeitgeschichte 22 (1974), S. 227–257. – Die wichtigsten Texte im Original und deutscher Übersetzung in: Materialien zum Kriegsächtungspakt. 3., erg. Ausgabe, Berlin 1929.

42 Vgl. Buchheit, Der Briand-Kellogg-Pakt (wie Anm. 41), S. 30 ff.

43 Vgl. Krüger, Die Außenpolitik (wie Anm. 6), S. 409.

44 Vgl. Buchheit, Der Briand-Kellog-Pakt (wie Anm. 41), S. 75 ff.

45 Ebd., S. 72.

46 Vgl. Krüger, Die Außenpolitik (wie Anm. 6), S. 410.

47 Vgl. Buchheit, Der Briand-Kellogg-Pakt (wie Anm. 41), S. 79.

48 UF VII, S. 4 f. (Nr. 1474; Amerikanische Note, 13.4.1928); vgl. Krüger, Friedenssicherung (wie Anm. 41), S. 244 f.

49 UF VII, S. 5 ff. (Nr. 1475; Antwort Stresemanns, 27.4.1928), das Zitat S. 5 f.

50 AdR, Kabinett Müller II, S. 19 (Nr. 7, 9.7.1928).

51 Siehe den Abdruck der drei Noten in: Materialien zum Kriegsächtungspakt (wie Anm. 41), S. 46–51, 84–87, 92 f.; vgl. auch Huber, Deutsche Verfassungsgeschichte (wie Anm. 1), Bd. VII, S. 635 f.

52 Vgl. Buchheit, Der Briand-Kellogg-Pakt (wie Anm. 41), S. 211 ff.

53 Text in: UF VII, S. 7 ff. (Nr. 1477), und in: Materialien zum Kriegsächtungspakt (wie Anm. 41), S. 116–121.

54 Vgl. Buchheit, Der Briand-Kellogg-Pakt (wie Anm. 41), S. 306 ff.; in den folgenden Jahren traten bis 1934 noch insgesamt 49 weitere Staaten, darunter die Sowjetunion (schon am 31. August 1928), dem Abkommen bei; vgl. Huber, Deutsche Verfassungsgeschichte (wie Anm. 1), Bd. VII, S. 634 f.

55 UF VII, S. 8.

56 Vgl. Huber, Deutsche Verfassungsgeschichte (wie Anm. 1), Bd. VII, S. 634; die dreisprachige Fassung des Vertrages in: Materialien zum Kriegsächtungspakt (wie Anm. 41), S. 116–121.

57 Huber, Deutsche Verfassungsgeschichte (wie Anm. 1), Bd. VII, S. 635; zum Folgenden ebd., S. 635 f.

58 Krüger, Die Außenpolitik (wie Anm. 6), S. 410; Ders., Friedenssicherung (wie Anm. 41), S. 254.

59 Huber, Deutsche Verfassungsgeschichte (wie Anm. 1), Bd. VII, S. 636.

60 Carl Schmitt, USA und die völkerrechtlichen Formen des modernen Imperialismus (1932/33), in: Ders., Frieden oder Pazifismus? Arbeiten zum Völkerrecht und zur internationalen Politik 1924–1978, hrsg. v. Günter Maschke, Berlin 2005, S. 349–366, hier S. 364.

61 Darauf hat mit Recht Krüger, Die Außenpolitik (wie Anm. 6), S. 415, hingewiesen, ebenso Hildebrand, Das vergangene Reich (wie Anm. 10), S. 495 f.

62 Das hat auch Stresemann im Vorfeld der Unterzeichnung des Pakts immer wieder betont; vgl. Wright, Gustav Stresemann (wie Anm. 8), S. 416.

Erfolge und Fehlschläge (S. 119–132)

1 Vgl. Peter Krüger, Die Außenpolitik der Republik von Weimar, Darmstadt [2]1993, S. 429 ff.; ADAP, B 5, S. 111 f. (Nr. 49; Stresemann an den deutschen Botschafter in Paris, 1.4.1927).

2 Vgl. u. a. ADAP, B 10, S. 42–51 (Nr. 19; Aufzeichnung des Dolmetschers Paul Schmidt über eine Besprechung der europäischen Staatsmänner in Genf, 12.9.1928); ADAP, B 11, S. 319–321 (Nr. 144; Stresemann an d'Abernon, 30.3.1929).

3 Vgl. zum Zusammenhang Heike Knortz, Wirtschaftsgeschichte der Weimarer Republik. Eine Einführung in Ökonomie und Gesellschaft der ersten Deutschen Republik, Göttingen 2010, S. 107 ff.; allgemein zu Reparationen, Auslandsschulden und Finanztransfer: Eckhard Wandel, Die Bedeutung der Vereinigten Staaten von Amerika für das deutsche Reparationsproblem 1924–1929, Tübingen 1971, S. 78–167.

4 Text nach den Aufzeichnungen Stresemanns in: UF VII, S. 586–590 (Nr. 1630; 13.11.1928).

5 Gemeinsames Kommuniqué der Regierungen vom 22.12.1928 in: UF VII, S. 590 f. (Nr. 1631 a).

6 Vgl. dazu eingehend Philipp Heyde, Das Ende der Reparationen. Deutschland, Frankreich und der Youngplan 1929–1932, Paderborn 1998, S. 35–75; Werner Link, Die amerikanische Stabilisierungspolitik in Deutschland 1921–32,

Düsseldorf 1970, S. 438–485; Wandel, Die Bedeutung der Vereinigten Staaten (wie Anm. 3), S. 224 ff.

7 Vgl. Wandel, Die Bedeutung der Vereinigten Staaten (wie Anm. 6), S. 226 ff.; Link, Die amerikanische Stabilisierungspolitik (wie Anm. 6), S. 458 ff.

8 Vgl. hierzu und zum Folgenden: Wandel, Die Bedeutung der Vereinigten Staaten (wie Anm. 3), S. 261 ff.; Philipp Heyde, Das Ende der Reparationen. Deutschland, Frankreich und der Youngplan 1929–1932, Paderborn 1998, S. 51 ff.; Ernst Rudolf Huber, Deutsche Verfassungsgeschichte seit 1789, Bd. VII, Stuttgart u.a. 1978, S. 694 f.

9 Vgl. auch Krüger, Die Außenpolitik (wie Anm. 1), S. 484 ff.

10 Hans Gestrich, Der Youngplan – Inhalt und Wirkung. Gemeinverständlich dargestellt, Leipzig 1930, S. 133; vgl. auch S. 130–133.

11 Dazu vor allem Franz Knipping, Deutschland, Frankreich und das Ende der Locarno-Ära 1928–1931. Studien zur internationalen Politik in der Weltwirtschaftskrise, München 1987, S. 58–89; Jonathan Wright, Gustav Stresemann 1878–1929. Weimars größter Staatsmann, München 2006, S. 477–481.

12 Vgl. das von Paul Schmidt angefertigte Protokoll einer Unterredung der wichtigsten deutschen, britischen und französischen Politiker am 21.8.1929 in Scheveningen, in: ADAP, B 12, S. 451–456 (Nr. 197); zum Zusammenhang auch Knipping, Deutschland, Frankreich (wie Anm. 11), S. 67–74.

13 Ebd., S. 68 ff.

14 Zu Stresemanns Krankheit siehe Wright, Gustav Stresemann (wie Anm. 11), S. 421 ff., 442 ff.

15 Ebd., S. 490.

16 Vgl. dazu Stresemanns Brief an den sozialdemokratischen Reichstagspräsidenten Paul Löbe vom 19.9.1929, in: ADAP, B 13, S. 59–60 (Nr. 26).

17 Vgl. dazu insgesamt auch Wright, Gustav Stresemann (wie Anm. 11), S. 472 ff.

18 R.H. Bruce Lockhart, Als Diplomat, Bankmann und Journalist im Nachkriegseuropa, Stuttgart-Berlin 1935, S. 404.

19 Grundlegende Arbeit über die Ära Curtius: Andreas Rödder, Stresemanns Erbe. Julius Curtius und die deutsche Außenpolitik 1929–1931, Paderborn u.a. 1996; als Quelle bleibt wichtig: Julius Curtius, Sechs Jahre Minister der deutschen Republik, Heidelberg 1948.

20 Entsprechend unterschiedlich wird er in der Forschungsliteratur bewertet; eher kritisch urteilt Krüger, Die Außenpolitik (wie Anm. 1), bes. S. 509 ff.; differenziert-positivere Einschätzung dagegen bei Rödder, Stresemanns Erbe (wie Anm. 19), bes. S. 27 ff., 41 f. u. passim.

21 Vgl. Rödder, Stresemanns Erbe (wie Anm. 19), S. 80 ff.

22 Curtius, Sechs Jahre Minister (wie Anm. 19), S. 107.

23 Ausführlich hierzu Huber, Deutsche Verfassungsgeschichte (wie Anm. 8), Bd. VII, S. 697–702.

24 Neuabdruck in: UF VII, S. 613 f. (Nr. 1637 b).

25 Dazu aufschlussreich: Huber, Deutsche Verfassungsgeschichte, Bd. VII, S. 698 f.

26 Vgl. Knipping, Deutschland, Frankreich (wie Anm. 11), S. 97 ff.; Rödder, Stresemanns Erbe (wie Anm. 19), S. 54 ff.; Huber, Deutsche Verfassungsgeschichte (wie Anm. 8), Bd. VII, S. 708 ff.

27 Vgl. Rödder, Stresemanns Erbe (wie Anm. 19), S. 55; auszugsweiser Text des Abkommens vom 20.1.1930 in: UF VII, S. 620–626 (Nr. 1639).

28 Vgl. Huber, Deutsche Verfassungsgeschichte (wie Anm. 8), Bd. VII, S. 712–716.

29 Abdruck in: Walther Hubatsch, Hindenburg und der Staat. Aus den Papieren des Generalfeldmarschalls und Reichspräsidenten von 1878 bis 1934, Göttingen u.a. 1966, S. 300 f. (Nr. 70); das Zitat S. 300; vgl. zum Zusammenhang auch Wolfram Pyta, Hindenburg – Herrschaft zwischen Hohenzollern und Hitler, München 2009, S. 550 ff.

30 ADAP, B 12, S. 42–46 (Nr. 19); die Zitate S. 43 f.

31 Text des Memorandums (im Auszug) in: UF VII, S. 22–26 (Nr. 1483 a); dazu auch Krüger, Die Außenpolitik (wie Anm. 1), S. 523 ff.; Knipping, Deutschland, Frankreich (wie Anm. 11), S. 155 ff.; Rödder, Stresemanns Erbe (wie Anm. 19), S. 113 ff.; Walter Lipgens, Europäische Einigungsidee 1923–30 und Briands Europaplan im Urteil der deutschen Akten, in: Historische Zeitschrift 203 (1966), S. 46–89, 316–363.

32 Alle Zitate aus: UF VII, S. 22–26.

33 ADAP, B 15, S. 93–96 (Nr. 39), das Zitat S. 93; siehe bereits Bülows Aufzeichnung vom 7.8.1929 über die ›Paneuropa‹-Idee sowie über Briands Europavorstellungen, die er konsequent als Ausdruck einer umfassenden Pariser Gesamtstrategie deutete, um die französische Hegemonialstellung in Kontinentaleuropa wirksam abzusichern, in: ADAP, B 12, S. 332–337 (Nr. 153), bes. S. 335.

34 Vgl. dazu vor allem Rödder, Stresemanns Erbe (wie Anm. 19), S. 114 ff.

35 So (in Abweichung von älteren Deutungen) Rödder, Stresemanns Erben (wie Anm. 19), S. 115 f.

36 Vgl. AdR, Kabinette Brüning I/II, S. 280–283 (Nr. 68; Ministerbesprechung, 8.7.1930). Die deutsche Antwortnote werde, bemerkte Curtius, »für die Aktion Briands ein Begräbnis erster Klasse werden, müsse andererseits der deutschen Außenpolitik als Plattform für die weitere Verfolgung ihrer politischen und wirtschaftlichen Interessen dienen« (ebd., S. 283).

37 ADAP, B 15, S. 329–332 (Nr. 136), ebenfalls in: UF VII, S. 27–29 (Nr. 1483 b).

38 Die Zitate: ADAP, B 15, S. 329 f.

39 Vgl. Rödder, Stresemanns Erbe (wie Anm. 19), S. 118 f.

40 Vgl. zusammenfassend Harald von Riekhoff, German-Polish Relations, 1918–1933, Baltimore-London 1971, passim; Gerhard Schulz, Deutschland und Polen vom Ersten zum Zweiten Weltkrieg, in: Geschichte in Wissenschaft und Unterricht 33 (1982), S. 154–172, und Krüger, Die Außenpolitik (wie Anm. 1), S. 304 ff., 468 ff., 501 ff.

41 Eingehend hierzu Christian Höltje, Die Weimarer Republik und das Ostlocarno-Problem. Revision oder Garantie der deutschen Ostgrenze von 1919, Würzburg 1958, S. 64ff, S. 117 ff. u. passim.

42 Vgl. zum Abkommen und dessen Vorgeschichte vor allem: Riekhoff, German-Polish Relations (wie Anm. 40), S. 131–160; Huber, Deutsche Verfassungsgeschichte (wie Anm. 8), Bd. VII, S. 716–718; Rödder, Stresemanns Erbe (wie Anm. 19), S. 43 f., 167–170; Schulz, Deutschland und Polen (wie Anm. 40), S. 160; partiell aufschlussreich ebenfalls: Curtius, Sechs Jahre Minister (wie Anm. 19), S. 98 ff.

43 Text des Abkommens in: UF VI, S. 726 f.; vgl. auch Riekhoff, German-Polish Relations (wie Anm. 40), S. 152 ff.

44 Bericht des Botschafters Ulrich Rauscher an das Auswärtige Amt, 1.11.1929, in: ADAP, B 13, S. 195–200 (Nr. 93), die Zitate S. 197 f. – Die partielle Fehldeutung der Haltung Rauschers zum Liquidationsabkommen durch Krüger, Die Außenpolitik (wie Anm. 1), S. 503 f., wird überzeugend korrigiert von Rödder, Stresemanns Erbe (wie Anm. 19), S. 168, Anm. 96.

45 Vgl. Knipping, Deutschland, Frankreich (wie Anm. 11), S. 67 ff.

46 Vgl. hierzu und zum Folgenden vor allem Rödder, Stresemanns Erbe (wie Anm. 19), S. 104 ff; Hermann Graml, Zwischen Stresemann und Hitler. Die Außenpolitik der Präsidialkabinette Brüning, Papen und Schleicher, München 2001, S. 48 ff.; Huber, Deutsche Verfassungsgeschichte (wie Anm. 8), Bd. VII, S. 759 ff.; Krüger, Die Außenpolitik (wie Anm. 1), S. 463 f.

47 Text des Aufrufs in: UF VIII, S. 222 f. (Nr. 1718 a).

48 Vgl. Paul Schmidt, Statist auf diplomatischer Bühne 1923–1945, Frankfurt a.M.-Bonn 1961, S. 195.

49 Rödder, Stresemanns Erbe (wie Anm. 19), S. 109 f., vertritt dagegen die Auffassung, Curtius habe hiermit einen seiner »schwersten politischen Fehler« begangen.

Außenpolitik in der Endkrise der Republik (S. 133–150)

1 Ausführlich hierzu Hagen Schulze, Weimar – Deutschland 1917–1933, Berlin 1982, S. 314 ff.; Heinrich August Winkler, Weimar 1918–1933. Die Geschichte der ersten deutschen Demokratie, München 1998, S. 364 ff.; Ernst Rudolf Huber, Deutsche Verfassungsgeschichte seit 1789, Stuttgart u. a. 1978, Bd. VII, S. 718 ff.

2 Zu den Anfängen der Regierung Brüning vgl. Huber, Deutsche Verfassungsgeschichte (wie Anm. 1), Bd. VII, S. 749 ff., sowie Herbert Hömig, Brüning. Kanzler in der Krise der Republik, Paderborn 2000, S. 149 ff.; zur Persönlichkeit und zum Selbstverständnis des neuen Kanzlers siehe Heinrich Brüning, Memoiren 1918–1934, Stuttgart 1970, zu deren Bedeutung und Problematik: Rudolf Morsey, Zur Entstehung, Authentizität und Kritik von Brünings »Memoiren 1918–1934«, Opladen 1975. Instruktiv zu Brünings außenpolitischen Vorstellungen und Zielen auch Josef Becker, Probleme der Außenpolitik Brünings, in: Ders./Klaus Hildebrand (Hrsg.), Internationale Beziehungen in der Weltwirtschaftskrise 1929–1933, München 1980, S. 265–286.

3 Vgl. hierzu Huber, Deutsche Verfassungsgeschichte (wie Anm. 1), Bd. VII, S. 778 ff.

4 Vgl. die rückblickende Niederschrift des Staatssekretärs Otto Meissner vom 14.6.1932, in: Walther Hubatsch, Hindenburg und der Staat. Aus den Papieren des Generalfeldmarschalls und Reichspräsidenten von 1878 bis 1934, Göttingen u. a. 1966, S. 323–331 (Nr. 85), hier S. 323 f.

5 Vgl. Julius Curtius, Sechs Jahre Minister der deutschen Republik, Heidelberg 1948, S. 108 u. 167 ff., sowie Andreas Rödder, Stresemanns Erbe. Julius Curtius und die deutsche Außenpolitik 1929–1931, Paderborn u. a. 1996, S. 85 ff.

6 Die Zitate aus Bülows Telegramm an Curtius vom 15.9.1930, in: ADAP, B 15, S. 527 (Nr. 216); vgl. dazu auch Peter Krüger, Die Außenpolitik der Republik von Weimar, Darmstadt [2]1993, S. 516 f.; Hermann Graml, Zwischen Stresemann und Hitler. Die Außenpolitik der Präsidialkabinette Brüning, Papen und Schleicher, München 2001, S. 56 ff.

7 So Andreas Hillgruber, »Revisionismus« – Kontinuität und Wandel in der Außenpolitik der Weimarer Republik, in: Ders., Die Last der Nation. Fünf Beiträge über Deutschland und die Deutschen, Düsseldorf 1984, S. 59–85, hier S. 77.

8 Vgl. Becker, Probleme der Außenpolitik Brünings (wie Anm. 2), S. 285.

9 Vgl. Krüger, Die Außenpolitik (wie Anm. 6), S. 435, 443, 473 ff. u. a.; zur Gesamtproblematik siehe auch Rödder, Stresemanns Erbe (wie Anm. 5), S. 132 ff.; Graml, Zwischen Stresemann und Hitler (wie Anm. 6), S. 63 f.

10 Huber, Deutsche Verfassungsgeschichte (wie Anm. 1), Bd. VII, S. 823; zum

Zusammenhang auch Michael Geyer, Aufrüstung oder Sicherheit. Die Reichswehr in der Krise der Machtpolitik 1924–1936, Wiesbaden 1980, S. 243 ff.

11 ADAP, B 15, S. 527 (Nr. 216; Telegramm Bülows an Curtius, 15.9.1930).

12 Curtius, Sechs Jahre Minister (wie Anm. 5), S. 171.

13 Vgl. Rödder, Stresemanns Erbe (wie Anm. 5), S. 136 ff.; Huber, Deutsche Verfassungsgeschichte (wie Anm. 1), Bd. VII, S. 826 ff.; Franz Knipping, Deutschland, Frankreich und das Ende der Locarno-Ära 1928–1931. Studien zur internationalen Politik in der Weltwirtschaftskrise, München 1987, S. 182 ff.

14 Zu den Einzelheiten siehe Harald von Riekhoff, German-Polish Relations, 1918–1933, Baltimore-London 1971, S. 218 ff.; Rödder, Stresemanns Erbe (wie Anm. 5), S. 170 ff., Curtius, Sechs Jahre Minister (wie Anm. 5), S. 173 ff.

15 Zum Zollunionsprojekt siehe vor allem Rödder, Stresemanns Erbe (wie Anm. 5), S. 186–226, sowie Klaus Hildebrand, Das vergangene Reich. Deutsche Außenpolitik von Bismarck bis Hitler, Stuttgart 1995, S. 526–534; Graml, Zwischen Stresemann und Hitler (wie Anm. 6), S. 89–111; knapper sodann Huber, Deutsche Verfassungsgeschichte (wie Anm. 1), Bd. VII, S. 833–840, und Krüger, Die Außenpolitik (wie Anm. 5), S. 530–535.

16 So Huber, Deutsche Verfassungsgeschichte (wie Anm. 1), Bd. VII, S. 824.

17 Vgl. dazu etwa die Stellungnahmen und Bemerkungen in: ADAP, A 13, S. 331–333 (Nr. 122; Botschafter von Hoesch an das Auswärtige Amt, 13.6.1925); ADAP, B 6, S. 259–265 (Nr. 124; Botschafter von Hoesch an das Auswärtige Amt, 18.8.1927), hier S. 261 f.; ADAP, B 9, S. 634–642 (Nr. 263; Aufzeichnung Stresemanns, 27.8.1928), hier S. 636 f.

18 Vgl. AdR, Kabinett Müller II, S. 1480–1495 (Nr. 453; Protokoll der Besprechungen mit dem österreichischen Bundeskanzler, 22. u. 24.2.1930).

19 Text in: UF VIII, S. 237–240 (Nr. 1728); zur Bewertung des Inhalts siehe auch die Bemerkungen bei Huber, Deutsche Verfassungsgeschichte (wie Anm. 1), Bd. VII, S. 835 f.

20 Ebd., S. 834.

21 ADAP, B 16, S. 571–574 (Nr. 227; Aufzeichnung des Ministerialdirektors Köpke, 21.2.1931), hier S. 571; vgl. auch Rödder, Stresemanns Erbe (wie Anm. 19), S. 197.

22 Vgl. hierzu und zum Folgenden auch Rödder, Stresemanns Erbe (wie Anm. 5), S. 202 ff.

23 ADAP, B 17, S. 93–96 (Nr. 32; 21.3.1931), hier S. 93.

24 Siehe das Schreiben der britischen Regierung an den Völkerbund vom 13.4.1931, in: UF VIII, S. 245 f. (Nr. 1730).

25 Siehe den Text des Protokolls der Verhandlungen des Völkerbundrats vom 18.5.1931, in: UF VIII, S. 248–250 (Nr. 1733).

26 ADAP, B 18, S. 47–49 (Nr. 25; Aufzeichnung über ein Gespräch Brünings mit dem französischen Wirtschaftsjournalisten Fernand de Brion, 10.7.1931), hier S. 48.

27 Aufschlussreich dazu sein ausführlicher Bericht aus Genf an die Reichsregierung vom 4.9.1931, in: ADAP, S. 367–375 (Nr. 169); siehe auch den späteren Rückblick: Curtius, Sechs Jahre Minister (wie Anm. 5), S. 201–212. Zum Zusammenhang ebenfalls Rödder, Stresemanns Erbe (wie Anm. 5), S. 264–270; Hömig, Brüning (wie Anm. 2), S. 296–313.

28 Vgl. zusammenfassend Heike Knortz, Wirtschaftsgeschichte der Weimarer Republik. Eine Einführung in Ökonomie und Gesellschaft der ersten Deutschen Republik, Göttingen 2010, S. 217 ff.; grundlegend weiterhin Knut Borchardt, Zwangslagen und Handlungsspielräume in der großen Wirtschaftskrise der frühen dreißiger Jahre. Zur Revision des überlieferten Geschichtsbildes, in: Josef Becker/Klaus Hildebrand (Hrsg.), Internationale Beziehungen in der Weltwirtschaftskrise 1929–1933, München 1980, S. 287–325.

29 Vgl. Rödder, Stresemanns Erbe (wie Anm. 5), S. 231 f.

30 Vgl. den Bericht des deutschen Botschafters in Washington, von Prittwitz und Gaffron, an das Auswärtige Amt, 26./27.10.1930, in: ADAP, B 16, S. 51–53 (Nr. 23).

31 Vgl. Huber, Deutsche Verfassungsgeschichte, Bd. VII, S. 843–845.

32 Vgl. Rödder, Stresemanns Erbe (wie Anm. 5), S. 232 ff.; Philipp Heyde, Das Ende der Reparationen. Deutschland, Frankreich und der Youngplan 1929–1932, Paderborn 1998, S. 99 ff.

33 Siehe dazu das vorbereitende deutsche Memorandum vom 20.5.1931 in: ADAP, B 17, S. 349 f. (Nr. 139), in dem bereits als eines der anzuführenden Argumente für die deutsch-britischen Regierungsgespräche die »dringende Gefahr eines nationalsozialistischen oder bolschewistischen Umsturzes mit dem Ergebnis völliger Verwirrung« (ebd., S. 349) genannt wird.

34 Dazu und zum Zusammenhang der US-amerikanischen Politik in der beginnenden Krise vgl. vor allem Patrick O. Cohrs, The Unfinished Peace after World War I – America, Britain and the Stabilisation of Europe, 1919–1932, Cambridge 2006, S. 572–602, sowie Werner Link, Die amerikanische Stabilisierungspolitik in Deutschland 1921–32, Düsseldorf 1970, S. 489 ff.; Heyde, Das Ende der Reparationen (wie Anm. 32), S. 188–227.

35 Vgl. Huber, Deutsche Verfassungsgeschichte (wie Anm. 1), Bd. VII, S. 850; ebenfalls Rödder, Stresemanns Erbe (wie Anm. 5), S. 244 ff.

36 Hindenburgs Schreiben an Hoover, 19.6.1931, in: UF VIII, S. 184 f. (Nr. 1703 b).

37 Text des Hoover-Moratoriums in: UF VIII, S. 185–187 (Nr. 1703 c); zum Zusammenhang auch Rödder, Stresemanns Erbe (wie Anm. 5), S. 246 ff.; Hömig, Brüning (wie Anm. 2), S. 333 ff.

38 Vgl. Graml, Zwischen Stresemann und Hitler (wie Anm. 6), S. 138.

39 ADAP, B 17, S. 481–483 (Nr. 202; Bericht des Botschafters von Hoesch an das Auswärtige Amt, 24.6.1931); zur Reaktion Frankreichs siehe auch Rödder, Stresemanns Erbe (wie Anm. 19), S. 249 ff.

40 Vgl. Heyde, Das Ende der Reparationen (wie Anm. 32), S. 246 ff.; Huber, Deutsche Verfassungsgeschichte (wie Anm. 1), Bd. VII, S. 860 f.; Rödder, Stresemanns Erbe (wie Anm. 5), S. 258 f.; das Schlusskommuniqué der Londoner Konferenz vom 23.7.1931 in: UF VIII, S. 195 f. (Nr. 1708).

41 Vgl. UF VIII, S. 195.

42 Vgl. zusammenfassend Heyde, Das Ende der Reparationen (wie Anm. 32), S. 256 ff.; Huber, Deutsche Verfassungsgeschichte (wie Anm. 1), Bd. VII, S. 862 f.; Rödder, Stresemanns Erbe (wie Anm. 5), S. 259.

43 Siehe die Dokumente in: UF VIII, S. 214–218 (Nr. 1715 a–c).

44 Vgl. u.a. Schulze, Weimar (wie Anm. 1), S. 355 ff.; Winkler, Weimar (wie Anm. 1), S. 408 ff.; wichtige Analyse zum inneren Zerfall der Republik auch bei Horst Möller, Die Weimarer Republik. Eine unvollendete Demokratie, München [7]2004, S. 253 ff.

45 Curtius, Sechs Jahre Minister (wie Anm. 5), S. 259.

46 Borchardt, Zwangslagen und Handlungsspielräume (wie Anm. 28), S. 324, Anm. 85.

47 Rudolf Morsey, Heinrich Brüning (1885–1970), in: Ders., Von Windthorst bis Adenauer. Ausgewählte Aufsätze zu Politik, Verwaltung und politischem Katholizismus im 19. und 20. Jahrhundert, Paderborn 1997, S. 422–431, hier S. 427; vgl. auch Hömig, Brüning (wie Anm. 2), S. 232 f.

48 Theodor Schieder, Europa im Zeitalter der Weltmächte, in: Ders. (Hrsg.), Handbuch der europäischen Geschichte, Bd. 7, Stuttgart 1979, S. 1–351, hier S. 180.

49 Vgl. ADAP, B 19, S. 392–394 (Nr. 168): Dem britischen Botschafter Rumbold erklärte Brüning am 8.1.1932 unumwunden, das Ziel der Reichsregierung bei den bevorstehenden Verhandlungen über die Reparationsfrage sei »die Erreichung der völligen Streichung der Reparationen« (ebd, S. 393); siehe auch Brüning, Memoiren (wie Anm. 2), S. 499, sowie Detlef Wächter, Von Stresemann zu Hitler. Deutschland 1928 bis 1933 im Spiegel der Berichte des englischen Botschafters Sir Horace Rumbold, Frankfurt a.M. 1997, S. 163 f.

50 Vgl. Heyde, Das Ende der Reparationen (wie Anm. 32), S. 344 ff.

51 Dazu vor allem Wolfram Pyta, Hindenburg – Herrschaft zwischen Hohenzollern und Hitler, München 2009, S. 671 ff.

52 Brüning, Memoiren (wie Anm. 49), S. 588; vgl. auch Hömig, Brüning (wie Anm. 2), S. 542 f.

53 Vgl. Pyta, Hindenburg (wie Anm. 51), S. 687–720; Hömig, Brüning (wie Anm. 2), S. 547ff., sowie den ausführlichen Überblick bei Huber, Deutsche Verfassungsgeschichte (wie Anm. 1), Bd. VII, S. 971ff.; ebenfalls Heyde, Das Ende der Reparationen (wie Anm. 32), S. 376ff.

54 Ebd., S. 402ff.; Zara Steiner, The Lights That Failed. European International History 1919–1933, Oxford 2005, S. 684ff.; Graml, Zwischen Stresemann und Hitler (wie Anm. 6), S. 208ff.; zum ›Lokalkolorit‹ und Stimmungsklima aufschlussreich: Paul Schmidt, Statist auf diplomatischer Bühne 1923–1945, Frankfurt a.M.-Bonn 1961, S. 238ff.

55 Vgl. hierzu AdR, Kabinett Papen, S. 141–145 (Nr. 40; Ministerbesprechung in Lausanne, 25.6.1932), sowie Hildebrand, Das vergangene Reich (wie Anm. 15), S. 550ff., und Graml, Zwischen Stresemann und Hitler (wie Anm. 6), S. 208f., auch Papens spätere Darstellung in: Franz von Papen, Der Wahrheit eine Gasse, München 1952, S. 202ff.

56 AdR, Kabinett Papen, S. 143.

57 Ebd., S. 143: Deutschland sei, so Papen, »bereit, in einem gewissen Rahmen auf die Gleichberechtigung in Rüstungsfragen zu verzichten«.

58 So ein Tagebucheintrag von Herriot vom 29.6.1932; nach unveröffentlichten Quellen zitiert bei Philipp Heyde, Frankreich und das Ende der Reparationen. Das Scheitern der französischen Stabilisierungskonzepte in der Weltwirtschaftskrise 1930–1932, in: Vierteljahrshefte für Zeitgeschichte 48 (2000), S. 37–73, hier S. 68, Anm. 124.

59 Graml, Zwischen Stresemann und Hitler (wie Anm. 6), S. 208f.

60 Text (Auszug) in: UF VIII, S. 630–634 (Nr. 1884 c); vgl. hierzu auch Heyde, Das Ende der Reparationen (wie Anm. 32), S.441ff., 447ff.

61 Vgl. hierzu statt vieler Schulze, Weimar (wie Anm. 1), S. 358ff.; Winkler, Weimar (wie Anm. 1), S. 466ff.

62 Ausführlich hierzu und zum Folgenden: Sten Nadolny, Abrüstungsdiplomatie 1932/33. Deutschland auf der Genfer Konferenz im Übergang von Weimar zu Hitler, München 1978, S. 90ff. u. passim, sowie Michael Geyer, Die Konferenz für die Herabsetzung und Beschränkung der Rüstungen und das Problem der Abrüstung, in: Josef Becker/Klaus Hildebrand (Hrsg.), Internationale Beziehungen in der Weltwirtschaftskrise 1929–1933, München 1980, S. 155–202; Ders., Die Genfer Abrüstungskonferenz 1932 und das Problem der Rüstungskontrolle in der Zwischenkriegszeit, in: Jost Dülffer (Hrsg.), Parlamentarische und öffentliche Kontrolle von Rüstung in Deutschland 1700–1970, Düsseldorf 1992, S. 175–201; siehe ebenfalls Schmidt, Statist (wie Anm. 54), S. 231ff.; wichtige Dokumente in: UF VIII, S. 276ff.

63 Die Zitate nach Huber, Deutscher Verfassungsgeschichte (wie Anm. 1),

Bd. VII, S. 921; zu den französischen Konzepten einer ›sécurité collective‹ siehe vor allem: Georges-Henri Soutou, La France et la Problématique de la Sécurité Collective à partir de Locarno: Dialectique Juridique et Impasse Géostratégique, in: Nation und Europa. Studien zum internationalen Staatensystem im 19. und 20. Jahrhundert – Festschrift für Peter Krüger zum 65. Geburtstag, hrsg. v. Gabriele Clemens, Stuttgart 2001, S. 133–152.

64 Vgl. Nadolny, Abrüstungsdiplomatie (wie Anm. 52), S. 113 ff.; Geyer, Die Konferenz (wie Anm. 52), S. 177 ff.

65 Ausführlich dazu Nadolny, Abrüstungsdiplomatie (wie Anm. 52), S. 183 ff.

66 Geyer, Die Genfer Abrüstungskonferenz (wie Anm. 52), S. 193.

67 Nach dem Text der Vereinbarung vom 11.12.1932, in: UF VIII, S. 296 f. (Nr. 1757), das Zitat S. 296; siehe auch Nadolny, Abrüstungsdiplomatie (wie Anm. 52), S. 199 ff.

68 Vgl. Neuraths Erklärung vom 21.12.1932, in: UF VIII, S. 297–299 (Nr. 1758).

69 Text der Ansprache in: AdR, Kabinett Schleicher, S. 101–117 (Nr. 25), hier S. 116.

70 Hugo Preuß, Nationaler Gegensatz und internationale Gemeinschaft [1918], in: Ders., Gesammelte Schriften, Bd. 1, Tübingen 2007, S. 706–718, hier S. 717.

Auswahlbibliografie

Die Literatur zur Außenpolitik der Weimarer Republik ist kaum mehr zu übersehen. Die nachfolgende Auflistung enthält neben den einschlägigen Quellen eine Auswahl der wichtigsten und aktuellsten Aufsätze und Monografien. Weitere Literaturhinweise finden sich in den Anmerkungen.

Artaud, Denise: Die Hintergründe der Ruhrbesetzung, in: Vierteljahrshefte für Zeitgeschichte 27 (1979), S. 241–259.

Baden, Max von: Erinnerungen und Dokumente, Berlin-Leipzig 1927.

Bariéty, Jacques: Les relations franco-allemandes après la première guerre mondiale. 10 Novembre 1918 – 10 Janvier 1925, de l'exécution à la négociation, Paris 1977.

Bariéty, Jacques: Deutschland, Frankreich und das Europa von Versailles, in: Karl Otmar von Aretin/Jacques Bariéty/Horst Möller (Hrsg.): Das deutsche Problem in der neueren Geschichte, München 1997, S. 59–74.

Bariéty, Jacques: Aristide Briand et la sécurité de la France en Europe, 1919–1932, in: Stephen A. Schuker (Hrsg.): Deutschland und Frankreich – Vom Konflikt zur Aussöhnung, München 2000, S. 117–134.

Barth, Boris: Dolchstoßlegenden und politische Desintegration. Das Trauma der deutschen Niederlage im Ersten Weltkrieg 1914–1933, Düsseldorf 2003.

Baumgart, Winfried: Vom europäischen Konzert zum Völkerbund. Friedensschlüsse und Friedenssicherung von Wien bis Versailles, Darmstadt 1974.

Baumgart, Winfried: Deutsche Ostpolitik 1918–1926, in: Alexander Fischer/Günter Moltmann/Klaus Schwabe (Hrsg.): Russland – Deutschland – Amerika. Festschrift für Fritz T. Epstein zum 80. Geburtstag, Wiesbaden 1978, S. 239–256.

Beaupré, Nicolas: Das Trauma des großen Krieges 1918–1932/33 (Deutsch-Französische Geschichte. 8), Darmstadt 2009.

Becker, Josef: Probleme der Außenpolitik Brünings, in: Josef Becker/Klaus Hildebrand (Hrsg.): Internationale Beziehungen in der Weltwirtschaftskrise 1929–1933, München 1980, S. 265–286.

Becker, Winfried: Frederic von Rosenberg (1874–1937). Diplomat vom späten Kaiserreich bis zum Dritten Reich, Außenminister der Weimarer Republik, Göttingen 2011.

Becker, Winfried (Hrsg.): Frederic von Rosenberg. Korrespondenz und Akten des deutschen Diplomaten und Außenministers 1913–1937, München 2011.

Blessing, Ralph: Der mögliche Frieden. Die Modernisierung der Außenpolitik und die deutsch-französischen Beziehungen 1923–1929, München 2008.

Borchardt, Knut: Zwangslagen und Handlungsspielräume in der großen Wirtschaftskrise der frühen dreißiger Jahre: Zur Revision des überlieferten Geschichtsbildes, in: Josef Becker/Klaus Hildebrand (Hrsg.): Internationale Beziehungen in der Weltwirtschaftskrise 1929–1933, München 1980, S. 287–325.

Brockdorff-Rantzau, Ulrich Graf von: Dokumente und Gedanken um Versailles, Berlin [3]1925.

Brüning, Heinrich: Memoiren 1918–1934 [hrsg. v. Theoderich Kampmann u. Claire Nix], Stuttgart 1970.

Buchheit, Eva: Der Briand-Kellogg-Pakt von 1928 – Machtpolitik oder Friedensstreben?, Münster 1998.

Büttner, Ursula: Weimar – die überforderte Republik, in: Gebhardt Handbuch der deutschen Geschichte, 10. Aufl., Bd. 18, Stuttgart 2010, S. 171–767.

Carsten, Francis: Reichswehr und Politik 1918–1933, Köln-Berlin 1965.

Carr, Edward Hallett: The Twenty Years' Crisis 1919–1939. An Introduction to the Study of International Relations. New York 1964.

Cohrs, Patrick O.: The Unfinished Peace after World War I – America, Britain and the Stabilisation of Europe, 1919–1932, Cambridge 2006.

Conze, Werner: Deutschlands weltpolitische Sonderstellung in den zwanziger Jahren, in: Vierteljahrshefte für Zeitgeschichte 9 (1961), S. 166–177.

Curtius, Julius: Sechs Jahre Minister deutschen Republik, Heidelberg 1948.

Dülffer, Jost/Krumeich, Gerd (Hrsg.): Der verlorene Frieden. Politik und Kriegskultur nach 1918, Essen 2002.

Düwell, Kurt: Deutschlands auswärtige Kulturpolitik 1918–1932, Köln-Wien 1976.

Ebray, Alcide: Der unsaubere Frieden (Versailles), Berlin 1925.

Elvert, Jürgen: Mitteleuropa! Deutsche Pläne zur europäischen Neuordnung (1918–1945), Stuttgart 1999.

Elz, Wolfgang: Die Weimarer Republik und ihre Außenpolitik, in: Historisches Jahrbuch 119 (1999), S. 307–375.

Elz, Wolfgang: Foreign Policy, in: Anthony McElligott (Hrsg.): Weimar Germany, Oxford 2010, S. 50–77.

Erdmann, Karl Dietrich: Die Weimarer Republik (Gebhardt Handbuch der deutschen Geschichte. 19), München [4]1983.

Feucht, Stefan: Die Haltung der Sozialdemokratischen Partei Deutschlands zur Außenpolitik während der Weimarer Republik (1918–1933), Frankfurt a.M. 1998.

Geyer, Michael: Aufrüstung oder Sicherheit. Die Reichswehr in der Krise der Machtpolitik 1924–1936, Wiesbaden 1980.

Gorlow, Sergej A.: Geheimsache Moskau – Berlin. Die militärpolitische Zusammenarbeit zwischen der Sowjetunion und dem Deutschen Reich 1920–1933, in: Vierteljahrshefte für Zeitgeschichte 44 (1996), S. 133–165.

Graml, Hermann: Zwischen Stresemann und Hitler. Die Außenpolitik der Präsidialkabinette Brüning, Papen und Schleicher, München 2001.

Gründer, Horst: Walter Simons als Staatsmann, Jurist und Kirchenpolitiker, Neustadt/Aisch 1975.

Grupp, Peter: Deutsche Außenpolitik im Schatten von Versailles 1918–1920, Paderborn 1988.

Heideking, Jürgen: Areopag der Diplomaten. Die Pariser Botschafterkonferenz der alliierten Hauptmächte und die Probleme der europäischen Politik 1920–1931, Husum 1979.

Heyde, Philipp: Das Ende der Reparationen. Deutschland, Frankreich und der Youngplan 1929–1932, Paderborn 1998.

Heyde, Philipp: Frankreich und das Ende der Reparationen. Das Scheitern der französischen Stabilisierungskonzepte in der Weltwirtschaftskrise 1930–1932, in: Vierteljahrshefte für Zeitgeschichte 48 (2000), S. 37–73.

Hildebrand, Klaus: Das vergangene Reich. Deutsche Außenpolitik von Bismarck bis Hitler, Stuttgart 1995.

Hillgruber, Andreas: »Revisionismus« – Kontinuität und Wandel in der Außenpolitik der Weimarer Republik, in: Ders.: Die Last der Nation, Düsseldorf 1984, S. 59–85.

Hindenburg, Paul von: Aus meinem Leben, Leipzig 1929.

Höltje, Christian: Die Weimarer Republik und das Ostlocarno-Problem. Revision oder Garantie der deutschen Ostgrenze von 1919, Würzburg 1958.

Hömig, Herbert: Brüning. Kanzler in der Krise der Republik, Paderborn 2000.

Holborn, Hajo: Diplomats and Diplomacy in the Early Weimar Republic, in: Gordon A. Craig/Felix Gilbert (Hrsg.): The Diplomats 1919–1939, Princeton 1953, S. 123–171.

Holborn, Hajo: Der Zusammenbruch des europäischen Staatensystems, Stuttgart [2]1955.

Holl, Karl: Pazifismus in Deutschland, Frankfurt a. M. 1988.

Hoover, Herbert: Memoiren, Bd. I, Mainz 1951.

Hubatsch, Walther: Hindenburg und der Staat. Aus den Papieren des Generalfeldmarschalls und Reichspräsidenten von 1878 bis 1934, Göttingen-Berlin-Frankfurt a. M.-Zürich 1966.

Huber, Ernst Rudolf: Deutsche Verfassungsgeschichte seit 1789, Bde. 5, 6, 7, Stuttgart-Berlin-Köln-Mainz 1978, 1981, 1984.

Jeannesson, Stanislas: Poincaré, la France et la Ruhr 1922–1924. Histoire d'une occupation, Straßburg 1998.

Keynes, John Maynard: Die wirtschaftlichen Folgen des Friedensvertrages, München-Leipzig 1920.

Keynes, John Maynard: Der Friedensvertrag von Versailles, Berlin 1921.

Knipping, Franz: Deutschland, Frankreich und das Ende der Locarno-Ära 1928–1931, München 1987.

Koch, Hannsjoachim W.: Der deutsche Bürgerkrieg, Berlin-Frankfurt a.M.-Wien 1977.

Kolb, Eberhard: Internationale Rahmenbedingungen einer demokratischen Neuordnung in Deutschland 1918/19, in: Karl Dietrich Bracher/Manfred Funke/Hans-Adolf Jacobsen (Hrsg.): Die Weimarer Republik 1918–1933. Politik – Wirtschaft – Gesellschaft. Bonn ^{3}1998, S. 257–284.

Kolb, Eberhard: Die Weimarer Republik. München ^{6}2002.

Kolb, Eberhard: Der Frieden von Versailles, München 2005.

Kramer, Alan: Versailles, deutsche Kriegsverbrechen und das Auslieferungsbegehren der Alliierten 1919/20, in: Wolfram Wette/Gerd R. Ueberschär (Hrsg.): Kriegsverbrechen im 20. Jahrhundert, Darmstadt 2001, S. 72–84.

Krüger, Peter: Friedenssicherung und deutsche Revisionspolitik. Die deutsche Außenpolitik und die Verhandlungen über den Kellogg-Pakt, in: Vierteljahrshefte für Zeitgeschichte 22 (1974), S. 227–257.

Krüger, Peter: Struktur, Organisation und außenpolitische Wirkungsmöglichkeiten der leitenden Beamten des Auswärtigen Dienstes 1921–1933, in: Klaus Schwabe (Hrsg.): Das Diplomatische Korps 1871–1945, Boppard a.Rh. 1985, S. 101–169.

Krüger, Peter: Versailles – Deutsche Außenpolitik zwischen Revisionismus und Friedenssicherung, München 1986.

Krüger, Peter: Die Außenpolitik der Republik von Weimar. Darmstadt ^{2}1993.

Krüger, Peter: Die deutschen Diplomaten in der Zeit zwischen den Weltkriegen, in: Rainer Hudemann/Georges-Henri Soutou (Hrsg.): Eliten in Deutschland und Frankreich im 19. und 20. Jahrhundert, Bd. 1, München 1994, S. 281–291.

Krüger, Peter: Carl von Schubert und die deutsch-französischen Beziehungen, in: Stephen A. Schuker/Elisabeth Müller-Luckner (Hrsg.): Deutschland und Frankreich – Vom Konflikt zur Aussöhnung, München 2000, S. 73–96.

Lee, Marshall M./Michalka, Wolfgang: German Foreign Policy 1917–1933. Continuity or Break?, Leamington Spa-Hamburg-New York 1987.

Lehnert, Detlef: Die Weimarer Republik, Stuttgart 2009.

Link, Werner: Die amerikanische Stabilisierungspolitik in Deutschland 1921–32, Düsseldorf 1970.

Linke, Horst Günther: Deutsch-sowjetische Beziehungen bis Rapallo, Köln 1970.

Linke, Horst Günther: Der Weg nach Rapallo. Strategie und Taktik der deutschen und sowjetischen Außenpolitik, in: Historische Zeitaschrift 264 (1997), S. 55–109.

Lipgens, Walter: Europäische Einigungsidee 1923–30 und Briands Europaplan im Urteil der deutschen Akten, in: Historische Zeitschrift 203 (1966), S. 46–89, 316–363.

Luther, Hans: Politiker ohne Partei. Erinnerungen, Stuttgart 1960.

Mai, Gunther: Das Ende des Kaiserreichs, München 1987.

Marks, Sally: The Ebbing of European Ascendancy. An International History of the World 1914–1945. London 2002.

Materialien zum Kriegsächtungspakt, 3., erg. Ausg., Berlin 1929.

Mayer, Arno J.: Politics and Diplomacy of Peacemaking. Containment and Counterrevolution at Versailles, 1918–1919, London 1968.

Meyer, Gerd: Die Reparationspolitik. Ihre außen- und innenpolitischen Rückwirkungen, in: Karl Dietrich Bracher/Manfred Funke/Hans-Adolf Jacobsen (Hrsg.): Die Weimarer Republik 1918–1933, Bonn 31998, S. 327–342.

Meyer, Henry Cord: Mitteleuropa in German Thought and Action 1815–1945, Den Haag 1955.

Michalka, Wolfgang: Deutsche Außenpolitik 1920–1933, in: Karl Dietrich Bracher/Manfred Funke/Hans-Adolf Jacobsen (Hrsg.): Die Weimarer Republik 1918–1933, Bonn 31998, S. 303–326.

Möller, Horst: Europa zwischen den Weltkriegen, München 1998.

Möller, Horst: Die Weimarer Republik. Eine unvollendete Demokratie, München 72004.

Morel, Edmund Dene: Die Siegesfrüchte. Haben unsere Staatsmänner den Frieden erlangt, für den unsere Soldaten kämpften?, Berlin 1920.

Morsey, Rudolf: Heinrich Brüning (1885–1970), in: Ders.: Von Windthorst bis Adenauer, Paderborn 1997, S. 422–431.

Mühlhausen, Walter: Friedrich Ebert 1871–1925. Reichspräsident der Weimarer Republik, Bonn 22007.

Nadolny, Sten: Abrüstungsdiplomatie 1932/33. Deutschland auf der Genfer Konferenz im Übergang von Weimar zu Hitler, München 1978.
Nicholls, Anthony J.: Weimar and the Rise of Hitler, London-Basingstoke 1977.
Niedhart, Gottfried: Die Außenpolitik der Weimarer Republik, München ²2006.
Niedhart, Gottfried: Internationale Beziehungen 1917–1947, Paderborn-München-Wien-Zürich 1989.
Nolte, Ernst: Der europäische Bürgerkrieg 1917–1945. Nationalsozialismus und Bolschewismus, Frankfurt a.M.-Berlin 1987.
Nolte, Ernst: Die Weimarer Republik. Demokratie zwischen Lenin und Hitler, München 2006.

Orde, Anne: British Policy and European Reconstruction After the First World War, Cambridge 1990.

Papen, Franz von: Der Wahrheit eine Gasse, München 1952.
Poidevin, Raymond / Bariéty, Jacques: Frankreich und Deutschland. Die Geschichte ihrer Beziehungen 1815–1975, München 1982.
Pyta, Wolfram: Die Weimarer Republik. Opladen 2004.
Pyta, Wolfram: Hindenburg. Herrschaft zwischen Hohenzollern und Hitler, München 2009.

Recker, Marie-Luise: Demokratische Neuordnung oder »Prussianism« in neuem Gewand? Großbritannien und die Weimarer Republik, in: Adolf M. Birke / Marie-Luise Recker (Hrsg.): Das gestörte Gleichgewicht, München-London-New York-Paris 1990, S. 97–112.
Riekhoff, Harald von: German-Polish Relations, 1918–1933, Baltimore-London 1971.
Rödder, Andreas: Stresemanns Erbe: Julius Curtius und die deutsche Außenpolitik 1929–1931. Paderborn-München-Wien-Zürich 1996.
Roscher, Bernhard: Der Briand-Kellogg-Pakt von 1928, Baden-Baden 2004.
Rupieper, Hermann J.: The Cuno Government and Reparations 1922–1923. Politics and Economics, Den Haag-Boston-London 1979.

Salewski, Michael: Entwaffnung und Militärkontrolle in Deutschland 1919–1927, München 1966.
Scheidemann, Christiane: Ulrich Graf Brockdorff-Rantzau (1869–1928). Eine politische Biographie, Frankfurt a.M. 1998.
Scheidemann, Philipp: Memoiren eines Sozialdemokraten, Bd. II, Dresden 1928.
Schieder, Theodor: Die Entstehungsgeschichte des Rapallo-Vertrages (1967), in:

derselbe: Einsichten in die Geschichte, Frankfurt a.M.-Berlin-Wien 1980, S. 349–410.

Schieder, Theodor: Europa im Zeitalter der Weltmächte, in: derselbe (Hrsg.): Handbuch der europäischen Geschichte, Bd. 7, Stuttgart 1979, S. 1–351.

Schmidt, Paul: Statist auf diplomatischer Bühne 1923–1945, Frankfurt a.M.-Bonn 1961.

Schmitt, Carl: Der Nomos der Erde im Völkerrecht des Jus Publicum Europaeum, Berlin [3]1988.

Schmitt, Carl: Frieden oder Pazifismus? Arbeiten zum Völkerrecht und zur internationalen Politik 1924–1978, hrsg. v. Günter Maschke, Berlin 2005.

Schulz, Gerhard: Revolutionen und Friedensschlüsse 1917–1920, München 1967.

Schulz, Gerhard: Deutschland und Polen vom Ersten zum Zweiten Weltkrieg, in: Geschichte in Wissenschaft und Unterricht 33 (1982), S. 154–172.

Schulze, Hagen: Weimar – Deutschland 1917–1933, Berlin 1982.

Schwabe, Klaus (Hrsg.): Die Ruhrkrise 1923. Wendepunkt der internationalen Beziehungen nach dem Ersten Weltkrieg, Paderborn 1985.

Steiner, Zara: The Lights That Failed. European International History 1919–1933, Oxford 2005.

Stresemann, Gustav: Vermächtnis. Der Nachlaß in drei Bänden, hrsg. v. Henry Bernhard, Bde. I–III, Berlin 1932–1933.

Treue, Wolfgang (Hrsg.): Deutsche Parteiprogramme seit 1861, Göttingen [4]1968.

Der Vertrag von Versailles. Mit Beiträgen von Sebastian Haffner, Gregory Bateson u.a., Frankfurt a.M.-Berlin 1988.

Wengst, Udo: Graf Brockdorff-Rantzau und die außenpolitischen Anfänge der Weimarer Republik, Bern-Frankfurt a.M. 1973.

Wintzer, Joachim: Deutschland und der Völkerbund 1918–1926, Paderborn-München-Wien-Zürich 2006.

Winkler, Heinrich August: Weimar 1918–1933. Die Geschichte der ersten deutschen Demokratie, München 1998.

Wright, Jonathan: Gustav Stresemann 1878–1929. Weimars größter Staatsmann, München 2006.

Ziegerhofer-Prettenthaler, Anita: Botschafter Europas. Richard Nikolaus Coudenhove-Calergi und die Paneuropa-Bewegung in den zwanziger und dreißiger Jahren, Wien-Köln-Weimar 2004.

Zimmermann, Ludwig: Deutsche Außenpolitik in der Ära der Weimarer Republik, Göttingen-Berlin-Frankfurt a.M. 1958.
Zimmermann, Ludwig: Frankreichs Ruhrpolitik von Versailles bis zum Dawesplan, Göttingen-Zürich-Frankfurt a.M. 1971.

Abkürzungen

ADAP = Akten zur deutschen auswärtigen Politik, Serie A: 1918–1925, Bde. I-XIV; Serie B: 1925–1933, Bde. I, 1–XXI, Göttingen 1966–1995.

AdR = Akten der Reichskanzlei. Weimarer Republik, Bde. 1–22, Boppard 1968–1990.

Linke, Quellen = Quellen zu den deutsch-sowjetischen Beziehungen 1917–1945, hrsg. v. Horst Günther Linke, Darmstadt 1998.

Pommerin-Fröhlich = Quellen zu den deutsch-amerikanischen Beziehungen 1917–1963, hrsg. v. Reiner Pommerin / Michael Fröhlich, Darmstadt 1996.

Schwabe, Quellen = Quellen zum Friedensschluß von Versailles, hrsg. v. Klaus Schwabe, Darmstadt 1997.

UF II-VIII = Ursachen und Folgen. Vom deutschen Zusammenbruch 1918 und 1945 bis zur staatlichen Neuordnung Deutschlands in der Gegenwart. Eine Urkunden- und Dokumentensammlung zur Zeitgeschichte, hrsg. v. Herbert Michaelis / Ernst Schraepler, Bde. II–VIII, Berlin o.J. [1958 ff.].

Register

Der Autor

Hans-Christof Kraus, geboren 1958, studierte Geschichte, Germanistik und Philosophie an der Georg-August-Universität zu Göttingen. Seit 2007 ist er Professor für Neuere und Neueste Geschichte an der Universität Passau. Er ist unter anderem Mitglied in der Historischen Kommission bei der Bayerischen Akademie der Wissenschaften, der Historischen Kommission zu Berlin, der Preußischen Historischen Kommission, der Kommission für die Geschichte des Parlamentarismus und der politischen Parteien, der Vereinigung für Verfassungsgeschichte sowie der International Commission for the History of Representative and Parliamentary Institutions.